Routledge Revivals

The Epithetic Phrases for the Homeric Gods

The Epithetic Phrases for the Homeric Gods

A Repertory of the Descriptive Expressions for the Divinities of the Iliad and the Odyssey

James H. Dee

First published in 1994 by Garland Publishing Inc.

This edition first published in 2019 by Routledge
2 Park Square, Milton Park, Abingdon, Oxon, OX14 4RN
and by Routledge
52 Vanderbilt Avenue, New York, NY 10017

Routledge is an imprint of the Taylor & Francis Group, an informa business

© 1994 by James H. Dee

All rights reserved. No part of this book may be reprinted or reproduced or utilised in any form or by any electronic, mechanical, or other means, now known or hereafter invented, including photocopying and recording, or in any information storage or retrieval system, without permission in writing from the publishers.

Publisher's Note
The publisher has gone to great lengths to ensure the quality of this reprint but points out that some imperfections in the original copies may be apparent.

Disclaimer
The publisher has made every effort to trace copyright holders and welcomes correspondence from those they have been unable to contact.
A Library of Congress record exists under ISBN:

ISBN 13: 978-0-367-19266-2 (hbk)
ISBN 13: 978-0-367-19268-6 (pbk)
ISBN 13: 978-0-429-20146-2 (ebk)

THE EPITHETIC PHRASES
FOR THE HOMERIC GODS

THE ALBERT BATES LORD STUDIES
IN ORAL TRADITION
(VOL. 14)

GARLAND REFERENCE LIBRARY
OF THE HUMANITIES
(VOL. 1850)

THE ALBERT BATES LORD STUDIES IN ORAL TRADITION
John Miles Foley
General Editor

ORAL TRADITION IN JUDAISM: *The Case of the Mishnah*
by Jacob Neusner

HISPANIC BALLADRY TODAY
by Ruth H. Webber

COUNT CLAROS: *Study of a Ballad Tradition*
by Judith Seeger

MEMORIZATION IN THE TRANSMISSION OF THE
MIDDLE ENGLISH ROMANCES
by Murray McGillivray

THE ORAL STYLE, by Marcel Jousse
translated by Edgard Sienaert and Richard Whitaker

TURKIC ORAL EPIC POETRY: *Traditions, Forms, Poetic Structure*
by Karl Reichl

BEOWULF AND THE BEAR'S SON: *Epic, Saga, and Fairytale
in Northern Germanic Tradition*
by J. Michael Stitt

EWE COMIC HEROES: *Trickster Tales in Togo*
by Zinta Conrad

HEROES' NAMES, HOMERIC IDENTITIES
by Carolyn Higbie

DE GUSTIBUS: *Essays for Alain Renoir*
edited by John Miles Foley

THE EPITHETIC PHRASES FOR THE HOMERIC GODS
(*Epitheta Deorum apud Homerum*): *A Repertory of the Descriptive
Expressions for the Divinities of the* Iliad *and the* Odyssey
compiled by James H. Dee

THE EPITHETIC PHRASES
FOR THE HOMERIC GODS
(Epitheta Deorum apud Homerum)

A Repertory of the Descriptive Expressions
for the Divinities of the *Iliad* and the *Odyssey*

collegit disposuit edidit

James H. Dee

grato Pandorae© auxilio

GARLAND PUBLISHING, INC. • NEW YORK & LONDON
1994

© 1994 James H. Dee
All rights reserved

The LaserGreek™ Graeca font used to print this work is available from Linguist's Software, Inc., PO Box 580, Edmonds, WA 98020-0580, tel. (206) 775-1130.

Library of Congress Cataloging-in-Publication Data

Dee, James H.
    The epithetic phrases for the Homeric gods = Epitheta deorum apud Homerum : a repertory of the descriptive expressions for the divinities of the Iliad and the Odyssey / collegit, disposuit, edidit James H. Dee.
       p. cm. — (The Albert Bates Lord studies in oral tradition ; vol. 14) (Garland reference library of the humanities ; vol. 1850)
    Includes bibliographical references and index.
    ISBN 0–8153–1727–1
    1. Homer—Language—Glossaries, etc. 2. Epic poetry, Greek—History and criticism. 3. Gods, Greek, in literature. 4. Homer—Characters—Gods. 5. Greek language—Epithets. I. Title. II. Title: Epitheta deorum apud Homerum. III. Series. IV. Series: Garland reference library of the humanities ; vol. 1850.
PA4209.D4   1994
883'.01—dc20   94-8343
                                                  CIP

Printed on acid-free, 250-year-life paper
Manufactured in the United States of America

PARENTIBVS · VXORI · FILIAE

EPIGRAMMA

Plura hoc invenies, amice lector,
Libro verba parata quam putaris.
Non solum omnia quae perusitatas
Praebent vatis imagines deorum
Pictas Maeonii incluto hexametro
Nota ut dicitur arte formularum,
Sed farrago alia impudentiore
Apparet ratione colligendi;
Nam videbis inelegantem acervam,
Mixtas omnigenus locutiones,
Quas fallax titulus renuntiat, qui
Litteras 'epith' exhibet—sed illud
Nomen hendecasyllabis inesse,
Invitis numeris, vetante forma,
Parum convenit. Attamen, libelle,
I nunc mirificis referte rebus;
Verendum tibi tanta multitudo
Mendarum vitiorum ineptiarum,
Quas scriptor male providus neglexit,
Risus ne excutiat deis Olympo
Sedem habentibus usque laetiores.
At dices, te ubi senseris repletum
Talibus, meliora concupiscens,
'Cur auctorem hominem mi oportet esse,
Vere errare genus perenne natum?
Numquam hac sorte vacare me videbo;
Quam vellem ille fuisset ordinator!'

CONTENTS

Series Editor's Foreword ix

Preface xi

Acknowledgments xiii

Introduction xv

    Plan & Arrangement of the Repertory xvii

        1. The Name Line xvii

        2. The Epithet Lemmata xvii

        3. The Iuncturae xix

        4. The Texts xxi

        5. The Descriptive Clauses xxiv

    Select Bibliography xxvii

Signs and Symbols xxix

Catalogue of Epithets 3

Epitheta deorum apud Homerum: The Repertory 21

Index of Epithets & Iuncturae 129

SERIES EDITOR'S FOREWORD

The purpose of the Albert Bates Lord Studies in Oral Tradition, with its companion the journal *Oral Tradition,* is to bring before an interdisciplinary constituency essays, monographs, and collections that, in focusing on one or more oral or oral-derived traditions, offer insights that can be useful for investigators in many of the more than one hundred language areas now influenced by this field. Thus earlier volumes have treated orality and the Hebrew *Mishnah* (Jacob Neusner), *Beowulf* and shamanism (Stephen Glosecki), the Hispanic ballad (Ruth Webber, editor), the *Cont Claros* ballad tradition (Judith Seeger), Marcel Jousse's *The Oral Style* (Edgard Sienaert and Richard Whitaker, translators), the Middle English romances (Murray McGillivray), *Beowulf* and the Bear's Son Tale (J. Michael Stitt), Turkic oral epic (Karl Reichl), identification in Homeric epic (Carolyn Higbie), and African trickster tales (Zinta Konrad). Future books in this series will include a study of the Brother Peter folktale tradition from Guatemala as well as occasional collections of articles on a variety of areas. The overall aim is to initiate and to sustain conversations among scholars who, because of the categories according to which we are segregated in modern academia, seldom if ever have a chance to talk to one another. With this goal in mind, we extend a warm invitation to new voices to join the conversation—both as readers of these and other volumes and, hopefully, as authors with contributions to the ongoing discourse.

James H. Dee's *Epithetic Phrases for the Homeric Gods* makes an unusual and uniquely valuable kind of contribution to the Lord series. In the spirit of nineteenth- and early twentieth-century German philology, and even more as a response to the Oral-Formulaic Theory inaugurated by Milman Parry and Albert Lord, he has fashioned an extremely incisive analytical tool: a cleverly organized and exhaustive digest of Homer's systematic nomenclature for the gods and goddesses. Included here are not just the formal epithets such as "earth-shaker" Poseidon or "ox-eyed" Hera or "grey-eyed" Athene, but also such supplementary items as words and expressions for family relations, terms of reproach, and adverbial phrases. Thus Dee's selection is driven not by any formal linguistic principle or organizational limitation, but by the goal of giving the scholar and student a full and unobstructed view of how Homer names the pantheon. The admirable guiding purpose of the book remains, in the author's words, "to provide a conspectus of the many and varied expressions that are descriptive of the gods in Homer" (p. xi).

With specific reference to the approach taken by Parry and Lord, Dee offers a fresh perspective on the phenomenon of formulaic phraseology, the densely patterned diction of the Homeric epics and hymns that led Parry to link it first to traditional structure and transmission, and then to oral performance. Given the enormous welter of scholarship on Homeric poetry and oral tradition,[1] this digest is particularly helpful; organized first by divine name, then lemmatized by epithet or other attributive, it also organizes the diction in terms of what he calls *iuncturae*—"any collocation of divine names, epithets, and epithet-like expressions in a common syntactical unit, usually a sentence or major clause" (p. xix). Throughout the book, his emphasis on including material that is contiguous but not necessarily in the same poetic line moves his presentation well beyond those of prior investigators and enables a level of analysis formerly possible only after indirect and painstaking preliminaries. Even the order in which the witnesses are summoned—predominantly from line-end backward—mirrors a Homeric (and Indo-European) compositional principle, elsewhere called "right justification."[2]

In short, *Epithetic Phrases for the Homeric Gods* will significantly enhance various sorts of research on Homer's poems, from general studies of individual divine characteristics and differences through technical investigations of Homeric meter and phraseology. It should prove especially important for the developing understanding of how oral tradition is reflected in the systematic patterning of this naming process, a goal toward which Parry and Lord pointed from their earliest work. Useful to scholar and student alike, this volume adds an important dimension to the Albert Bates Lord Studies in Oral Tradition.

John Miles Foley
Center for Studies in Oral Tradition
University of Missouri

NOTES

1. See Mark W. Edwards, "Homer and Oral Tradition," *Oral Tradition*, 1 (1986): 171–230; 3 (1988):11–60; 7 (1992): 284–330; more generally, J.M. Foley, *Oral-Formulaic Theory and Research: An Introduction and Annotated Bibliography* (New York: Garland, 1985), with updates in *Oral Tradition*.

2. Cf. Foley, *Traditional Oral Epic: The Odyssey, Beowulf, and the Serbo-Croatian Return Song* (Berkeley: University of California Press, 1990), pp. 129–55.

PREFACE

The truncated Latin phrase in my title pays homage to two large-scale works, C.F.H. Bruchmann's *Epitheta deorum quae apud poetas Graecos leguntur*, and J.B. Carter's *Epitheta deorum quae apud poetas Latinos leguntur*, published as Parts I and II of the *Supplementbände* for W.H. Roscher's *Ausführliches Lexikon der griechischen und römischen Mythologie* (Leipzig: Teubner, 1893, 1902). Although limited to the relatively finite realm of verse texts, these collections remain useful even a century later.

But even a rapid perusal of the Catalogue of Epithets given here on pages 3-20 will leave the reader puzzled. For while all the familiar and expected terms, e.g. αἰγίοχος or γλαυκῶπις, would appear to be present, there are others that can hardly be epithets by anyone's definition, such as ναίων, or ἔχουσα, or ἐών, or ἔνερθε! Some explanation is clearly required, and it may be advisable to acknowledge at the outset that the Latin expression, chosen to place the work in a recognized tradition, is somewhat misleading if taken by itself. The subtitle, with its wider frame of reference, is meant to serve as a corrective, for *the primary purpose of this book is to provide a conspectus of the many and varied expressions that are descriptive of the gods in Homer*. It therefore includes not only the epithets as traditionally defined and those larger phrases that function as formulae in epithet-like ways, but also a number of decidedly non-epithetic words (such as terms of reproach and self-characterizations) that also play a part in the Homeric depiction of the gods. So "epithet" should not be understood literally here; in fact, some of the items listed in the Catalogue, deliberately given throughout as one-word entries, are mere pegs on which to hang much larger entities. It would be excessive to put quotation marks around every occurrence of the word "epithet" in this book, but the idea might be kept in mind. These disclaimers are intended to suggest that this is something other than a conventional work of scholarship, with a precisely defined focus at its center, and also to explain the absence of any numerical or statistical summaries or analyses of the material presented herein. As is implied in the Epigram, the reader will find the epithets and formulae of the gods, and other things too.

My original aim in gathering this heterogeneous material was much humbler than the size of the present work might suggest. It began more than a decade ago, during the teaching of an undergraduate Greek Mythology course, when I felt it would be helpful to be able to see at a glance precisely which epithets and formulae were applied to the gods in Homer and how they were arrayed in the hexameter. That turned out to be an easier question to ask than to answer. When I delivered preliminary papers on the subject to the Classical Association of the Middle West and South and the American Philological Association in 1981, I rashly distributed a simple four-page list of epithets and remarked that it would be a large task to arrange in Parryan fashion all the passages to which that list made summary reference.

Daunted by the sheer volume and intractability of the raw material I had by then collected in handwritten form, I left it alone for the obligatory Horatian nine years until, upon my return from a leave of absence, I found that my department had acquired, through the commendable efforts of its chair, Professor Michael C. Alexander, a combination of hardware and software which, I soon realized, could make it possible to transcribe, lay out, and print this large mass of texts with the speed, ease, and attractiveness that have come to be routine in this wondrous age of computers and laser printers. Even so, it has taken several years of intermittent work to bring this assemblage to its present state.

Since my intent has been to follow in the path of Bruchmann and Carter, I have prepared this collection with no more thought of explanation and interpretation than they had. That would require another book, almost certainly larger than this one, and it would involve taking account of the vast secondary literature concerning Homeric epithets and formulaic expressions, a task beyond my powers and desires. Alternatively, anyone finding merit in this work might wish to see it joined by two companion volumes, *Epitheta Hominum* and *Epitheta Rerum;* but the quantity of relevant texts in those areas could well dwarf what is gathered here, and that too seems a challenge best left for others. However, I am in the planning stage of a project to create a large-scale concordance to Homer, in which texts will be arranged by a series of lexical, morphological, metrical, and formulaic criteria, analogous in some ways to the layout of texts in the Repertory, and it may be that that work, if completed, will make the compiling of such resources less onerous than it would be at present.

J.H. Dee
October 1993

ACKNOWLEDGMENTS

Anyone who completes a book-length project in classical studies owes many debts. I must accordingly give special thanks: to the Inter-Library Loan staff of the University of Illinois at Chicago for assistance in obtaining copies of some fairly obscure materials; to Professors Karl Galinsky and Michael Gagarin, who graciously put the resources of the Classics Library and the Perry-Castañeda Library of the University of Texas at Austin at the disposal of a metic during a fellowship year and afterward; to the Graduate College, the College of Liberal Arts and Sciences, and the Classics Department at the University of Illinois at Chicago for providing the funds that made possible the purchase of the computer equipment on which this book was created, edited, and printed; to (in rough chronological order) Professors Ann C. Suter, Richard J. Tarrant, William Merritt Sale, Peter M. Smith, and Carolyn Higbie, all of whom offered supportive comments, with varying degrees of puzzlement and enthusiasm, at various stages of this work; to my colleagues, Professor John T. Ramsey, who provided some learned advice on one detail in the Epigram (although neither he nor anyone else should be blamed for its solecisms and infelicities, some of which I am fully aware of), and Lambros Missitzis, who helped me with several software problems; and also to one remarkable student, Michael Gucciard, whose knowledge of the ways and byways of computers proved invaluable on more than one occasion. An additional and very large debt is owed to Professor Higbie, who suggested that my still imperfect materials might be sent to Professor John Miles Foley to be considered for the series in which the book now appears—a thought too bold to have entered my head by itself. Some of the aforenamed persons have seen portions of this material in earlier versions, but none of them bears any responsibility for the errors and oddities that remain. Thanks are also due to Professor Foley for judging this unusual work acceptable and to Doctor Phyllis Korper at Garland Publishing for exercising a gentle hand in shepherding an unconventional manuscript through the stages of book production.

Last, but decidedly not least, I owe inestimable thanks to those many persons, mostly anonymous, at Apple® Computers, at T/Maker Company, at Harvard University and Intellimation™, at the Thesaurus Linguae Graecae, at the Hewlett-Packard Company, and to Philip Barton Payne at Linguist's Software, all of whom must have put in countless hours of work to develop the hardware and software I have been fortunate enough to be able to use in the making of this book—specifically, the Macintosh® IICX and Centris 650, the AppleCD SC™, the Apple® LaserWriter® IINT (and, for the final printing, the 600-dpi Hewlett-Packard LaserJet 4M), the TLG CD-ROM with its database of Greek texts, and the programs known as WriteNow™, LaserGreek™, and Pandora©. Despite the whimsical presence of the latter on the title page, I should observe that her rôle, given that the main material had already been assembled in longhand, was limited to the verification of texts through the Browser, rather than, as might otherwise be imagined, the Search and Export functions; thus the author, not the machine, is responsible for the entire keyboarding of the text, with all that implies about the potential for error.

Finally, the dedication acknowledges those closest to me, who have long awaited the completion of a book—any book—and the little one whose understanding of Daddy's inexplicable absences is still years away.

INTRODUCTION

Interest in the epithets of the gods has a long scholarly history, beginning with one "Socrates of Cos," a shadowy figure indeed, who receives some discussion, but no fragments, in Felix Jacoby's *Fragmente der griechischen Historiker* (Leiden: Brill, 1950, Vol. IIIB.310, at "Sokrates von Argos").[1] For what pass as the remains of the 'Επικλήσεις θεῶν, one must consult C. Müller's older collection, *Fragmenta historicorum Graecorum* (Paris: Didot, 1868, Vol. IV, p. 499, frags. 15-16, said to come from the sixth and twelfth books). After a relatively quiet period of several millennia, substantial discussion resumed in the nineteenth century with the publication of a number of treatises and articles, most of them in German. These may be tracked down with some diligence (and, for most, the assistance of an Inter-Library staff), but they do not offer much help toward the solution of the problem mentioned in the Preface, namely the question of which epithets are applied to which divinities and how.

What might be called the culmination of the last century's work on epithets in verse texts was the appearance of the aforementioned volumes by Bruchmann and Carter. It may be noted in passing that a corresponding collection of the (presumably huge) volume of epithets in prose and documentary texts would be desirable, as was observed by H. J. Rose in his *Oxford Classical Dictionary* article of 1949 s.v. "Epithets, Divine." His call for such a work was reprinted unchanged, because unheeded, in the second edition of 1970; this otherwise herculean task may soon be greatly simplified by the formation of computerized corpora of miscellaneous prose texts through projects already well begun. Bruchmann, who had a far larger field to harvest, produced an impressively thorough compendium, and anyone pursuing the divine epithets in Greek poetry is well advised to begin there. Still, the words and phrases gathered in his lengthy columns might as well have come from prose works, for no attention is paid to their arrangement in the various meters in which they are found.

This omission is especially serious in the case of Homeric epic, since the studies of Milman Parry (beginning just over three decades later) and his successors have shown very effectively that the epithets in Homer are part of a larger and more complicated system of versified oral narrative.[2] In this system, much of the poet's "raw material" comes in traditional multi-word formulae, used mostly to fill out the latter half of the hexameter line. There has been intense debate about the validity of this approach, focusing on the apparent contradiction between the "original genius" of Homer and the mechanistic rules that seem to underlie his medium. Perhaps there are nowadays fewer supporters of "hard Parryism" than in recent decades, but it should be clear that any work dealing with the divine epithets must consider not only the individual words, but also the larger, often formulaic, expressions in which they often occur, and the ways in which they are used in hexameter verse.[3]

The term "epithet" has a fairly well recognized scholarly use, summarized in a recent article by William Merritt Sale as "an adjective, a noun in apposition, a noun-phrase in apposition, a noun in the genitive, a governing noun, or a noun in a combination that preserves a singular sense."[4] As this collection grew, I came to feel that persons interested in the Homeric divinities might wish to have available for immediate comparison the full range of descriptive expressions found in the poems, including some which, whether or not they fit perfectly with the definition given above, clearly are an important part of the epic portrayal of the gods and may indeed have been as traditional as "normal" epithets. Accordingly, there are included here such things as words for family relations (πατήρ, θυγάτηρ, ἄκοιτις, etc.), terms of reproach (even self-reproach), and even adverbial phrases (οἱ ἔνερθε θεοί), few of which will be found in Bruchmann.[5] The kinship vocabulary presents some special problems: formulae like πατὴρ ἀνδρῶν τε θεῶν τε and Διὸς θυγάτηρ Ἀφροδίτη obviously belong in this collection, but what of the passages in which the relational word is simply "factual"? I answered that question by including *all* occurrences of those words as applied to the divinities; since we do not yet have a computerized Homeric database which can be asked e.g. how often Zeus is referred to as πατήρ, and since it can be rather time-consuming to pursue such things through the usual lexica, I believe this otherwise odd inclusiveness may be found helpful.[6] There is a further peculiarity in this assemblage: if I encountered what I considered an "epithet-like" word referring so much as *once* to one divinity, I collected *all* the other uses of that word, both in reference to that divinity and to any others, even where particular instances are in no way "epithet-like." This happens with e.g. μεμαυῖα and may at times be disconcerting; but I hope the reader will find it more useful to have all the texts relevant to the gods brought into view here than to be obliged to track some of them down elsewhere.

Plan & Arrangement of the Repertory

1. The Name Line

The main organizing principle is of course by name, in Greek alphabetical order. There are 67 headings with the name (and, where appropriate, by-forms of the name) of a divinity or a group of divinities, sometimes in both singular and plural for the latter (e.g. Νύμφη, Νύμφαι; both at Νύμφαι and at Θεοί/Θεαί several quite distinct groups are lumped together). Following the name (or names) are two numbers, representing the total number of occurrences of that name-form, with or without epithets, in the *Iliad* and the *Odyssey*, respectively. (The sequence *Iliad–Odyssey* is to be understood throughout the work when pairs of numbers are given.) The numbers for the names themselves have been taken (without further verification in the case of those occurring most frequently) from the Indices to the Oxford Classical Texts; they range from well over 600 (for Zeus, naturally) to zero (for Nereus, who has epithetic phrases but is not actually named). Occasionally, the name and numbers are followed by the abbreviation "(pers.)"; this means that the count is intended to embrace only the instances of personifications of the word in question, which may be used as the name of a divinity on the one hand (Ἥλιος, Θέμις) or of a physical object (ἠέλιος) or an abstract concept (θέμις) on the other. Any such numbers should be regarded with suspicion, since the borderline between personified and non-personified use can be quite difficult to determine in particular passages, and I have not examined these ambivalent words beyond their epithet-related settings. Eighteen of the 67 name-lemmata present this kind of problem; they are: Ἄτη, Γαῖα, Ἔρις, Ἥβη, Ἥλιος, Ἠώς, Θάνατος, Θέμις, Ἶρις, Ἰωκή, Λιταί, Μοῖρα, Νύξ, Ὄνειρος, Ὕπνος, Φόβος, Χάρις, and Ὠκεανός. I have applied a more regular capitalization of these names than is found in the source texts.

2. The Epithet Lemmata

Immediately below the name line is the first of the set of "epithets"; as explained in the Preface, these are often mere pegs on which to hang formulae or larger expressions—in at least four cases, they are adjectives preceded by a negative particle.[7] They are given in two separately numbered groups, **A1, A2**, etc. and **B1, B2**, etc., each in its own alphabetical sequence. The letter **A** marks those epithets which are applied to *one divinity and nothing else* in the Homeric texts. The *hapax legomena* (61 in all, marked with an asterisk in the Catalogue) have also been placed here, although it may be noted that this is merely a convenience, since we cannot tell from an isolated instance whether Homer and his predecessors regarded a given word as being permanently attached to a particular divinity or as capable of being applied to another divinity or mortal, had they so wished.[8] The letter **B** marks all epithets that are applied *at least once* to any other figure in either poem. The **A** group I call "bound" (sc. to the one divinity), a term roughly analogous to Parry's "fixed," whereas the **B** group is simply "unbound." It would of course have been possible to arrange the epithets for each divinity in one alphabetical list rather than two, but I thought that readers might prefer to see graphically displayed the full mass (or lack thereof) of the "bound" set, which is where the essential aspects of the traditional portrayal of any particular divinity would be expected to appear. The number of bound epithets may, for example, seem rather high for such figures as Hermes (nine) and Ares (seven) and strikingly low for Hera (two, one a *hapax* in a suspect passage, the other clearly a coinage used to throw one of her own characteristic phrases back at her) and Calypso (none at all).[9]

Following each lemma are sets of numbers, giving the total number of occurrences in the *Iliad* and *Odyssey*. For the **A** group, the numbers are by definition exhaustive; for the **B** group, the first pair represents all occurrences that refer to the divinity in question, and there is usually a second pair, giving the number of occurrences elsewhere in Homer, referring to persons or things other than that divinity. When however a word is found more than 50 times in addition to the numbers given in the first pair, I have usually omitted the second pair, feeling that the interest of most readers is likely to focus on the less common terms. The rare exceptions to this principle (e.g. at **31B12**, πολύμητις) draw attention to facts that seem worth notice, even if characters other than divinities are involved. I should point out that for adjectives, the second count is for *all* genders and degrees unless otherwise specified (e.g. by "fem." or "comp.").

In parentheses after the second pair of numbers are cross-references indicating which other Homeric divinities are described with the same word and how often. The cross-references are exhaustive only if there is an "equals" sign (=), or if the numbers are so small as to be self-evident (e.g. "3-0" followed by three names). Where that material would not fit within a single line of text, a double asterisk (**) refers the reader to complete cross-references in the Index of Epithets & Iuncturae; this is a space-saving device which I hope will not be found too bothersome. The intent is to present as much information as possible *at the point of entry*, even at the cost of considerable repetition. Both in the lines for epithet lemmata and in the lines for *iuncturae* I have used semicolons

Introduction xix

to distinguish two different kinds of cross-reference: (1) when an epithet is found elsewhere in both singular and plural forms, examples involving the same number as the lemma precede, and examples involving its opposite follow, the semicolon; (2) when there are both divinities and mortals who are described by the word, divinities precede and mortals follow. In two instances (κούρη/κοῦραι Διός + αἰγιόχοιο) both uses of the semicolon are found in the same line. Cross-references to mortals are very limited, subject to availability of space, and may be quite arbitrary, since they are intended only to point to some cases that may be of interest.[10]

3. The Iuncturae

Between an epithet lemma and the texts illustrating that epithet may be one or more of what I here call *iuncturae*, a non-technical term with a rather broader meaning than "formula," which itself is notoriously difficult.[11] By *iunctura* I mean *any* collocation of divine names, epithets, and epithet-like expressions in a common syntactical unit, usually a sentence or major clause—in other words, whatever is in the vicinity. This loose definition of what is clearly not a real entity in Homeric composition but merely a tool of convenience allows one to gather all sorts of cases where epithets, with or without names, are used in immediate or near-immediate proximity to each other, whether they are embedded in what everyone would call formulae or in much more attenuated relations. Note that if two words occur in both XY and YX order, each sequence is considered a separate *iunctura*. I thought that persons working in the area of the Homeric divinities might find it helpful to see directly what other epithetic terms are found in the neighborhood of the lemma word, especially when some of those other terms are in the previous or following hexameter and thus would not appear in the old single-line concordances of Prendergast and Dunbar. This "wrap-around" principle of text citation (as it may be called) occasionally brings into view things that might otherwise be missed. It may, for example, be of interest to know that of the nine instances of the nominative line-beginning expression Παλλὰς ᾿Αθηναίη (κούρη Διός), only one has the word θεός in the preceding line (see at **1A7**). The *iuncturae* are printed without punctuation for simplicity's sake. Unless a triple period intervenes, it may be assumed that the words given as a *iunctura* occur in immediate proximity in the texts (the "default option"); a slash sign (/) between words indicates enjambement or "wrap-around" material.[12]

I have placed these collocations ahead of the text entries simply to alert the reader to the (sometimes large) number of different collocations, and I have provided the usual counts for the *Iliad* and *Odyssey*, along with appropriate cross-references, as space permits, using the double asterisk as before to refer to the Index when necessary. Since a *iunctura* may occur in several case forms, the following rules are intended to apply to the *first* pair of numbers: when a *nominative* form is given, the count includes *all metrically equivalent* forms, regardless of their place in the line (except when the placement is specified by a slash, as explained below); when a *non*-nominative form is given, the count is for *that case-form only*. Both the second pair of numbers and the cross-references are more inclusive, since there the counts represent *all* instances of the *iunctura*, regardless of grammatical case, word separation, or metrical placement. Thus, for example, at **41B4**, the cross-references for the *iunctura* δεινὴ θεός show Athena as 3-1; a check of the entry for Athena as δεινή at **1B9** shows that one occurrence is in nominative and three are in accusative, one of which involves word separation. My assumption is that if one is looking at the entry for δεινὴ θεός as applied to Calypso, the most immediate question might be how often those two words are applied in that order to other divinities. That question receives a generic answer in the cross-reference (and also in the Index); for the specifics, you have to consult the entry for Athena at δεινή (or θεά/θεός).

Normally, the most frequent (and familiar) *iuncturae* are given first, regardless of where the lemma word occurs in the *iunctura* or in the hexameter line; the texts themselves are ordered according to a quite different set of principles (see Section 4 below). When there is no dominant form, the ordering may be arbitrary. I have however tried to arrange the more complex sets of *iuncturae* in ways that will make their "growth" from two words to three or more as clear as possible (with some inevitable and perhaps illogical repetition, e.g. at **55A1**, where an XYZ *iunctura* is presented as an expansion both of XY and of YZ), and also to show in certain situations where they are found within the hexameter. Specifically, I have used the slash sign to mean both line-beginning and line-end: preceding a *iunctura* the slash indicates that the first word given is at the opening of the line, and following a *iunctura* it indicates that the last word is at the end of the line. This seemed justifiable since so many formulae occur at line-end, and a fair number turn up at line-beginning. It would clearly be desirable to have a system of signs that could indicate simply and explicitly the exact placement of each phrase in the metrical structure of the hexameter, but I could not see how to put such a system into this text, even if it existed. In order to reflect the *cancrizans* principle used for the layout of the texts (see Section 4 below), I have usually, in those cases in which there are multiple sites for a *iunctura* within the hexameter, given first those that reach line-end (slash at the right), followed by settings that occur between middle and

Introduction

end (no slash), and finally those that appear at line-beginning (slash at left). This too will require some attention, but it is very rare for any *iunctura* to occupy more than two of those three possible types of location (for an example of all three, see at **7B16**, θοῦρος Ἄρης).

There is another bit of information that is necessary for understanding the *iuncturae*: I have used throughout the Repertory the practice of tab-stop indentation of one boldface text beneath another to mean "of which," indicating thereby that the indented line, with its expanded text, forms a numerical *subset* of the count for the preceding line. Thus at **1A4** the formula γλαυκῶπις Ἀθήνη is said to occur 28-51 times, always at line-end (that being the implication when the only form of the *iunctura* given has a slash mark after it), *of which set* the extended form shown in the following line, θεὰ γλαυκῶπις Ἀθήνη, accounts for 19-32. This means that if you wish to know how often the expression γλαυκῶπις Ἀθήνη occurs *by itself* (viz. 9-19), you have to subtract the numbers given in the indented line from the numbers given above. These indented subsets may occasionally be carried to the point of absurdity (see e.g. at **42B4** for triple indentation beneath δεινὴ θεός), but they do permit some carefully graduated sequences of formulaic expansion to emerge. It should be added that the locus of indentation is determined by where the *words* of the text begin and not by where the slash mark is put (see at **1B17** for a complex example, also involving triple indentation).

Whereas indentation creates a subset, the lack of indentation (*vertical* alignment of *iuncturae* on identical tab-stops) means that the counts are for independent entities and are *mutually exclusive*. The same mutual exclusivity of numbers applies to the instances in which two *iuncturae* are given on the same line, which usually involves two different case-forms or two different placements of the same form.

4. The Texts

The heart of the Repertory is the texts themselves.[13] I have usually given at least the entire hexameter line in which the epithet occurs, and I have frequently extended the texts so as to include syntactically linked expressions in a preceding or following line. This is the same "wrap-around" principle as discussed in Section 3 above; I hope that readers will find it useful to be able to see more of the epithetically relevant text than can be displayed in single-line concordances. In addition, I have given a fairly full text at every epithet's entry, even though, in some cases, this makes for truly mind-numbing repetition. As another way of reaching beyond the limits of the concordances, I have put a plus sign (+) after the book-line reference whenever there is another, syntactically independent, epithet for the same divinity in the line before the quoted line, after it, or both.

The ordering of these passages follows one overriding rule: to illustrate the occurrences of each epithet by citing first the texts in which it occurs *nearest to line-end*, then texts with successive placements that move *backward* from line-end. This sequence I call, borrowing a term from musicology, the *cancrizans* (or retrograde) principle, that being the word used when a theme in a canon or fugue is played backward, as e.g. in Beethoven's "Hammerklavier" Sonata, Op. 106/iv/152–174. The largest examples of these sometimes colossal sinistrorse cascades may be found at **27B27** (Zeus as πατήρ) and at **35B1** (the gods as ἀθάνατοι, taking four and a half pages). This perhaps novel approach to the presentation of Homeric texts has its justification in the fact, already alluded to, that the most familiar and fully studied formulae in Homer are involved in line-end settings; it seemed appropriate to bring them to the fore in this work as well. Within each set of epithets found at a common metrical point, several principles of sub-ordering are at work. First, since this is not a concordance in the usual sense, matters of content (sc. the *iuncturae* or collocations of epithets) take precedence over morphology: that is, a collocation of two words is run through its case variants and other permutations before any expansion to a three-word or larger expression is shown (for a simple instance, see at the end of **1A7**, Παλλὰς 'Αθήνη + κούρη Διὸς + αἰγιόχοιο). Second, the general sequence for displaying expansions of a single epithet into a larger phrase is as follows: if the epithet is at line-end, its combinations are shown in stepwise expansion to the left; if it is not at line-end, expansions to the right come first, then combinations on both sides (adding to the previous set), then expansions to the left. This principle of accretion might be schematized as follows: Y, YZ, XYZ, XY. Words in immediate collocation come before examples of the same words separated. Of course, it is rare for more than a few of these permutations to occur with a specific set of words. Third, the texts are arranged to show what might be called their relative quantities of entropy, i.e. the first examples will display the greatest variety, having nothing in common except the epithet or a formula, and subsequent examples will display increasing tendencies to similarity or sameness of expression, culminating in whole lines that are formulaically repeated (thus paralleling the uniform, undifferentiated state of a system in which entropy is at a maximum). This means that the most frequent full-line formulae will occur at the *ends* of their respective entries or subsets—the opposite therefore of the usual ordering of the boldface *iuncturae*. Within the lengthier groups, I have usually, for lack of a more theoretically sound principle, arrayed passages according to the type of word preceding the epithet or formula: little words like particles and pronouns come first, then nouns and adjectives, and finally, verb forms of increasing size. For examples that show my attempts at organizing these often very complex sets, see **1A4**, Athena as γλαυκῶπις, **27A14**, Zeus as Κρονίων, and **57A4**, Poseidon as ἐνοσίχθων. I readily admit that these arrangements are subjective, but I hope they will be found helpful and occasionally interesting.

As with the *iuncturae*, some care will be needed in reading through the passages, since there is no punctuation to indicate line-beginning or (except for slashes to mark enjambement) line-end. In general, a new quotation begins every time there is a new book-line reference in the right margin, with the line number always starting from the first line quoted, which often is not the line where the epithet in question resides. There can of course be no regularity as to the beginning and ending points of hexameters as printed here, given that their lengths vary widely and given that the focus in this work is on the epithets, most of which do not occur at line-beginning.

To make the epithetic material more clearly visible, I have adopted the following typographical technique. When there is only one example of an epithet at any given point in the line, I have used the normal space bar to separate words, so that the entire line appears undifferentiated. But where there are two or more examples, I have put opposite-facing tab stops, usually one-eighth of an inch apart, between the preceding text and the epithet; the words therefore, in effect, flow in opposite directions from that center. This makes identical expressions line up perfectly on both sides, but even a slight variation in e.g. case form can cause words other than the epithet which are at the same metrical location to appear without a common vertical alignment. Since my primary concern is always with the setting of the epithet itself and since the "Janus-tabs" provide almost uniform spacing in both directions, I have accepted these slight irregularities as a tolerable aesthetic compromise; see the different settings of the Παλλὰς 'Αθηναίη κούρη Διός group at **1A7** and **1B17** for an example.[14]

Following the book-line information, I have added cross-references to other entries, either involving the same divinity (in which case the reference begins with a boldface letter) or some other; these often have little or nothing to do with the epithets as such, but may be interesting for other reasons. A question mark shows uncertainty on my part regarding the referent of an epithet, an occasional problem, given the Greek habit of using θεός in non-specific ways.[15]

5. The Descriptive Clauses

At the ends of many of the entries there is a third section, labelled **C1**, **C2**, etc., in which I have gathered those phrases, mostly relative clauses and some extended passages too long for repeated quotation at each epithet's entry, which are also part of the Homeric portraiture of the gods. Since epithets, on almost any definition, are not involved here, these may be regarded simply as *lagniappe*, but it seemed a worthwhile element to add in pursuit of the goal set in the book's subtitle. Although there is less reason for it, the *cancrizans* principle (see Section 4 above) is applied to this category as well, meaning that the top-to-bottom order of the passages is determined by the placement of the relative pronoun, starting with texts in which it is nearest to line-end, and gradually moving in retrograde towards the beginning. The only place where there are so many of these that the reader might be forgiven for not noticing the common site of a series of relative clauses is at Zeus's entries, **27C8-10** and **27C11-C14**. The comparative rarity of such expressions, as opposed to phrasal formulae, for all the deities except Zeus and the θεοί as a collectivity (in one rather limited domain) is perhaps surprising.[16]

NOTES

1. Cf. also Pauly-Wissowa, *Realencyclopädie der classischen Altertumswissenschaft* (Stuttgart: Metzler, 1927), Ser. 2, Part IIIA, cols. 804–807. On the unfortunate author of that article, cf. Donna Hurley, "Alfred Gudeman, Atlanta, Georgia, 1862–Theresienstadt, 1942," *Transactions of the American Philological Association* 120 (1990): 355–381.
2. The bibliography is enormous; useful surveys are: Mark W. Edwards, "Homer and Oral Tradition: The Formula, Part I," *Oral Tradition* 1 (1986): 171–230 and "Homer and Oral Tradition: The Formula, Part II," *Oral Tradition* 3 (1988): 11–60; John Miles Foley, *Oral-Formulaic Theory and Research: An Introduction and Annotated Bibliography* (New York: Garland, 1986).
3. For a recent challenge to Parry's approach, cf. Edzard Visser, *Homerische Versifikationstechnik: Versuch einer Rekonstruktion* (Frankfurt: Peter Lang, 1987); brief English summary in *Würzburger Jahrbücher für die Altertumswissenschaft* 14 (1988): 21–37.
4. William Merritt Sale, "The Trojans, Statistics, and Milman Parry," *Greek, Roman and Byzantine Studies* 30 (1989): 341–410, esp. p. 350.
5. The tradition of scenes of reproach involving divinities goes back into the Ancient Near East; cf. James B. Pritchard, ed., *Ancient Near Eastern Texts Relating to the Old Testament* (Princeton: Princeton University Press, 1969), "Epic of Gilgamesh," pp. 84–85, vv. 32–91, 155–162.
6. A further advantage of this approach is that it brings into immediate view a number of passages in which the opening part of what looks like a line-ending multiword formula occurs, but the rest of the formula does not follow, e.g. the omission of γλαυκῶπις 'Αθήνη after θεά (nine times in different contexts) or the omission of αἰγιόχοιο after κούρη/κοῦραι Διός (seven times). Other examples will be found at **2A4, 6B2, 12B4, 25A3, 25A9, 27A9, 27A14, 27B25, 27B26, 27B27, 27B35, 29A1, 35B12, 36B11**, and **57A1**. This sort of "non-mechanistic" phenomenon may deserve further study.
7. At **12A1**, Aphrodite as (οὐκ) ἐχέθυμος, at **35A1**, the gods as (οὐ)... ἀγνῶτες, at **60A1**, Scylla as (οὐδὲ) μαχητόν, and at **60B7**, Scylla as (οὐ) θνητή; if ἄναλκις (at **12B1**) is accepted (on my broad definition of epithet), these may as well have a place too.
8. On this difficult subject, cf. Michael M. Kumpf, *Four Indices of the Homeric hapax legomena, together with Statistical Data* (Hildesheim: Olms, 1984), esp. pp. 6–17 on problems of definition.
9. For Ares, this number is at least consonant with his large quantity of unbound epithets (37, almost as many as Zeus himself, most of them non-trivial), and it presumably is connected with the thematic prominence of death, especially in the *Iliad*, though this detail is not used by Jasper Griffin in his important discussion,

Homer on Life and Death (Oxford: Clarendon Press, 1980), pp. 81–143. For Calypso, the absence of any unique epithet (and the sharing of several *iuncturae* with Circe) may give credence to the suggestion of W. J. Woodhouse that her rôle in the *Odyssey* is Homer's ad hoc creation, *The Composition of the Odyssey* (Oxford: Clarendon Press, 1930), pp. 51–53, 215–217.

10. For example, at **7B12** it is shown in the cross-references that ἔχθιστος is applied in Homer to only four characters, all in the *Iliad*: Ares (by Zeus, E 890), Hades (by Agamemnon, I 159), Thersites (by the narrator, B 220), and Achilles (by Agamemnon, A 176). The last of these, especially coming first in the narrative, is surely the most striking, yet its effect is not noted either by the scholiasts or in G.S. Kirk, *The Iliad, A Commentary, Volume I: Books 1–4* and *Volume II: Books 5–8* (Cambridge: Cambridge University Press, 1985, 1990), *ad locc.* in A, B, E.

11. Cf. *Classical Review* 40 (1990): 2, "There is not yet an agreed description...even of such a fundamental concept as the formula itself," J.B. Hainsworth in a review of John Miles Foley, *The Theory of Oral Composition* (Bloomington: Indiana University Press, 1988). For a judicious summary of proposed definitions, cf. Mark W. Edwards (op. cit. n. 2 above), Part I, pp. 188–197.

12. For a thorough discussion of this topic, cf. Carolyn Higbie, *Measure and Music: Enjambement and Sentence Structure in the Iliad* (Oxford: Clarendon Press, 1990). Remarks of particular interest concerning epithets may be found at pages 52, 87 n. 9, 176–177, 183–187, 200–201.

13. The texts have been double-checked against the latest Oxford Classical Text editions and, using the powers of Pandora©, the TLG texts, sc. the *editio maior* of T.W. Allen (Oxford: Clarendon Press, 1931) and the edition of Peter Von der Muehll (Basel: Helbing & Lichtenhahn, 1962; Stuttgart: Teubner, 1984). What is printed in the Repertory conforms mostly to the OCT texts; only once do different readings in the source texts affect the epithets themselves, curiously enough, at the very first entry, **1A1**. Punctuation and line-end accents do not necessarily duplicate those found in the sources.

14. Readers familiar with the Graeca font may note that I have tightened its spacing, in both texts and *iuncturae*, by substituting a Times space for one in Graeca at many points where there is an "exposed" breathing mark or apostrophe at the beginning or end of a word. This simple if tedious procedure markedly improves the look of the printed text; however, I was unable to improve the diacriticals in the boldface font.

15. I have not attempted to assign e.g. occurrences of θεός τις or θεῶν τις to a particular divinity. I have accepted the position of Kirk's commentary (above, note 9), Vol. II, p. 185, that there is no reason to think, as does the scholiast, that Poseidon is the θεός referred to at Z 191.

16. On the curious fact that there are two different formulaically described places of residence for the gods (sky and Olympus), cf. William Merritt Sale, "Homeric Olympus and its Formulae," *American Journal of Philology* 105 (1984): 1–28.

Select Bibliography of Principal Works Consulted

Allen, Thomas William, *Homeri Ilias*, 3 vols. Oxford: Clarendon Press, 1931. Repr. New York: Arno Press, 1979. The source of the digitized *Iliad* in the *Thesaurus Linguae Graecae*.
—*Homeri Opera: Odyssea*, 2 vols. Oxford: Clarendon Press, 1919^2. The Oxford Classical Text of the *Odyssey*.
Bruchmann, Carl Friedrich Heinrich, *Epitheta deorum quae apud poetas Graecos leguntur*, in Wilhelm Heinrich Roscher, *Ausführliches Lexikon der griechischen und römischen Mythologie*, Vol. VII, Supplementband I. Leipzig: Teubner, 1893.
Cunliffe, Richard John, *A Lexicon of the Homeric Dialect*. London: Blackie, 1924. Repr. Norman: University of Oklahoma Press, 1963.
—*Homeric Proper and Place Names: A Supplement to "A Lexicon of the Homeric Dialect."* London: Blackie, 1931.
Dunbar, Henry, *A Complete Concordance to the Odyssey of Homer*. Oxford: Clarendon Press, 1880. Rev. by Benedetto Marzullo. Hildesheim: Olms, 1962.
Gehring, August, *Index Homericus*. Leipzig: Teubner, 1891. Rev. by Ulrich Fleischer. Hildesheim: Olms, 1970.
Kumpf, Michael M., *Four Indices of the Homeric hapax legomena, together with Statistical Data*, Alpha-Omega, Reihe A, 46. Hildesheim: Olms, 1984.
Monro, David Binning, and Thomas William Allen, *Homeri Opera: Ilias*, 2 vols. Oxford: Clarendon Press, 1920^3. The Oxford Classical Text of the *Iliad*.
Parry, Milman, *L'Épithète traditionelle dans Homère: Essai sur un problème de style homérique*. Paris: Les Belles Lettres, 1928. Transl. by Adam Parry. *The Making of Homeric Verse: The Collected Papers of Milman Parry*. Oxford: Oxford University Press, 1971.
Prendergast, Guy Lushington, *A Complete Concordance to the Iliad of Homer*. London: Longmans, Green, 1875. Rev. by Benedetto Marzullo. Hildesheim: Olms, 1962.
Schmidt, Carl Eduard, *Parallel-Homer, oder Index aller homerischen Iterati in lexicalischer Anordnung*. Göttingen: Vandenhoeck & Ruprecht, 1885.
Von der Muehll, Peter, *Homeri Odyssea*. Basel: Helbing & Lichtenhahn, 1962^3. Repr. Stuttgart: Teubner, 1984. The source of the digitized *Odyssey* in the *Thesaurus Linguae Graecae*.

SIGNS AND SYMBOLS

/   Used in the *iuncturae* to indicate line-beginning and line-end: a slash to the left of a word means the former, to the right the latter. Used in both the Repertory and the Index in the middle of *iuncturae* and at the end of quoted lines of text to indicate enjambement.

+   Used to indicate that there is another, syntactically independent, epithet for the same divinity in the line *preceding* the line quoted, the line *following* it, or *both*.

*   Used throughout the Catalogue to mark Homeric *hapax legomena*. In the Repertory, following an epithet (only once, **1B7**), it indicates that the gender given in the lemma is implicit in a masculine collective use, referring to both male and female divinities. In the Index, following a *iunctura*, it indicates the existence of other case-forms of that *iunctura*, with or without word separation.

**   Used with epithets and *iuncturae* to refer to the Index in those cases where the cross-references would not fit in a single line of text.

=   Used to indicate that the cross-references that follow account for all the instances summed up in the second pair of numbers immediately preceding.

;   Used to distinguish between examples involving singular and those involving plural; or to distinguish between examples involving divinities and those involving mortals.

...   Used in both *iuncturae* and texts to indicate omission of words. In the Index, it means that the words on either side are never found in immediate collocation.

| Used in the Index when the text of a single hexameter is split across two lines in order to avoid crossing into the main column of references.

The Epithetic Phrases for the Homeric Gods
(Epitheta Deorum apud Homerum)

CATALOGUE OF EPITHETS

An asterisk at the left marks the word as ἅπαξ λεγόμενον in Homer.
An asterisk at the end of a word marks it as implied in a masculine collective.

1.	Ἀθήνη	21
A1.	ἀγελείη	21
A2.	Ἀλαλκομενηΐς	21
A3.	Ἀτρυτώνη	21
A4.	γλαυκῶπις	21
*A5.	ληῖτις	23
A6.	ὀβριμοπάτρη	23
A7.	Παλλάς	23
A8.	πολύβουλος	24
*A9.	ῥυσίπτολις	24
A10.	Τριτογένεια	24
B1.	ἀδεής	25
B2.	ἀθανάτη, ἀθάνατος	25
B3.	ἀΐδηλος	25
B4.	αἰνοτάτη	25
B5.	ἄμβροτος	25
B6.	ἄνασσα	25
B7.	ἀρίστη*	25
B8.	ἄφρων	25
B9.	δεινή	25
B10.	δῖα	25
B11.	ἐκγεγαυῖα	26
B12.	ἐμμεμαυῖα	26
B13.	ἐϋπλόκαμος	26
B14.	ἠΰκομος	26
B15.	θεά, θεός	26
B16.	θυγάτηρ	28
B17.	κούρη	28
B18.	κυδίστη	29
B19.	κυνάμυια	29

B20.	κύων	29
B21.	λαοσσόος	29
B22.	μεγάθυμος	30
B23.	μεμαυῖα	30
B24.	οὐλομένη	30
B25.	πάϊς	30
B26.	πότνια, πότνα	30
B27.	πρώτη	30
B28.	τέκνον	30
B29.	τέκος	30
B30.	φίλον	31
C1. – C6. Descriptive Clauses		31

2. Ἀΐδης **31**

*A1.	ἀδάμαστος	31
*A2.	καταχθόνιος	31
A3.	κλυτόπωλος	31
A4.	πυλάρτης	31
B1.	ἀδελφεός	32
B2.	ἀμείλιχος	32
B3.	ἄναξ	32
B4.	ἀνάσσων	32
B5.	ἔχθιστος	32
B6.	Ζεύς	32
B7.	θεός	32
B8.	ἴφθιμος	32
B9.	κρατερός	32
B10.	πελώριος	32
B11.	στυγερός	32

3. Ἁλίη **33**

B1.	βοῶπις	33

4. Ἀμάθεια **33**

B1.	ἐϋπλόκαμος	33

5. Ἀμφιτρίτη **33**

*A1.	ἀγάστονος	33
*A2.	κυανῶπις	33
B1.	ἁλοσύδνη	33
B2.	καλή	33
B3.	κλυτός	33

Catalogue 5

6. Ἀπόλλων 33
 *A1. ἀκερσεκόμης 33
 A2. ἀργυρότοξος 33
 *A3. ἀφήτωρ 34
 A4. ἑκάεργος 34
 *A5. ἑκατηβελέτης 34
 A6. ἑκατηβόλος 34
 A7. ἕκατος 34
 A8. ἑκηβόλος 35
 A9. ἤϊος 35
 A10. κλυτότοξος 35
 A11. Λυκηγενής 35
 *A12. Σμινθεύς 35
 A13. Φοῖβος 35
 A14. χρυσάορος 37
 B1. ἄμβροτος 37
 B2. ἄναξ 37
 B3. ἄπιστος 38
 B4. ἄριστος 38
 B5. δεινός 38
 B6. ἔταρος 38
 B7. θεός 38
 B8. λαοσσόος 39
 B9. μέγας 39
 B10. νηπύτιος 39
 B11. ὁλοώτατος 39
 B12. τέκος 39
 B13. υἱός 39
 B14. φέριστος 40
 B15. φίλος 40
 C1. – C2. Descriptive Clauses 40
7. Ἄρης 40
 A1. ἀλλοπρόσαλλος 40
 A2. ἀνδρειφόντης 40
 *A3. βριήπυος 40
 A4. βροτολοιγός 40
 *A5. κορυθάϊξ 41
 A6. μιαιφόνος 41
 *A7. ῥινοτόρος 41
 A8. τειχεσιπλήτης 41

B1.	ἀίδηλος	41
B2.	ἄμβροτος	41
B3.	ἀνδροφόνος	41
B4.	ἀρτίπος	41
B5.	ἆτος	41
B6.	ἄφρων	42
B7.	γένος	42
B8.	δεινός	42
B9.	δήϊος	42
B10.	ἐγχέσπαλος	42
B11.	Ἐνυάλιος	42
B12.	ἔχθιστος	42
B13.	ἠλεός	42
B14.	θεός	42
B15.	θοός	42
B16.	θοῦρος	43
B17.	κακόν	43
B18.	καλός	43
B19.	κασίγνητος	43
B20.	κορυθαίολος	43
B21.	κρατερός	43
B22.	λαοσσόος	43
B23.	μαινόμενος	43
B24.	νηπύτιος	44
B25.	ὄβριμος	44
B26.	ὀξύς	44
B27.	οὖλος	44
B28.	πελώριος	44
B29.	πολεμιστής, πτολεμιστής	44
B30.	πολύδακρυς	44
B31.	πτολίπορθος	44
B32.	στυγερός	44
B33.	ταλαύρινος	45
B34.	φίλος	45
B35.	χάλκεος	45
B36.	χρυσήνιος	45
B37.	ὠκύτατος	45
C1. – C2. Descriptive Clauses		45

Catalogue

8. Ἄρτεμις ... 45
   - A1. ἰοχέαιρα ... 45
   - *A2. τοξοφόρος ... 46
   - A3. χρυσηλάκατος ... 46
   - B1. ἁγνή ... 46
   - B2. ἀγροτέρη ... 46
   - B3. ἀδεής ... 46
   - B4. γένος ... 46
   - B5. ἐϋπλόκαμος ... 46
   - B6. ἐΰσκοπος ... 46
   - B7. ἐϋστέφανος ... 46
   - B8. θεά ... 47
   - B9. θυγάτηρ ... 47
   - B10. κασιγνήτη ... 47
   - B11. κελαδεινή ... 47
   - B12. κούρη ... 47
   - B13. κύων ... 47
   - B14. πότνια, πότνα ... 47
   - B15. τέκος ... 48
   - B16. φίλον ... 48
   - B17. χρυσήνιος ... 48
   - B18. χρυσόθρονος ... 48
9. Ἀσκληπιός ... 48
   - B1. ἀμύμων ... 48
   - B2. ἰητήρ ... 48
10. Ἄτη ... 48
    - *A1. σθεναρή ... 48
    - B1. ἀρτίπος ... 48
    - B2. θυγάτηρ ... 48
    - B3. οὐλομένη ... 48
    - B4. πρέσβα ... 48
    - C1. – C2. Descriptive Clauses ... 48
11. Ἄτλας ... 49
    - B1. ὀλοόφρων ... 49
    - C1. Descriptive Clause ... 49
12. Ἀφροδίτη ... 49
    - *A1. ἐχέθυμος ... 49
    - A2. Κυθέρεια ... 49
    - A3. Κύπρις ... 49
    - A4. φιλομμειδής ... 49

B1. ἄναλκις	49
B2. δαίμων	49
B3. δῖα	50
B4. ἐϋστέφανος	50
B5. θεά, θεός	50
B6. θυγάτηρ	50
B7. καλή	51
B8. κούρη	51
B9. κυνάμυια	51
B10. κυνῶπις	51
B11. μήτηρ	51
B12. τέκνον	51
B13. τέκος	51
B14. φίλον	51
B15. χρυσέη, χρυσείη	51
C1. Descriptive Clause	52
13. Βριάρεως (Αἰγαίων)	**52**
*A1. ἑκατόγχειρος	52
C1. Descriptive Clause	52
14. Γαῖα	**52**
B1. ἐρικυδής	52
15. Γαλάτεια	**52**
B1. ἀγακλειτή	52
16. Γοργώ	**52**
*A1. βλοσυρῶπις	52
B1. δεινή, δεινός	52
B2. δερκομένη	52
B3. κεφαλή	52
B4. πέλωρον	52
B5. σμερδνή	53
B6. τέρας	53
17. Δημήτηρ	**53**
B1. ἄνασσα	53
B2. ἐϋπλόκαμος	53
B3. καλλιπλόκαμος	53
B4. ξανθή	53
18. Διώνη	**53**
B1. δῖα	53
B2. μήτηρ	53

Catalogue 9

19. **Διώνυσος** 53
    B1. μαινόμενος 53
    B2. χάρμα 53
20. **Είδοθέη** 54
    B1. δῖα 54
21. **Είλείθυια, Είλείθυιαι** 54
    A1. μογοστόκος 54
    B1. ἔχουσα 54
    B2. θυγάτηρ 54
22. **'Ενυώ** 54
    B1. πότνια 54
    B2. πτολίπορθος 54
    C1. – C2. Descriptive Clauses 54
23. **'Ερινύς, 'Ερινύες** 54
    *A1. δασπλῆτις 54
    A2. ἠεροφοῖτις 54
    B1. ἔχουσα 55
    B2. θεά 55
    B3. στυγερή 55
    C1. Descriptive Clause 55
24. **῎Ερις** 55
    B1. ἀργαλέη 55
    B2. ἑτάρη 55
    B3. ἔχουσα 55
    B4. θεά 55
    B5. κασιγνήτη 55
    B6. κρατερή 55
    B7. λαοσσόος 55
    B8. μεμαυῖα 56
    B9. πολύστονος 56
    C1. Descriptive Clause 56
25. **'Ερμείας** 56
    A1. ἀκάκητα 56
    A2. 'Αργεϊφόντης 56
    A3. διάκτορος 57
    *A4. δώτωρ 57
    A5. ἐριούνης 57
    A6. ἐριούνιος 57
    A7. κρατύς 57

*A8. σῶκος 58
A9. χρυσόρραπις 58
B1. ἄγγελος 58
B2. ἀθάνατος 58
B3. αἰδοῖος 58
B4. ἄμβροτος 58
B5. ἄναξ 58
B6. ἐύσκοπος 58
B7. θεός 58
B8. Κυλλήνιος 59
B9. υἱός 59
B10. φίλος 59
C1. – C3. Descriptive Clauses 59
26. Εὐρυνόμη **59**
B1. θυγάτηρ 59
27. Ζεύς **59**
A1. αἰγίοχος 59
*A2. ἀπερωεύς 61
A3. ἀργικέραυνος 61
A4. ἀστεροπητής 61
*A5. δολομῆτα 61
*A6. Δωδωναῖος 61
*A7. ἐπιτιμήτωρ 61
*A8. ἐριβρεμέτης 61
A9. ἐρισθένης 61
*A10. ἑρκεῖος 62
A11. εὐρυόπα 62
*A12. ἱκετήσιος 62
A13. Κρονίδης 62
A14. Κρονίων 63
A15. μεδέων 65
A16. μητίετα 65
A17. νεφεληγερέτα 66
*A18. πανομφαῖος 66
*A19. στεροπηγερέτα 66
A20. τερπικέραυνος 67
A21. ὑψιβρεμέτης 67
A22. ὑψίζυγος 67
*A23. φιλοψευδής 67

Catalogue

B1. ἀγαθός 67
B2. ἀδελφεός 67
B3. ἀθάνατος 67
B4. αἰνότατος 68
B5. ἀκοίτης 68
B6. ἀλιτρός 68
B7. ἄναξ 68
B8. ἄριστος 68
B9. δαίμων 68
B10. εἰδώς 68
B11. ἐρίγδουπος 69
B12. ἐών 69
B13. θεός 69
B14. Ἰδαῖος 69
B15. κάρτιστος 69
B16. κελαινεφής 70
B17. κραταιός 70
B18. κύδιστος 70
B19. μάρτυρος 70
B20. μέγας, μέγιστος 70
B21. μήστωρ 71
B22. ναίων 71
B23. ξείνιος, ξένιος 72
B24. ὀλοώτερος 72
B25. Ὀλύμπιος 72
B26. πάϊς 73
B27. πατήρ 73
B28. Πελασγικός 76
B29. πόσις 76
B30. σχέτλιος 76
B31. ταμίης 76
B32. τοκεύς 76
B33. υἱός 76
B34. ὕπατος 76
B35. ὑπερμένης 77
B36. φέρτατος 77
B37. φέρτερος 77
B38. φίλος 77
C1. – C17. Descriptive Clauses 77

28. Ἥβη 78
   B1. καλλίσφυρος 78
   B2. πότνια 78
29. Ἥλιος 78
   A1. ἠλέκτωρ 78
   A2. τερψίμβροτος 78
  *A3. Ὑπεριωνίδης 79
   A4. Ὑπερίων 79
   A5. φαέθων 79
   B1. ἄγγελος 79
   B2. ἀκάμας 79
   B3. ἄναξ 79
   B4. δεινός 79
   B5. θεός 79
   B6. παμφανόων 79
   B7. φαεσίμβροτος 80
   C1. – C2. Descriptive Clauses 80
30. Ἥρη 80
  *A1. ἀπτοεπής 80
  *A2. χρυσοπέδιλος 80
   B1. ἀθανάτη 80
   B2. αἰδοίη 80
   B3. ἄκοιτις 80
   B4. ἄλοχος 80
   B5. ἀμήχανος 80
   B6. Ἀργείη 80
   B7. ἀρίστη 81
   B8. βοῶπις 81
   B9. δῖα 81
   B10. ἠύκομος 81
   B11. θεά, θεός 81
   B12. θυγάτηρ 82
   B13. κασιγνήτη 82
   B14. κυδρή 82
   B15. κύντερον 82
   B16. κυνῶπις 82
   B17. λευκώλενος 82
   B18. μεμαυῖα 83
   B19. μήτηρ 83
   B20. παράκοιτις 83

Catalogue

B21.	πότνια	83
B22.	πρέσβα	84
B23.	πρεσβυτάτη	84
B24.	τοκεύς	84
B25.	φίλη	84
B26.	χρυσόθρονος	84
C1.	Descriptive Clause	84
31.	**Ἥφαιστος**	**85**
*A1.	ἄητος	85
A2.	ἀμφιγυήεις	85
*A3.	κλυτοεργός	85
A4.	κλυτοτέχνης	85
A5.	κυλλοποδίων	85
B1.	ἀγακλεής	85
B2.	ἀθάνατος	85
B3.	ἄναξ	85
B4.	βλεμεαίνων	86
B5.	βραδύς	86
B6.	ἠπεδανός	86
B7.	θεός	86
B8.	κλυτός	86
B9.	πάϊς	86
B10.	πέλωρ	86
B11.	περικλυτός	86
B12.	πολύμητις	87
B13.	πολύφρων	87
B14.	τέκνον	87
B15.	τέκος	87
B16.	υἱός	87
B17.	φίλος	87
B18.	χαλκεύς	88
B19.	χωλός	88
32.	**Ἠώς**	**88**
A1.	ἐΰθρονος	88
A2.	ἠριγένεια	88
A3.	κροκόπεπλος	88
A4.	ῥοδοδάκτυλος	89
B1.	δῖα	89
B2.	ἐϋπλόκαμος	89

B3.	θεά	89
B4.	καλή	89
B5.	φαεινή	90
B6.	φαεσίμβροτος	90
B7.	χρυσόθρονος	90
33.	**θάνατος**	**90**
B1.	διδυμάων	90
34.	**Θέμις**	**90**
B1.	θεά	90
B2.	καλλιπάρῃος	90
C1.	Descriptive Clause	90
35.	**Θεοί, Θεαί**	**90**
*A1.	ἀγνῶτες	90
A2.	αἰειγένεται	90
*A3.	ἀναίμονες	91
*A4.	δωτῆρες	91
A5.	ἐπουράνιος	91
*A6.	ζηλήμονες	91
A7.	Οὐρανίωνες	91
*A8.	Τιτῆνες	91
*A9.	ὑποταρτάριοι	92
B1.	ἀθάνατοι	92
B2.	ἄνακτες	96
B3.	ἀρίγνωτοι	96
B4.	δηλήμονες	96
B5.	ἔνερθε	96
B6.	ἐνέρτεροι	96
B7.	ἐόντες	96
B8.	ἐπίσκοποι	97
B9.	ἔχοντες	97
B10.	ζώοντες	97
B11.	θηλύτεραι	97
B12.	μάκαρες	97
B13.	μάρτυροι	98
B14.	Ὀλύμπιοι	98
B15.	σχέτλιοι	98
C1.	– C5. Descriptive Clauses	98
36.	**Θέτις**	**99**
A1.	ἀργυρόπεζα	99
*A2.	δυσαριστοτόκεια	100

B1.	ἄγγελος	100
B2.	ἀθανάτη	100
B3.	αἰδοίη	100
B4.	ἄκοιτις	100
B5.	ἁλοσύδνη	100
B6.	ἀτιμοτάτη	100
B7.	δειλή	100
B8.	δεινή	100
B9.	δῖα	101
B10.	ἠύκομος	101
B11.	θεά, θεός	101
B12.	θυγάτηρ	101
B13.	καλλιπλόκαμος	102
B14.	μήτηρ	102
B15.	παράκοιτις	103
B16.	πότνια	103
B17.	τανύπεπλος	103
B18.	φίλη	103
B19.	χέουσα	103
B20.	χερείων	103

37. Θόωσα **103**
   B1. θυγάτηρ 103
   B2. νύμφη 104

38. Ἰνώ **104**
  *A1. Λευκοθέη 104
   B1. θεά, θεός 104
   B2. θυγάτηρ 104
   B3. καλλίσφυρος 104
   C1. Descriptive Clause 104

39. Ἶρις **104**
   A1. ἀελλόπος 104
   A2. μετάγγελος 104
   A3. ποδήνεμος 104
   A4. χρυσόπτερος 105
   B1. ἄγγελος 105
   B2. θεά, θεός 105
   B3. μεμαυῖα 105
   B4. Ὀλύμπιος 105
   B5. ταχεῖα 105

B6. ὠκέα 106
C1. Descriptive Clause 106
40. Ἰωκή 106
B1. κρυόεσσα 106
41. Καλυψώ 106
B1. ἀγήρως 106
B2. ἀθάνατος 106
B3. αὐδήεσσα 106
B4. δεινή 106
B5. δῖα 107
B6. δολόεσσα 107
B7. ἐϋπλόκαμος 107
B8. ἠΰκομος 107
B9. θεά, θεός 108
B10. θυγάτηρ 108
B11. νύμφη 108
B12. πότνια, πότνα 109
42. Κίρκη 109
*A1. αὐτοκασιγνήτη 109
B1. ἀθανάτη 109
B2. Αἰαίη 109
B3. αὐδήεσσα 109
B4. δεινή 109
B5. δῖα 109
B6. δολόεσσα 110
B7. ἐϋπλόκαμος 110
B8. θεά, θεός 110
B9. καλλιπλόκαμος 110
B10. νύμφη 110
B11. πολυφάρμακος 110
B12. πότνια 110
43. Κλῶθες 111
B1. βαρεῖαι 111
44. Κρόνος 111
A1. ἀγκυλομήτης 111
B1. μέγας 111
45. Λαμπετίη (& Φαέθουσα) 111
*A1. ἐπιποιμένες 111
B1. ἄγγελος 111

Catalogue 17

```
B2. ἐϋπλόκαμοι . . . . . . . . . . . . . . . . . . . .  111
B3. θεαί . . . . . . . . . . . . . . . . . . . . . . . .  111
B4. νύμφαι . . . . . . . . . . . . . . . . . . . . . .  112
B5. τανύπεπλος . . . . . . . . . . . . . . . . . . .  112
B6. ὠκέα . . . . . . . . . . . . . . . . . . . . . . .  112
C1. Descriptive Clause . . . . . . . . . . . . . . .  112
46. Λητώ . . . . . . . . . . . . . . . . . . . . . . . . 112
    B1. ἐρικυδής . . . . . . . . . . . . . . . . . . .  112
    B2. ἠΰκομος . . . . . . . . . . . . . . . . . . . .  112
    B3. καλλιπάρῃος . . . . . . . . . . . . . . . . .  112
    B4. κυδρή . . . . . . . . . . . . . . . . . . . . .  112
    B5. παράκοιτις . . . . . . . . . . . . . . . . . .  112
47. Λιταί . . . . . . . . . . . . . . . . . . . . . . . 112
    *A1. παραβλῶπες . . . . . . . . . . . . . . . . .  112
    *A2. ῥυσαί . . . . . . . . . . . . . . . . . . . .  113
    B1. κοῦραι . . . . . . . . . . . . . . . . . . . .  113
    B2. χωλαί . . . . . . . . . . . . . . . . . . . . .  113
    C1. Descriptive Clause . . . . . . . . . . . . .  113
48. Μοῖρα . . . . . . . . . . . . . . . . . . . . . . . 113
    B1. κραταιή . . . . . . . . . . . . . . . . . . .  113
49. Μοῦσα, Μοῦσαι . . . . . . . . . . . . . . . . . . 113
    *A1. Ὀλυμπιάδες . . . . . . . . . . . . . . . . .  113
    B1. ἔχουσαι . . . . . . . . . . . . . . . . . . .  113
    B2. θεά . . . . . . . . . . . . . . . . . . . . . .  113
    B3. θυγάτηρ . . . . . . . . . . . . . . . . . . .  114
    B4. κοῦραι . . . . . . . . . . . . . . . . . . . .  114
    B5. λίγεια . . . . . . . . . . . . . . . . . . . .  114
    B6. πάϊς . . . . . . . . . . . . . . . . . . . . .  114
50. Νέαιρα . . . . . . . . . . . . . . . . . . . . . . 114
    B1. δῖα . . . . . . . . . . . . . . . . . . . . . .  114
    B2. μήτηρ . . . . . . . . . . . . . . . . . . . . .  114
    B3. πότνια . . . . . . . . . . . . . . . . . . . .  114
51. Νηρεύς . . . . . . . . . . . . . . . . . . . . . . 114
    B1. ἅλιος . . . . . . . . . . . . . . . . . . . . .  114
    B2. γέρων . . . . . . . . . . . . . . . . . . . . .  114
    B2. πατήρ . . . . . . . . . . . . . . . . . . . . .  115
52. Νηρηΐδες . . . . . . . . . . . . . . . . . . . . . 115
    B1. ἀθάναται . . . . . . . . . . . . . . . . . . .  115
    B2. ἅλιαι . . . . . . . . . . . . . . . . . . . . .  115
```

B3. θεαί … 115
B4. κασίγνηται … 115
53. Νύμφη, Νύμφαι … 115
*A1. ἀγρόνομοι … 115
*A2. κρηναῖαι … 115
A3. νηϊάδες … 116
A4. νηΐς … 116
*A5. ὀρεστιάδες … 116
B1. ἀμύμων … 116
B2. θεαί … 116
B3. κοῦραι … 116
C1. – C2. Descriptive Clauses … 116
54. Νύξ … 116
*A1. δμήτειρα … 116
B1. θοή … 117
55. Ὄνειρος … 117
B1. ἄγγελος … 117
B2. θεῖος … 117
B3. οὖλος … 117
56. Περσεφόνεια … 117
A1. ἐπαινή … 117
B1. ἀγαυή … 117
B2. ἁγνή … 117
B3. θεός … 117
B4. θυγάτηρ … 117
57. Ποσειδάων … 118
A1. γαιήοχος … 118
*A2. Ἑλικώνιος … 118
A3. ἐννοσίγαιος … 118
A4. ἐνοσίχθων … 119
A5. εὐρυσθενής … 120
*A6. ὁμότιμος … 120
A7. πατροκασίγνητος … 120
B1. ἀδελφεός … 120
B2. ἄναξ … 120
B3. ἄριστος … 121
B4. αὐτοκασίγνητος … 121
B5. δαήρ … 121
B6. θεός … 121

B7.	κλυτός	121
B8.	κραταιός	122
B9.	κρείων	122
B10.	κυανοχαίτης	122
B11.	μέγας	122
B12.	πατήρ	122
B13.	πρεσβύτατος	123
B14.	υἱός	123
58. Πρωτεύς		**123**
*A1.	ὑποδμώς	123
B1.	ἀθάνατος	123
B2.	Αἰγύπτιος	123
B3.	ἅλιος	123
B4.	γέρων	123
B5.	εἰδώς	124
B6.	θεῖος	124
B7.	ἴφθιμος	124
B8.	νημερτής	124
B9.	πατήρ	124
C1.	Descriptive Clause	124
59. Σιμόεις		**124**
B1.	κασίγνητος	124
B2.	φίλος	124
60. Σκύλλη		**124**
*A1.	μαχητόν	124
*A2.	πετραίη	124
B1.	ἄγριον	124
B2.	ἀθάνατον	125
B3.	ἀνίη	125
B4.	ἄπρηκτος	125
B5.	ἀργαλέον	125
B6.	δεινόν	125
B7.	θνητή	125
B8.	κακόν	125
B9.	λελακυῖα	125
B10.	πέλωρ	125
C1. – C2. Descriptive Clauses		125
61. Τηθύς		**125**
B1.	μήτηρ	125

62. Ὕπνος 125
  A1. νήδυμος 125
  A2. πανδαμάτωρ 126
  B1. ἄναξ 126
  B2. διδυμάων 126
  B3. κασίγνητος 126
63. Φόβος 126
  *A1. ἀταρβής 126
  B1. κρατερός 126
  B2. υἱός 126
  B3. φίλος 126
  C1. Descriptive Clause 126
64. Φόρκυς 126
  B1. ἅλιος 126
  B2. γέρων 127
  B3. μέδων 127
65. Χάρις, Χάριτες 127
  *A1. λιπαροκρήδεμνος 127
  B1. δῖα 127
  B2. καλή 127
  B3. ὁπλότεραι 127
66. Χάρυβδις 127
  B1. δεινή 127
  B2. δῖα 127
  B3. ὀλοή 127
67. Ὠκεανός 127
  A1. ἀκαλαρρείτης 127
  A2. ἀψόρροος 128
  *A3. βαθυρρείτης 128
  A4. γένεσις 128
  B1. βαθυδίνης 128
  B2. βαθύρροος 128
  C1. – C2. Descriptive Clauses 128

EPITHETA DEORUM APUD HOMERUM
THE REPERTORY

1. **Ἀθήνη 104-128, Ἀθηναίη 57-32**

A1. ἀγελείη 5-2 (+0-1 si γ 378, 1B18 add.)
Ἀθηναίης ἀγελείης/ 3-1, Ἀθηναίην ἀγελείην/ 1-0
Διὸς θυγάτηρ ἀγελείη/ 1-1
   αἴ κεν ἄνευ ἐμέθεν καὶ Ἀθηναίης ἀγελείης   Ο 213
   αὐτάρ τοι τόδε ἔργον Ἀθηναίης ἀγελείης   π 207
   ἀλλὰ σὺ μὲν πρὸς νηὸν Ἀθηναίης ἀγελείης   Ζ 269, 279
   ἄγρει μάν οἱ ἔπορσον Ἀθηναίην ἀγελείην   Ε 765
   ἀθάνατοι, πρώτη δὲ Διὸς θυγάτηρ ἀγελείη   Δ 128
   αἴ κεν ἐᾷ πρόφρων με Διὸς θυγάτηρ ἀγελείη   ν 359

A2. Ἀλαλκομενηΐς 2-0
Ἀλαλκομενηῒς Ἀθήνη/ 2-0
   Ἥρη τ' Ἀργείη καὶ Ἀλαλκομενηῒς Ἀθήνη   Δ 8, Ε 908

A3. Ἀτρυτώνη 5-2
Διὸς τέκος Ἀτρυτώνη/ 5-2
αἰγιόχοιο Διὸς τέκος Ἀτρυτώνη/ 4-2
   κέκλυθι νῦν καὶ ἐμεῖο, Διὸς τέκος, Ἀτρυτώνη   Κ 284
   κλῦθί μευ, αἰγιόχοιο Διὸς τέκος, Ἀτρυτώνη   Ε 115, δ 762, ζ 324+
   ὦ πόποι, αἰγιόχοιο Διὸς τέκος, Ἀτρυτώνη   Β 157, Ε 714, Φ 420

A4. γλαυκῶπις 36-57
γλαυκῶπις Ἀθήνη/ 28-51
θεὰ γλαυκῶπις Ἀθήνη/ 19-32
Ἀθηναίη γλαυκώπιδι 3-0, Ἀθηναίης γλαυκώπιδος 1-0
γλαυκώπιδι κούρῃ/ 1-1
Διὸς γλαυκώπιδι κούρῃ/ 0-1
κούρῃ γλαυκώπιδι 0-1
γλαυκώπιδος ὀβριμοπάτρης/ 0-2
μεμαυῖα...γλαυκῶπι/ 0-1
   αἴ κέ μοι ὣς μεμαυῖα παρασταίης, γλαυκῶπι   ν 389
   ἔσται μὰν ὅτ' ἂν αὖτε φίλην γλαυκώπιδα εἴπῃ   Θ 373
   ἔστη σκῆπτρον ἔχων· παρὰ δὲ γλαυκῶπις Ἀθήνη   Β 279
   θῦνον κρίνοντες, μετὰ δὲ γλαυκῶπις Ἀθήνη   Β 446
   ὦρσε δὲ τοὺς μὲν Ἄρης, τοὺς δὲ γλαυκῶπις Ἀθήνη   Δ 439
   πᾶσιν ὀρίνθη θυμός· ἀτὰρ γλαυκῶπις Ἀθήνη   Ε 29
   ὣς φάτο, τῷ δ' ἔμπνευσε μένος γλαυκῶπις Ἀθήνη   Κ 482 (cf. Α7)
   χερσὶν Ἀχιλλῆος δάμασε γλαυκῶπις Ἀθήνη   Χ 446

εἰ γάρ σ' ὣς ἐθέλοι φιλέειν	γλαυκῶπις Ἀθήνη	γ 218
εἰ μὴ ἐπιφροσύνην δῶκε	γλαυκῶπις Ἀθήνη	ε 437
Ἑρμείας δέ μ' ἔπεμψεν ἰδὲ	γλαυκῶπις Ἀθήνη	λ 626
κούρη τ' αἰγιόχοιο Διὸς	γλαυκῶπις Ἀθήνη	Κ 553
δὴ τότ' Ὀδυσσῆα προσέφη	γλαυκῶπις Ἀθήνη	ω 541+
τῇ μιν ἐεισαμένη προσέφη	γλαυκῶπις Ἀθήνη	ζ 24
τὸν δὲ παρισταμένη προσέφη	γλαυκῶπις Ἀθήνη	ω 516
αὐτὰρ Τηλέμαχον προσέφη	γλαυκῶπις Ἀθήνη	β 399
αὐτὰρ Τηλέμαχος προσέφη	γλαυκῶπιν Ἀθήνην	α 156
ἀγχοῦ δ' ἱσταμένη προσέφη	γλαυκῶπις Ἀθήνη	Β 172, ο 9
τοῖσιν δ' ἴκμενον οὖρον ἵει	γλαυκῶπις Ἀθήνη	β 420, ο 292 (cf. 6A4)
ὣς ἄρα φωνήσασ' ἀπέβη	γλαυκῶπις Ἀθήνη	γ 371, η 78
ἡ μὲν ἄρ' ὣς εἰποῦσ' ἀπέβη	γλαυκῶπις Ἀθήνη	Ε 133, α 319, ζ 41
ἡδὺν ἐπὶ βλεφάροισι βάλε	γλαυκῶπις Ἀθήνη	α 364, π 451, τ 604, φ 358
ἄντα δ' Ἐνυαλίοιο θεὰ	γλαυκῶπις Ἀθήνη	Υ 69
καὶ τό γε χειρὶ λαβοῦσα θεὰ	γλαυκῶπις Ἀθήνη	Ε 853
τοῦ μὲν ἔβη πρὸς δῶμα θεὰ	γλαυκῶπις Ἀθήνη	ζ 13
σοὶ δ' ἐπὶ τοῦτον ἀνῆκε θεὰ	γλαυκῶπις Ἀθήνη	Ε 405
δαιόμενον· τὸ δὲ δαῖε θεὰ	γλαυκῶπις Ἀθήνη	Σ 227
Πηλείωνα δ' ἵκανε θεὰ	γλαυκῶπις Ἀθήνη	Χ 214
Τυδείδῃ δ' ἐπόρουσε θεὰ	γλαυκῶπις Ἀθήνη	Ε 793
ἔνθα οἱ ἀντεβόλησε θεὰ	γλαυκῶπις Ἀθήνη	η 19
ὣς φάτο, γήθησεν δὲ θεὰ	γλαυκῶπις Ἀθήνη	Ρ 567
ὣς φάτο, μείδησεν δὲ θεὰ	γλαυκῶπις Ἀθήνη	ν 287
εἰ μὴ ἐπὶ φρεσὶ θῆκε θεὰ	γλαυκῶπις Ἀθήνη	ε 427
τῇ δ' ἄρ' ἐπὶ φρεσὶ θῆκε θεὰ	γλαυκῶπις Ἀθήνη	σ 158, φ 1
τοῖσι δὲ μύθων ἦρχε θεὰ	γλαυκῶπις Ἀθήνη	Ε 420, η 47, ν 374
ὣς ἔφατ', οὐδ' ἀπίθησε θεὰ	γλαυκῶπις Ἀθήνη	Β 166, Ε 719, Η 43
τὸν δ' ἠμείβετ' ἔπειτα θεὰ	γλαυκῶπις Ἀθήνη	Ε 825, α 44, 80, 314, ν 329, 392+, 420
τοὺς δ' ὡς οὖν ἐνόησε θεὰ	γλαυκῶπις Ἀθήνη	Η 17
εἰ μὴ ἄρ' ἄλλ' ἐνόησε θεὰ	γλαυκῶπις Ἀθήνη	ψ 242 (cf. B17)
ἡ δ' αὖτ' ἄλλ' ἐνόησε θεὰ	γλαυκῶπις Ἀθήνη	ψ 344
ἔνθ' αὖτ' ἄλλ' ἐνόησε θεὰ	γλαυκῶπις Ἀθήνη	β 382, 393, δ 795, ζ 112, σ 187
ὀψὲ δὲ δὴ μετέειπε θεὰ	γλαυκῶπις Ἀθήνη	Θ 30
τοῖσι δὲ καὶ μετέειπε θεὰ	γλαυκῶπις Ἀθήνη	γ 330
τὸν προτέρη προσέειπε θεὰ	γλαυκῶπις Ἀθήνη	γ 13
τὴν δ' αὖτε προσέειπε θεὰ	γλαυκῶπις Ἀθήνη	Θ 357
τὸν δ' αὖτε προσέειπε θεὰ	γλαυκῶπις Ἀθήνη	Α 206, Η 33+, Χ 177, 238, α 178, 221, γ 25, 229, 356, η 27, ν 236, 361, υ 44

Repertory

οὐδὲ Ποσειδάων· οὐδὲ γλαυκώπιδι κούρῃ Ω 26
ἐκ πάντων δὲ μάλιστα Διὸς γλαυκώπιδι κούρῃ β 433
μήνιος ἐξ ὀλοῆς γλαυκώπιδος ὀβριμοπάτρης γ 135
κὰδ δ' ἔπεσε πρόσθε γλαυκώπιδος ὀβριμοπάτρης ω 540+
νηὸν 'Αθηναίης γλαυκώπιδος ἐν πόλει ἄκρῃ Ζ 88
ἔργα δ' 'Αθηναίη γλαυκώπιδι ἰσοφαρίζοι Ι 390
αὐτὰρ 'Αθηναίη γλαυκώπιδι βοῦν ἀγελαίην Λ 729
εὔχετ' 'Αθηναίῃ γλαυκώπιδι ὂν κατὰ θυμόν Ψ 769+
εὐξάμενος κούρῃ γλαυκώπιδι καὶ Διὶ πατρί ω 518
ἔνθ' ἀπέβη γλαυκῶπις, ἐπεὶ διεπέφραδε κούρῃ ζ 47
ὄφρα ἰδῇ γλαυκῶπις ὅτ' ἂν ᾧ πατρὶ μάχηται Θ 406
ὄφρα ἰδῇς, γλαυκῶπι, ὅτ' ἂν σῷ πατρὶ μάχηαι Θ 420

Α5. ληῖτις 1-0
 'Αθηναίη ληΐτιδι 1-0
καὶ τά γ' 'Αθηναίῃ ληΐτιδι δῖος 'Οδυσσεύς Κ 460

Α6. ὀβριμοπάτρη 2-3
 γλαυκώπιδος ὀβριμοπάτρης/ 0-2
ἡρώων, τοῖσίν τε κοτέσσεται ὀβριμοπάτρη Θ 391, α 101
ἡρώων, οἷσίν τε κοτέσσεται ὀβριμοπάτρη Ε 747
μήνιος ἐξ ὀλοῆς γλαυκώπιδος ὀβριμοπάτρης γ 135
κὰδ δ' ἔπεσε πρόσθε γλαυκώπιδος ὀβριμοπάτρης ω 540+

Α7. Παλλάς 28-26
 Παλλὰς 'Αθήνη/ 24-18
 / Παλλὰς 'Αθηναίη 4-8
 / Παλλὰς 'Αθηναίη κούρη Διός 0-6
 / Παλλὰς 'Αθηναίη κούρη Διὸς αἰγιόχοιο/ 0-4
τῷ ἐϊκυῖ' ἤϊξεν ἐπὶ χθόνα Παλλὰς 'Αθήνη Δ 78
ἡ δ' εἰς εὐρύχορον Λακεδαίμονα Παλλὰς 'Αθήνη ο 1
λάζετο δὲ μάστιγα καὶ ἡνία Παλλὰς 'Αθήνη Ε 840
ὣς φάτο, καί ῥ' ἔμπνευσε μένος μέγα Παλλὰς 'Αθήνη ω 520+ (cf. Α4)
ἔνθ' αὖ Τυδεΐδῃ Διομήδεϊ Παλλὰς 'Αθήνη Ε 1
ἀντίον εἶμ' αὐτῶν· τρεῖν μ' οὐκ ἐᾷ Παλλὰς 'Αθήνη Ε 256
τὸν δ' ἐπαλαστήσασα προσηύδα Παλλὰς 'Αθήνη α 252
ἐν γαίῃ δ' ἐπάγη· ἀνὰ δ' ἥρπασε Παλλὰς 'Αθήνη Χ 276
τόφρα δ' ἔχ' ὄφρα σε νόσφιν ἀπήγαγε Παλλὰς 'Αθήνη δ 289
ὣς φάτο Τηλέμαχος· μνηστῆρσι δὲ Παλλὰς 'Αθήνη υ 345
ἔγχεϊ χαλκείῳ· ἐπέρεισε δὲ Παλλὰς 'Αθήνη Ε 856
ἔνθα στὰς ἤϋσ', ἀπάτερθε δὲ Παλλὰς 'Αθήνη Σ 217
τεύχεά τ' ἀμφαράβησε· γέλασσε δὲ Παλλὰς 'Αθήνη Φ 408
ἔγχεά τ' ὀξυόεντα· πάροιθε δὲ Παλλὰς 'Αθήνη τ 33
δινεύοι κατὰ μέσσον, ἄγοι δέ ἑ Παλλὰς 'Αθήνη Δ 541
ἐν πάντεσσι πόνοισι, φιλεῖ δέ ἑ Παλλὰς 'Αθήνη Κ 245
οὔ τοι ἔτ' ἔσθ' ὑπάλυξις, ἄφαρ δέ σε Παλλὰς 'Αθήνη Χ 270
οἱ δ' ἴσαν· ἦρχε δ' ἄρα σφιν Ἄρης καὶ Παλλὰς 'Αθήνη Σ 516
"Ἥρη μὲν μετ' ἀγῶνα νεῶν καὶ Παλλὰς 'Αθήνη Υ 33

ὑψηλόν, τό ῥά οἱ Τρῶες καὶ	Παλλὰς Ἀθήνη	Υ 146
παῖδες δὲ Τρώων δίκασαν καὶ	Παλλὰς Ἀθήνη	λ 547
Ἥρη τ' ἠδὲ Ποσειδάων καὶ	Παλλὰς Ἀθήνη	Α 400
ἴδρις, ὃν Ἥφαιστος δέδαεν καὶ	Παλλὰς Ἀθήνη	ζ 233, ψ 160
πᾶσι μετ' ἀθανάτοισιν ἐγὼ καὶ	Παλλὰς Ἀθήνη	Υ 314
Ζηνὸς ἐπαινήσαντος, ἐγὼ καὶ	Παλλὰς Ἀθήνη	Φ 290
ὣς εἰπὼν ἡγεῖθ', ἡ δ' ἕσπετο	Παλλὰς Ἀθήνη	α 125
νήπιοι, ἐκ γάρ σφεων φρένας εἵλετο	Παλλὰς Ἀθήνη	Σ 311
πλησίον· ἡ δ' ἀνὰ ἄστυ μετῴχετο	Παλλὰς Ἀθήνη	θ 7
λυγρόν, ὃν ἐκ Τροίης ἐπετείλατο	Παλλὰς Ἀθήνη	α 327
τεύχειν· ἔξοχα γάρ μιν ἐφίλατο	Παλλὰς Ἀθήνη	Ε 61
ὡς κείνῳ ἀναφανδὰ παρίστατο	Παλλὰς Ἀθήνη	γ 222
ὣς ἄρα φωνήσασ' ἡγήσατο	Παλλὰς Ἀθήνη	β 405+, γ 29+, η 37+
ὣς ἔφατ' εὐχομένη, ἀνένευε δὲ	Παλλὰς Ἀθήνη	Ζ 311+
ὣς ἔφαν εὐχόμενοι, τῶν δ' ἔκλυε	Παλλὰς Ἀθήνη	Κ 295+
ὣς ἔφατ' εὐχόμενος· τοῦ δ' ἔκλυε	Παλλὰς Ἀθήνη	Ε 121, Ψ 771+, γ 385, ζ 328
Τρωσὶν θυμὸν ἐγεῖραι, ἐπεὶ ἴδε	Παλλάδ' Ἀθήνην	Ε 510
Παλλὰς Ἀθηναίη· τοὶ δ' οὐκ ἴδον ὀφθαλμοῖσι		Κ 275
Παλλὰς Ἀθηναίη μιχθήμεναι ἔγκασι φωτός		Λ 438
Παλλὰς Ἀθηναίη ὑπὸ Πηλεΐδαο βίηφιν		Ο 614
Παλλὰς Ἀθηναίη· σὲ δ' ὀδυρομένην ἐλεαίρει		δ 828
Παλλάδ' Ἀθηναίην· δεινὼ δέ οἱ ὄσσε φάανθεν		Α 200
Παλλὰς Ἀθηναίη θέλξει καὶ μητίετα Ζεύς		π 298
...περὶ γὰρ θεὸς ἥρα χεῦε/		ν 189f.
Παλλὰς Ἀθηναίη, κούρη Διός, ὄφρα μιν αὐτόν		
Παλλάδ' Ἀθηναίην, κούρην Διός, ἥ τέ τοι αἰεί		ν 300 (cf. C3)
Παλλὰς Ἀθηναίη, κούρη Διὸς αἰγιόχοιο		ν 252, 371, ω 547
Παλλάδ' Ἀθηναίην, κούρην Διὸς αἰγιόχοιο		γ 42

A8. πολύβουλος 1-1
    πολύβουλος Ἀθήνη 1-1
    πολύβουλος...Ἀθήνη/ 0-1

αἴ κέν μοι πολύβουλος Ἀθήνη κῦδος ὀρέξῃ	Ε 260
ὁππότε κεν πολύβουλος ἐνὶ φρεσὶ θῇσιν Ἀθήνη	π 282

A9. ῥυσίπτολις 1-0
    / πότνι' Ἀθηναίη ῥυσίπτολι δῖα θεάων/ 1-0

πότνι' Ἀθηναίη ῥυσίπτολι, δῖα θεάων	Ζ 305+

A10. Τριτογένεια 3-1
    κυδίστη Τριτογένεια/ 1-1
    Διὸς θυγάτηρ κυδίστη Τριτογένεια/ 1-1
    Τριτογένεια φίλον τέκος 2-0

ὦρσε Διὸς θυγάτηρ, κυδίστη Τριτογένεια	Δ 515
ἀλλὰ Διὸς θυγάτηρ, κυδίστη Τριτογένεια	γ 378
θάρσει, Τριτογένεια, φίλον τέκος· οὔ νύ τι θυμῷ	Θ 39, Χ 183

B1. ἀδεής 1-0, 2-1
   κύον ἀδεές 1-0, 1-1 ("Αρτεμις; Μελανθώ)
   αἰνοτάτη κύον ἀδεές 1-0
   ἀλλὰ σύ γ' αἰνοτάτη, κύον ἀδεές, εἰ ἐτεόν γε   Θ 423

B2. ἀθανάτη 1-1 ("Ηρη 1-0, Θέτις 2-0, Κίρκη 0-1; Νηρηίδες 1-2)
   ἀθανάτην θεόν 0-1
   ἀθάνατος 0-1**
   / ἀθάνατος...θεός 0-1, 2-0 ('Ερμείας, "Ηφαιστος)
   ὣς φάτο Τηλέμαχος, φρεσὶ δ' ἀθανάτην θεὸν ἔγνω   α 420
   ὑμῖν ἀθανάτῃσι, διαπραθέειν τόδε ἄστυ   Η 32+ (& "Ηρη)
   ἀθάνατος δὲ θεός τοτὲ μὲν προπάροιθ' 'Οδυσῆος   ω 447

B3. ἀΐδηλος 1-0, 4-4 ("Αρης 1-1)
   παῖδ' ἀΐδηλον/ 1-0
   ἀλλ' ἀνιεῖς, ἐπεὶ αὐτὸς ἐγείναο παῖδ' ἀΐδηλον   E 880 (cf. B8)

B4. αἰνοτάτη 1-0, 8-3 (Ζεύς 6-0)
   αἰνοτάτη κύον ἀδεές 1-0
   ἀλλὰ σύ γ' αἰνοτάτη, κύον ἀδεές, εἰ ἐτεόν γε   Θ 423

B5. ἄμβροτος 0-1, 7-2
   θεὸν ἄμβροτον 0-1, 3-0 ('Απόλλων, "Αρης, 'Ερμείας)
   αὐτὸς ἐγὼν εἶδον θεὸν ἄμβροτον, ὅς ῥ' 'Οδυσῆϊ   ω 445

B6. ἄνασσα 0-1, 1-2 (Δημήτηρ 1-0; Ναυσικάα 0-2)
   ἀλλά, ἄνασσ', ἴληθι, δίδωθι δέ μοι κλέος ἐσθλόν   γ 380

B7. ἀρίστη* 1-0 ("Ηρη 2-0)
   ἄριστοι/ἀθανάτων 1-0
   δευέσθω, ἵνα εἰδῇ ὅ μιν φιλέουσιν ἄριστοι/   Υ 122f. (& "Ηρη,
   ἀθανάτων...   Ποσειδάων)

B8. ἄφρων 1-0, 7-7 ("Αρης 1-0)
   ἄφρονα κούρην/οὐλομένην 1-0
   σοὶ πάντες μαχόμεσθα· σὺ γὰρ τέκες ἄφρονα κούρην,/   E 875f. (cf. B3, C5)
   οὐλομένην...

B9. δεινή 3-1**
   δεινὴ θεός 2-1, 0-6 (=Καλυψώ 0-3, Κίρκη 0-3)
   ἐϋπλόκαμος δεινὴ θεός 0-1, 0-6 (=Καλυψώ 0-3, Κίρκη 0-3)
   δεινὴν...θεόν 1-0, 1-0 (Θέτις)
   Τρῳαὶ ἐϋπλόκαμοι δεινὴν θεὸν ἱλάσκονται   Z 380, 385
         ...οὐ γὰρ 'Αθήνη/   η 40f.
   εἴα ἐϋπλόκαμος, δεινὴ θεός, ἥ ῥά οἱ ἀχλύν
   βριθοσύνη· δεινὴν γὰρ ἄγεν θεὸν ἄνδρα τ' ἄριστον   E 839+

B10. δῖα 3-3**
   δῖα θεάων/ 2-3, 5-23**
   / πότνι' 'Αθηναίη ῥυσίπτολι δῖα θεάων/ 1-0
   δῖα θεά 1-0

```
αύτοϋ ένί κλιντήρι, τέως δ' άρα δια θεάων            σ 190
αμφί δέ οί κεφαλή νέφος έστεφε δια θεάων              Σ 205
αύτή δ' άψ ές "Ολυμπον άφίκετο δια θεάων             υ 55
ή μεν άρ' ώς έρξασ' άπεβήσετο δια θεάων              σ 197
πότνι' 'Αθηναίη, ρυσίπτολι, δια θεάων                Ζ 305+
σύν σοί, δια θεά, ότε οί πρόφρασσα παρέστης          Κ 290 (cf. B26)
```

B11. έκγεγαυΐα 0-1
Διός έκγεγαυΐα/ 0-1, 2-3 (='Ελένη)
'Αθηναίη...Διός έκγεγαυΐα/ 0-1
   τον μεν 'Αθηναίη θήκεν, Διός έκγεγαυΐα   ζ 229

B12. έμμεμαυΐα 1-0 (cf. B23)
/ έμμεμαυΐα θεά 1-0
   έμμεμαυΐα θεά· μέγα δ' έβραχε φήγινος άξων   Ε 838+

B13. έϋπλόκαμος 0-1, 7-19**
έϋπλόκαμος δεινή θεός 0-1, 0-6 (=Καλυψώ 0-3, Κίρκη 0-3)
                                    ...ού γαρ 'Αθήνη/   η 40f.
   εϊα έϋπλόκαμος, δεινή θεός, ή ρά οί άχλύν

B14. ήύκομος 3-0, 15-3 ("Ηρη 1-0, Θέτις 3-0, Καλυψώ 0-2, Λητώ 2-1)
'Αθηναίης...ηύκόμοιο/ 3-0
   θείναι 'Αθηναίης έπί γούνασιν ηύκόμοιο   Ζ 92
   τον θές Αθηναίης έπί γούνασιν ηύκόμοιο   Ζ 273
   θήκεν Αθηναίης έπί γούνασιν ηύκόμοιο   Ζ 303+

B15. θεά 30-43,** θεός 4-14**
θεά γλαυκώπις 'Αθήνη/ 19-32
άθανάτην θεόν 0-1
/ άθάνατος...θεός 0-1, 2-0 ('Ερμείας, "Ηφαιστος)
θεόν άμβροτον 0-1, 3-0 ('Απόλλων, "Αρης, 'Ερμείας)
δεινή θεός 2-1, 0-6 (=Καλυψώ 0-3, Κίρκη 0-3)
έϋπλόκαμος δεινή θεός 0-1, 0-6 (=Καλυψώ 0-3, Κίρκη 0-3)
δεινήν...θεόν 1-0, 1-0 (Θέτις)
δια θεά 1-0
πότνα θεά 0-1, 0-2 ("Αρτεμις, Καλυψώ)
θεά θύγατερ Διός αίγιόχοιο/ 1-0
θεός.../Παλλάς 'Αθηναίη κούρη Διός 0-1
καρπαλίμως· ό δ' έπειτα μετ' ίχνια βαίνε θεοΐο   β 406+, γ 30+,
                                                                     η 38+, (cf. 41B9)
     θάμβησεν κατά θυμόν· όΐσατο γάρ θεόν είναι   α 323
ώς φάτο Τηλέμαχος, φρεσί δ' άθανάτην θεόν έγνω   α 420
                      ...ού γάρ 'Αθήνη/   η 40f.
   εϊα έϋπλόκαμος, δεινή θεός, ή ρά οί άχλύν
Τρωαί έϋπλόκαμοι δεινήν θεόν ίλάσκονται   Ζ 380, 385
βριθοσύνη· δεινήν γάρ άγεν θεόν άνδρα τ' άριστον   Ε 839+
Τηλέμαχος παρέμιμνεν, έπεί θεοΰ έκλυεν αύδήν   β 297+ (cf. 6B7)
θάρσει, μαΐ', έπεί ού τοι άνευ θεοΰ ήδε γε βουλή   β 372

...περὶ γὰρ θεὸς ἤερα χεῦε/		ν 189f.
Παλλὰς 'Αθηναίη, κούρη Διός, ὄφρα μιν αὐτόν		
ἀθρόοι ἠγερέθοντο·	θεὰ δ' ὄτρυνεν ἕκαστον	β 392+
χρὴ μὲν σφωΐτερόν γε,	θεά, ἔπος εἰρύσσασθαι	Α 216
ἀσκήσας, ἵν' ἄγαλμα	θεὰ κεχάροιτο ἰδοῦσα	γ 438
οἷον δὴ τάχ' ἔμελλε	θεὰ καὶ καρτερὸς ἀνήρ	υ 393
ἵππειον δέ οἱ ἦξε	θεὰ ζυγόν· αἱ δέ οἱ ἵπποι	Ψ 392 (cf. Ε 799)
ὣς εἰποῦσ' ὀλόλυξε,	θεὰ δέ οἱ ἔκλυεν ἀρῆς	δ 767 (cf. 42Β8, ξ 89)
ὦ πόποι, ἦ μ' ἔβλαψε	θεὰ πόδας, ἢ τὸ πάρος περ	Ψ 782 (cf. C1)
εἰ μή μοι σὺ ἕκαστα,	θεά, κατὰ μοῖραν ἔειπες	ν 385
ναὶ δὴ ταῦτά γε πάντα,	θεά, κατὰ μοῖραν ἔειπες	υ 37
ἄντα δ' Ἐνυαλίοιο	θεὰ γλαυκῶπις 'Αθήνη	Υ 69
καὶ τό γε χειρὶ λαβοῦσα	θεὰ γλαυκῶπις 'Αθήνη	Ε 853
τοῦ μὲν ἔβη πρὸς δῶμα	θεὰ γλαυκῶπις 'Αθήνη	ζ 13
σοὶ δ' ἐπὶ τοῦτον ἀνῆκε	θεὰ γλαυκῶπις 'Αθήνη	Ε 405
δαιόμενον· τὸ δὲ δαῖε	θεὰ γλαυκῶπις 'Αθήνη	Σ 227
Πηλείωνα δ' ἵκανε	θεὰ γλαυκῶπις 'Αθήνη	Χ 214
Τυδεΐδη δ' ἐπόρουσε	θεὰ γλαυκῶπις 'Αθήνη	Ε 793
ἔνθα οἱ ἀντεβόλησε	θεὰ γλαυκῶπις 'Αθήνη	η 19
ὣς φάτο, γήθησεν δὲ	θεὰ γλαυκῶπις 'Αθήνη	Ρ 567
ὣς φάτο, μείδησεν δὲ	θεὰ γλαυκῶπις 'Αθήνη	ν 287
εἰ μὴ ἐπὶ φρεσὶ θῆκε	θεὰ γλαυκῶπις 'Αθήνη	ε 427
τῇ δ' ἄρ' ἐπὶ φρεσὶ θῆκε	θεὰ γλαυκῶπις 'Αθήνη	σ 158, φ 1
τοῖσι δὲ μύθων ἦρχε	θεὰ γλαυκῶπις 'Αθήνη	Ε 420, η 47, ν 374
ὣς ἔφατ', οὐδ' ἀπίθησε	θεὰ γλαυκῶπις 'Αθήνη	Β 166, Ε 719, Η 43
τὸν δ' ἠμείβετ' ἔπειτα	θεὰ γλαυκῶπις 'Αθήνη	Ε 825, α 44, 80, 314, ν 329, 392+, 420
τοὺς δ' ὡς οὖν ἐνόησε	θεὰ γλαυκῶπις 'Αθήνη	Η 17
εἰ μὴ ἄρ' ἄλλ' ἐνόησε	θεὰ γλαυκῶπις 'Αθήνη	ψ 242 (cf. Β17)
ἡ δ' αὖτ' ἄλλ' ἐνόησε	θεὰ γλαυκῶπις 'Αθήνη	ψ 344
ἔνθ' αὖτ' ἄλλ' ἐνόησε	θεὰ γλαυκῶπις 'Αθήνη	β 382, 393, δ 795, ζ 112, σ 187
ὀψὲ δὲ δὴ μετέειπε	θεὰ γλαυκῶπις 'Αθήνη	Θ 30
τοῖσι δὲ καὶ μετέειπε	θεὰ γλαυκῶπις 'Αθήνη	γ 330
τὸν προτέρη προσέειπε	θεὰ γλαυκῶπις 'Αθήνη	γ 13
τὴν δ' αὖτε προσέειπε	θεὰ γλαυκῶπις 'Αθήνη	Θ 357
τὸν δ' αὖτε προσέειπε	θεὰ γλαυκῶπις 'Αθήνη	Α 206, Η 33+, Χ 177, 238, α 178, 221, γ 25, 229, 356, η 27, ν 236, 361, υ 44
ὣς φάθ', ὁ δὲ ξυνέηκε	θεᾶς ὄπα φωνησάσης	Β 182
πάντα δ' ἐπὶ χθονὶ πῖπτε	θεᾶς ὄπα φωνησάσης	ω 535
εἰ μὲν δὴ θεός ἐσσι,	θεοῖό τε ἔκλυες αὐδῆς	δ 831 (cf. 42Β8, ξ 89)

κλῦθί μοι, ὃ χθιζὸς θεὸς ἤλυθες ἡμέτερον δῶ	β 262
αὐτὸς ἐγὼν εἶδον θεὸν ἄμβροτον, ὅς ῥ' Ὀδυσῆϊ	ω 445
ἐμμεμαυῖα θεά· μέγα δ' ἔβραχε φήγινος ἄξων	Ε 838+
ἱππείου δὲ θεὰ ζυγοῦ ἥψατο φώνησέν τε	Ε 799 (cf. Ψ 392)
γιγνώσκω σε, θεά, θύγατερ Διὸς αἰγιόχοιο	Ε 815
ἀργαλέον σε, θεά, γνῶναι βροτῷ ἀντιάσαντι	ν 312
σὺν σοί, δῖα θεά, ὅτε οἱ πρόφρασσα παρέστης	Κ 290
σὺν σοί, πότνα θεά, ὅτε μοι πρόφρασσ' ἐπαρήγοις	ν 391+
ὣς εἰποῦσα θεὰ σκέδασ' ἠέρα, εἴσατο δὲ χθών	ν 352
ὣς εἰποῦσα θεὰ δῦνε σπέος ἠεροειδές	ν 366
ὅς νείκεσσε θεάς, ὅτε οἱ μέσσαυλον ἵκοντο	Ω 29 (& Ἥρη)
ἀθάνατος δὲ θεὸς τοτὲ μὲν προπάροιθ' Ὀδυσῆος	ω 447
βουλήν, ἥ ῥα θεοῖσιν ἐφήνδανε μητιόωσι	Η 45 (& Ἀπόλλων)
αὐτὰρ ἐγὼ θεός εἰμι, διαμπερὲς ἥ σε φυλάσσω	υ 47 (cf. C4)
χαῖρε, θεά, τοίσδεσσι· σὲ γὰρ πρώτην ἐν Ὀλύμπῳ	Κ 462
κλῦθι, θεά, ἀγαθή μοι ἐπίρροθος ἐλθὲ ποδοῖιν	Ψ 770+

B16. θυγάτηρ 5-5**
   θυγάτηρ Διός 1-2, 0-2 (Ἄρτεμις, Μοῦσα)
   θύγατερ Διὸς αἰγιόχοιο/ 1-0 (cf. 49B3)
   θεὰ θύγατερ Διὸς αἰγιόχοιο/ 1-0
   θυγάτηρ Διός...Ἀθήνη/ 0-2
   Διὸς θυγάτηρ 4-3, 10-3**
   Διὸς θυγάτηρ ἀγελείη/ 1-1
   Διὸς θύγατερ μεγάλοιο/ 1-0
   Διὸς θυγάτηρ κυδίστη Τριτογένεια/ 1-1
   Ἀθήνη/...Διὸς θυγάτηρ 1-0

ἀθάνατοι, πρώτη δὲ Διὸς θυγάτηρ ἀγελείη	Δ 128
αἴ κεν ἐᾷ πρόφρων με Διὸς θυγάτηρ ἀγελείη	ν 359
τίπτε σὺ δ' αὖ μεμαυῖα, Διὸς θύγατερ μεγάλοιο	Η 24
γιγνώσκω σε, θεά, θύγατερ Διὸς αἰγιόχοιο	Ε 815
τοῖσι δ' ἐπ' ἀγχίμολον θυγάτηρ Διὸς ἦλθεν Ἀθήνη	χ 205, ω 502
ἦ ῥα Διὸς θυγάτηρ, τοὶ δ' ἔκλυον αὐδησάσης	γ 337
ἀλλὰ Διὸς θυγάτηρ, κυδίστη Τριτογένεια	γ 378
ὦρσε Διὸς θυγάτηρ, κυδίστη Τριτογένεια	Δ 515
...ὅν ποτ' Ἀθήνη/	
θρέψε Διὸς θυγάτηρ, τέκε δὲ ζείδωρος ἄρουρα	Β 547f.

B17. κούρη 8-16 (Ἄρτεμις 2-1, Ἀφροδίτη 1-1)
   γλαυκώπιδι κούρῃ/ 1-1
   Διὸς γλαυκώπιδι κούρῃ/ 0-1
   κούρῃ γλαυκώπιδι 0-1
   κούρη Διός 2-12, 4-4 (Λιταί 1-0, Μοῦσαι 1-0, Νύμφαι 1-4; Ἑλένη 1-0)
   κούρη Διὸς αἰγιόχοιο/ 2-7, 3-2 (Μοῦσαι 1-0, Νύμφαι 1-2; Ἑλένη 1-0)
   Ἀθηναίη κούρη Διὸς αἰγιόχοιο/ 2-6
   / Παλλὰς Ἀθηναίη κούρη Διὸς αἰγιόχοιο/ 0-4
   Ἀθήνη/...κούρη Διὸς αἰγιόχοιο/ 0-1

Repertory

'Αθηναίη κούρη Διός 0-2
/ Παλλὰς 'Αθηναίη κούρη Διός 0-2
/ κούρη...αἰγιόχοιο Διὸς γλαυκῶπις 'Αθήνη/ 1-0
Διὸς κούρη 3-2, 4-1 (="Αρτεμις 1-1, 'Αφροδίτη 1-0; Λιταί 2-0)
Διὸς κούρη μεγάλοιο/ 3-2, 2-1 (="Αρτεμις 1-1; Λιταί 1-0)
ἄφρονα κούρην/οὐλομένην 1-0
σοὶ πάντες μαχόμεσθα· σὺ γὰρ τέκες ἄφρονα κούρην,/   E 875f. (cf. B3, C5)
οὐλομένην...

οὐδὲ Ποσειδάων' οὐδὲ γλαυκώπιδι κούρῃ	Ω 26
ἐκ πάντων δὲ μάλιστα Διὸς γλαυκώπιδι κούρῃ	β 433
αὐτίκ' ἔπειτ' ἠρᾶτο Διὸς κούρῃ μεγάλοιο	ζ 323+
εὐχομένη δ' ἠρᾶτο Διὸς κούρῃ μεγάλοιο	Z 304+
οἱ δ' ἐπεὶ ἠρήσαντο Διὸς κούρῃ μεγάλοιο	K 296+
ὣς αἱ μέν ῥ' εὔχοντο Διὸς κούρῃ μεγάλοιο	Z 312+
εὐξάμενος δ' ἄρ' ἔπειτα Διὸς κούρῃ μεγάλοιο	ω 521+
οὐ σέ γ' ἔπειτα ἴδον, κούρη Διός, οὐδ' ἐνόησα	ν 318
ὣς φάτ' 'Αθηναίη, κούρη Διός· οὐδ' ἄρ' ἔτι δήν	β 296+
αὐτὰρ 'Αθηναίη, κούρη Διός, ἀλλ' ἐνόησεν	ε 382 (cf. A4)
αὐτὰρ 'Αθηναίη, κούρη Διὸς αἰγιόχοιο	E 733, Θ 384
εἰ μὴ 'Αθηναίη, κούρη Διὸς αἰγιόχοιο	ω 529
εὖχε· 'Αθηναίη, κούρη Διὸς αἰγιόχοιο	δ 752
...πολλὰ δ' 'Αθήνῃ/	γ 393f.
εὔχετ' ἀποσπένδων, κούρη Διὸς αἰγιόχοιο	
...περὶ γὰρ θεὸς ἠέρα χεῦε/	ν 189f.
Παλλὰς 'Αθηναίη, κούρη Διός, ὄφρα μιν αὐτόν	
Παλλάδ' 'Αθηναίην, κούρην Διός, ἥ τέ τοι αἰεί	ν 300 (cf. C3)
Παλλὰς 'Αθηναίη, κούρη Διὸς αἰγιόχοιο	ν 252, 371, ω 547
Παλλάδ' 'Αθηναίην, κούρην Διὸς αἰγιόχοιο	γ 42
εὐξάμενος κούρῃ γλαυκώπιδι καὶ Διὶ πατρί	ω 518
κούρῃ τ' αἰγιόχοιο Διὸς γλαυκῶπις 'Αθήνη	K 553

B18. κυδίστη 1-1, 16-2 (=Ζεύς 6-0; 'Αγαμέμνων 10-2)
κυδίστη Τριτογένεια/ 1-1 (v. ad 1A1)
Διὸς θυγάτηρ κυδίστη Τριτογένεια/ 1-1

ἀλλὰ Διὸς θυγάτηρ, κυδίστη Τριτογένεια	γ 378
ὦρσε Διὸς θυγάτηρ, κυδίστη Τριτογένεια	Δ 515

B19. κυνάμυια 1-0, 1-0 ('Αφροδίτη)

τίπτ' αὖτ', ὦ κυνάμυια, θεοὺς ἔριδι ξυνελαύνεις	Φ 394

B20. κύων 1-0 ("Αρτεμις 1-0)
κύον ἀδεές 1-0, 1-1 ("Αρτεμις; Μελανθώ)
αἰνοτάτη κύον ἀδεές 1-0

ἀλλὰ σύ γ' αἰνοτάτη, κύον ἀδεές, εἰ ἐτεόν γε	Θ 423

B21. λαοσσόος 1-1, 3-1 (='Απόλλων, "Αρης, "Ερις; 'Αμφιάραος 0-1)
λαοσσόον...' Αθήνην/ 0-1
'Αθηναίη λαοσσόος 1-0

ὣς φάτ', ὀϊόμενος λαοσσόον ἔμμεν' Ἀθήνην χ 210
οὔτε κ' Ἀθηναίη λαοσσόος· οἳ γὰρ ἄριστοι Ν 128

B22. μεγάθυμος 0-2
μεγάθυμον Ἀθήνην/ 0-2
νικῆσαι καὶ ἔπειτα διὰ μεγάθυμον Ἀθήνην θ 520
ὥπασαν οἴκαδ' ἰόντι διὰ μεγάθυμον Ἀθήνην ν 121

B23. μεμαυῖα 4-2 (Ἔρις 2-0, Ἥρη 3-0, Ἶρις 1-0, cf. B12)
μεμαυῖαν Ἀθήνην/ 2-0
μεμαυῖα Διὸς θύγατερ μεγάλοιο/ 1-0
μεμαυῖα...γλαυκῶπι/ 0-1
ἀνδράσιν Ἀργείοισιν ἀλεξέμεναι μεμαυῖαι Ε 779 (& Ἥρη)
δηρὸν ἀπὸ σφῶιν ἔσομαι μεμαυῖα μάχεσθαι π 171
ὣς εἰπὼν ὄτρυνε πάρος μεμαυῖαν Ἀθήνην Δ 73, Τ 349
τίπτε σὺ δ' αὖ μεμαυῖα, Διὸς θύγατερ μεγάλοιο Η 24
αἴ κέ μοι ὣς μεμαυῖα παρασταίης, γλαυκῶπι ν 389

B24. οὐλομένη 1-0, 3-10 (Ἄτη 1-0)
ἄφρονα κούρην/οὐλομένην 1-0
σοὶ πάντες μαχόμεσθα, σὺ γὰρ τέκες ἄφρονα κούρην,/ Ε 875f. (cf. C5)
οὐλομένην...

B25. πάϊς 1-0
παῖδ' ἀΐδηλον/ 1-0
ἀλλ' ἀνιεῖς, ἐπεὶ αὐτὸς ἐγείναο παῖδ' ἀΐδηλον Ε 880 (cf. B8)

B26. πότνια 1-0, 48-20,** πότνα 0-1, 0-2 (Ἄρτεμις, Καλυψώ)
/ πότνι' Ἀθηναίη 1-0
/ πότνι' Ἀθηναίη ῥυσίπτολι δῖα θεάων/ 1-0
πότνα θεά 0-1, 0-2 (Ἄρτεμις, Καλυψώ)
πότνι' Ἀθηναίη, ῥυσίπτολι, δῖα θεάων Ζ 305+
σὺν σοί, πότνα θεά, ὅτε μοι πρόφρασσ' ἐπαρήγοις ν 391+ (cf. B10)

B27. πρώτη 1-0
πρώτην.../πάντων ἀθανάτων 1-0
χαῖρε, θεά, τοῖσδεσσι· σὲ γὰρ πρώτην ἐν Ὀλύμπῳ/ Κ 462f.
πάντων ἀθανάτων ἐπιδωσόμεθ'...

B28. τέκνον 1-3 (Ἀφροδίτη 2-0, Ἥφαιστος 1-0)
/ τέκνον ἐμόν 1-3, 8-8 (Ἀφροδίτη 2-0)
τέκνον ἐμόν, δὴ πάμπαν ἀποίχεαι ἀνδρὸς ἑῆος Τ 342
τέκνον ἐμόν, τί με ταῦτα διείρεαι ἠδὲ μεταλλᾷς ω 478
τέκνον ἐμόν, ποῖόν σε ἔπος φύγεν ἕρκος ὀδόντων α 64, ε 22
  (=τ 492, ψ 70)

B29. τέκος 11-2**
Διὸς τέκος 9-2, 1-0 (Ἀπόλλων)
αἰγιόχοιο Διὸς τέκος 8-2
αἰγιόχοιο Διὸς τέκος Ἀτρυτώνη/ 4-2

Διὸς τέκος Ἀτρυτώνη/ 5-2
φίλον τέκος 2-0, 10-4 ("Αρτεμις 1-0, 'Αφροδίτη 2-0)
Τριτογένεια φίλον τέκος 2-0

κέκλυθι νῦν καὶ ἐμεῖο, Διὸς τέκος, Ἀτρυτώνη	Κ 284
κλῦθί μευ, αἰγιόχοιο Διὸς τέκος, Ἀτρυτώνη	Ε 115, δ 762, ζ 324+
ὦ πόποι, αἰγιόχοιο Διὸς τέκος, Ἀτρυτώνη	Β 157, Ε 714, Φ 420
κλῦθί μευ, αἰγιόχοιο Διὸς τέκος, ἤ τέ μοι αἰεί	Κ 278 (cf. C2)
τίπτ' αὖτ', αἰγιόχοιο Διὸς τέκος, εἰλήλουθας	Α 202
ὦ πόποι, αἰγιόχοιο Διὸς τέκος, οὐκέτι νῶϊ	Θ 352
ὦ πόποι, αἰγιόχοιο Διὸς τέκος, οὐκέτ' ἔγωγε	Θ 427
θάρσει, Τριτογένεια, φίλον τέκος· οὔ νύ τι θυμῷ	Θ 39, Χ 183

Β30. φίλον 2-0 (neut.: Ἄρτεμις 1-0, Ἀφροδίτη 2-0)
φίλον τέκος 2-0, 10-4 ("Αρτεμις 1-0, 'Αφροδίτη 2-0)
Τριτογένεια φίλον τέκος 2-0

θάρσει, Τριτογένεια, φίλον τέκος· οὔ νύ τι θυμῷ	Θ 39, Χ 183

C1.	ὦ πόποι, ἦ μ' ἔβλαψε θεὰ πόδας, ἤ τὸ πάρος περ/ μήτηρ ὥς Ὀδυσῆϊ παρίσταται ἠδ' ἐπαρήγει	Ψ 782f.
C2.	κλῦθί μευ, αἰγιόχοιο Διὸς τέκος, ἤ τέ μοι αἰεὶ/ ἐν πάντεσσι πόνοισι παρίστασαι, οὐδέ σε λήθω	Κ 278f.
C3.	Παλλάδ' Ἀθηναίην, κούρην Διός, ἥ τέ τοι αἰεὶ/ ἐν πάντεσσι πόνοισι παρίσταμαι ἠδὲ φυλάσσω	ν 300f.
C4.	αὐτὰρ ἐγὼ θεός εἰμι, διαμπερὲς ἥ σε φυλάσσω/ ἐν πάντεσσι πόνοις...	υ 47f.
C5.	...σὺ γὰρ τέκες ἄφρονα κούρην,/ οὐλομένην, ᾗ τ' αἰὲν ἀήσυλα ἔργα μέμηλεν	Ε 875f.
C6.	...οὐδὲ θεάων/ τάων αἵ τ' ἀνδρῶν πόλεμον κάτα κοιρανέουσιν,/ οὔτ' ἄρ' Ἀθηναίη οὔτε πτολίπορθος Ἐνυώ	Ε 331ff.

2. Ἀίδης 46-35, Ἀϊδωνεύς 2-0
A1. ἀδάμαστος 1-0
ἀμείλιχος ἠδ' ἀδάμαστος/ 1-0
δμηθήτω· Ἀίδης τοι ἀμείλιχος ἠδ' ἀδάμαστος   Ι 158+

A2. καταχθόνιος 1-0
/ Ζεύς...καταχθόνιος 1-0
Ζεύς τε καταχθόνιος καὶ ἐπαινὴ Περσεφόνεια   Ι 457+

A3. κλυτόπωλος 3-0
Ἄϊδι κλυτοπώλῳ/ 3-0
εὖχος ἐμοὶ δώσειν, ψυχὴν δ' Ἄϊδι κλυτοπώλῳ   Ε 654, Λ 445
εὖχος ἐμοὶ δοίης, ψυχὴν δ' Ἄϊδι κλυτοπώλῳ   Π 625

A4. πυλάρτης 2-1
Ἀίδαο πυλάρταο 1-1
Ἀϊδός...πυλάρταο 1-0

πυλάρταο κρατεροΐο/ 1-1
'Αΐδαο πυλάρταο κρατεροΐο/ 0-1
*Αϊδός...πυλάρταο κρατεροΐο/ 1-0
 εὖτέ μιν εἰς 'Αΐδαο πυλάρταο προΰπεμψεν   Θ 367+ (cf. B10)
 ἡ δ' ἔβη εἰς 'Αΐδαο πυλάρταο κρατεροῖο   λ 277
 εἰς "Αϊδός περ ἰόντα πυλάρταο κρατεροῖο   Ν 415

B1. ἀδελφεός 1-0 (Ζεύς 1-0, Ποσειδάων 1-0)
 τρεῖς γάρ τ' ἐκ Κρόνου εἰμὲν ἀδελφεοί, οὓς τέκετο 'Ρέα   Ο 187+

B2. ἀμείλιχος 1-0, 2-0 (cf. 23B1)
 ἀμείλιχος ἠδ' ἀδάμαστος/ 1-0
 δμηθήτω· 'Αΐδης τοι ἀμείλιχος ἠδ' ἀδάμαστος   Ι 158

B3. ἄναξ 1-0**
 ἄναξ ἐνέρων 'Αϊδωνεύς/ 1-0 (ἔνεροι 1-0, cf. B4)
 ἔδεισεν δ' ὑπένερθεν ἄναξ ἐνέρων 'Αϊδωνεύς   Υ 61

B4. ἀνάσσων 1-0
 'Αΐδης ἐνέροισιν ἀνάσσων/ 1-0 (cf. B3)
 Ζεὺς καὶ ἐγώ, τρίτατος δ' 'Αΐδης ἐνέροισιν ἀνάσσων   Ο 188+

B5. ἔχθιστος 1-0, 3-0 ("Αρης; 'Αχιλλεύς, Θερσίτης)
 θεῶν ἔχθιστος ἁπάντων/ 1-0 (cf. 6B11, 27B15)
 τοὔνεκα καί τε βροτοῖσι θεῶν ἔχθιστος ἁπάντων   Ι 159+

B6. Ζεύς 1-0
 / Ζεύς...καταχθόνιος 1-0
 Ζεύς τε καταχθόνιος καὶ ἐπαινὴ Περσεφόνεια   Ι 457+

B7. θεός 1-2**
 ...ἐπεύξασθαι δὲ θεοῖσιν,/   κ 533f., λ 46f.
 ἰφθίμῳ τ' 'Αΐδῃ καὶ ἐπαινῇ Περσεφονείῃ
 ...θεοὶ δ' ἐτέλειον ἐπαράς,/   Ι 456f.
 Ζεύς τε καταχθόνιος καὶ ἐπαινὴ Περσεφόνεια

B8. ἴφθιμος 0-2 (Πρωτεύς 0-1)
 / ἰφθίμῳ...'Αΐδῃ 0-2
 ἰφθίμῳ τ' 'Αΐδῃ καὶ ἐπαινῇ Περσεφονείῃ   κ 534+, λ 47

B9. κρατερός 1-1 ("Αρης 1-0, Φόβος 1-0)
 'Αΐδαο πυλάρταο κρατεροῖο/ 0-1
 *Αϊδός...πυλάρταο κρατεροῖο/ 1-0
 ἡ δ' ἔβη εἰς 'Αΐδαο πυλάρταο κρατεροῖο   λ 277
 εἰς "Αϊδός περ ἰόντα πυλάρταο κρατεροῖο   Ν 415

B10. πελώριος 1-0, 15-5 ("Αρης 1-0)
 'Αΐδης...πελώριος 1-0
 τλῆ δ' 'Αΐδης ἐν τοῖσι πελώριος ὠκὺν ὀϊστόν   Ε 395

B11. στυγερός 1-0, 16-23 ("Αρης 2-0)
 στυγεροῦ 'Αΐδαο/ 1-0
 ἐξ 'Ερέβευς ἄξοντα κύνα στυγεροῦ 'Αΐδαο   Θ 368+

3. Ἁλίη 1-0
B1. βοῶπις 1-0, 16-0 (="Ηρη 14-0; Κλυμένη, Φυλομέδουσα)
 Ἁλίη...βοῶπις/ 1-0
 Νησαίη Σπειώ τε Θόη θ' Ἁλίη τε βοῶπις   Σ 40

4. Ἀμάθεια 1-0
B1. ἐϋπλόκαμος 1-0, 6-20**
 ἐϋπλόκαμος...Ἀμάθεια/ 1-0
 Μαῖρα καὶ Ὠρείθυια ἐϋπλόκαμος τ' Ἀμάθεια   Σ 48

5. Ἀμφιτρίτη 0-4
A1. ἀγάστονος 0-1
 ἀγάστονος Ἀμφιτρίτη/ 0-1
 κῆτος, ἅ μυρία βόσκει ἀγάστονος Ἀμφιτρίτη   μ 97
A2. κυανῶπις 0-1
 κυανώπιδος Ἀμφιτρίτης/ 0-1
 κῦμα μέγα ῥοχθεῖ κυανώπιδος Ἀμφιτρίτης   μ 60
B1. ἀλοσύδνη 0-1, 1-0 (Θέτις)
 καλῆς ἀλοσύδνης/ 0-1
 ἀμφὶ δέ μιν φῶκαι νέποδες καλῆς ἀλοσύδνης   δ 404
B2. καλή 0-1 (Ἀφροδίτη 0-1, Ἠώς 1-0, Χάρις 1-0)
 καλῆς ἀλοσύδνης/ 0-1
 ἀμφὶ δέ μιν φῶκαι νέποδες καλῆς ἀλοσύδνης   δ 404
B3. κλυτός 0-1 ("Ηφαιστος 1-0, Ποσειδάων 6-3)
 κλυτὸς Ἀμφιτρίτη/ 0-1
 ἐξ ἁλός, οἷά τε πολλὰ τρέφει κλυτὸς Ἀμφιτρίτη   ε 422

6. Ἀπόλλων 131-28
A1. ἀκερσεκόμης 1-0
 / Φοῖβος ἀκερσεκόμης 1-0
 Φοῖβος ἀκερσεκόμης ἠδ' Ἄρτεμις ἰοχέαιρα   Υ 39
A2. ἀργυρότοξος 11-3
 ἀργυρότοξος Ἀπόλλων/ 6-2, ἀργυρότοξος Ἀπόλλων 0-1
 ἀργυρότοξε Διὸς τέκος 1-0
 εἴη κεν καὶ τοῦτο τεὸν ἔπος, ἀργυρότοξε   Ω 56
 οὐκ ἔα πόνος ἄλλος, ὃν ἀργυρότοξος ἔγειρεν   Ε 517 (cf. 7A4)
 κεῖσαι, τῷ ἴκελος ὅν τ' ἀργυρότοξος Ἀπόλλων   Ω 758
 τὰς ἐν Πηρείῃ θρέψ' ἀργυρότοξος Ἀπόλλων   Β 766
 αὐτὰρ ὁ εἴδωλον τεῦξ' ἀργυρότοξος Ἀπόλλων   Ε 449
 οὐδ' ἀλαοσκοπιὴν εἶχ' ἀργυρότοξος Ἀπόλλων   Κ 515 (cf. 7B36)
 τὸν μὲν ἄκουρον ἐόντα βάλ' ἀργυρότοξος Ἀπόλλων   η 64
 αἲ γὰρ Τηλέμαχον βάλοι ἀργυρότοξος Ἀπόλλων   ρ 251
 τέρπονται Κύπρις τε καὶ ἀργυρότοξος Ἀπόλλων   Ε 760
 κὰδ δ' ἄρ' Ἀθηναίη τε καὶ ἀργυρότοξος Ἀπόλλων   Η 58

ἐλθὼν ἀργυρότοξος Ἀπόλλων Ἀρτέμιδι ξύν   ο 410
κλῦθί μευ, ἀργυρότοξ', ὃς Χρύσην ἀμφιβέβηκας   Α 37+, 451 (cf. C2)
ὦ πόποι, ἀργυρότοξε, Διὸς τέκος, οὐ σύ γε βουλάς Φ 229

A3. ἀφήτωρ 1-0
  ἀφήτορος.../Φοίβου Ἀπόλλωνος 1-0
  οὐδ' ὅσα λάϊνος οὐδὸς ἀφήτορος ἐντὸς ἐέργει/   Ι 404f.
  Φοίβου Ἀπόλλωνος...

A4. ἑκάεργος 16-1
  ἑκάεργος Ἀπόλλων/ 9-1
  ἄναξ ἑκάεργος Ἀπόλλων/ 2-1
  ἑκάεργος...Φοῖβος Ἀπόλλων/ 1-0
  ἑκάεργε θεῶν ὀλοώτατε πάντων/ 1-0
  ἐμβήῃ· μάλα τούς γε φιλεῖ ἑκάεργος Ἀπόλλων   Π 94
  οὐδ' εἴ κεν μάλα πολλὰ πάθοι ἑκάεργος Ἀπόλλων   Χ 220
  τοῖσιν δ' ἴκμενον οὖρον ἵει ἑκάεργος Ἀπόλλων   Α 479 (cf. 1A4)
  δεινὰ δ' ὁμοκλήσας προσέφη ἑκάεργος Ἀπόλλων   Ε 439
  ὣς φάτο, τὴν δ' οὔ τι προσέφη ἑκάεργος Ἀπόλλων   Φ 478
  ἀγχοῦ δ' ἱστάμενος προσέφη ἑκάεργος Ἀπόλλων   Ο 243
  τῷ μιν ἐεισάμενος προσέφη ἑκάεργος Ἀπόλλων   Ρ 585 (cf. B13)
  Ἑρμείας, ἦλθεν δὲ ἄναξ ἑκάεργος Ἀπόλλων   θ 323 (cf. 25A5)
  τὸν δ' αὖτε προσέειπεν ἄναξ ἑκάεργος Ἀπόλλων   Ο 253, Φ 461
  κλαῖεν ὅ μιν ἑκάεργος ἀνήρπασε Φοῖβος Ἀπόλλων   Ι 564
  αὐτῷ γὰρ ἑκάεργος Ἀγήνορι πάντα ἐοικώς   Φ 600
  ὄφρ' ἥμιν ἑκάεργον ἱλάσσεαι ἱερὰ ῥέξας   Α 147
  μέλποντες ἑκάεργον· ὁ δὲ φρένα τέρπετ' ἀκούων   Α 474
  ὧδ' ἔστω, ἑκάεργε· τὰ γὰρ φρονέουσα καὶ αὐτή   Η 34
  φεύγεις δή, ἑκάεργε, Ποσειδάωνι δὲ νίκην   Φ 472
  ἔβλαψάς μ', ἑκάεργε, θεῶν ὀλοώτατε πάντων   Χ 15

A5. ἑκατηβελέτης 1-0
  Ἀπόλλωνος ἑκατηβελέταο ἄνακτος/ 1-0
  μῆνιν Ἀπόλλωνος ἑκατηβελέταο ἄνακτος   Α 75 (cf. A6)

A6. ἑκατηβόλος 5-2
  ἑκατηβόλ' Ἄπολλον/ 0-1
  ἄναξ ἑκατηβόλ' Ἄπολλον/ 0-1
  ἑκατηβόλου Ἀπόλλωνος/ 3-1, ἑκατηβόλον Ἀπόλλωνα/ 1-0
  αἲ γὰρ τοῦτο γένοιτο, ἄναξ ἑκατηβόλ' Ἄπολλον   θ 339
  σοὶ δ' αὐτῷ μελέτω, ἑκατηβόλε, φαίδιμος Ἕκτωρ   Ο 231
  Χρύσης δ' αὖθ' ἱερεὺς ἑκατηβόλου Ἀπόλλωνος   Α 370
  ἄλσος ὕπο σκιερὸν ἑκατηβόλου Ἀπόλλωνος   υ 278
  μῆνιν ἀλευάμενος ἑκατηβόλου Ἀπόλλωνος   Ε 444, Π 711
                                                     (cf. A5)
  ὣς ἔφατ', Αἰνείας δ' ἑκατηβόλον Ἀπόλλωνα   Ρ 333

A7. ἕκατος 4-0
  Ἀπόλλωνος ἑκάτοιο/ 2-0

καὶ κρεμόω προτὶ νηὸν Ἀπόλλωνος ἑκάτοιο	Η 83
πειθόμενος μύθοισιν Ἀπόλλωνος ἑκάτοιο	Υ 295
εὖ εἰδὼς ἀγόρευε θεοπροπίας ἑκάτοιο	Α 385+
Ἄρτεμις ἰοχέαιρα, κασιγνήτη ἑκάτοιο	Υ 71

A8. ἐκηβόλος 9-0
ἐκηβόλῳ Ἀπόλλωνι/ 3-0, **ἐκηβόλου Ἀπόλλωνος/** 2-0
Διὸς υἱὸν ἐκηβόλον Ἀπόλλωνα/ 1-0
Διὸς υἷι ἐκηβόλῳ 1-0

τοὔνεκ' ἄρ' ἄλγε' ἔδωκεν ἐκηβόλος ἠδ' ἔτι δώσει	Α 96 (cf. 27A1, 27B25)
ὡς δὴ τοῦδ' ἕνεκά σφιν ἐκηβόλος ἄλγεα τεύχει	Α 110
στέμματ' ἔχων ἐν χερσὶν ἐκηβόλου Ἀπόλλωνος	Α 14, 373
εὐχόμενος δ' ἄρα εἶπεν ἐκηβόλῳ Ἀπόλλωνι	Π 513+ (cf. B2)
ἐκ δ' ἑκατόμβην βῆσαν ἐκηβόλῳ Ἀπόλλωνι	Α 438
αὐτίκα δ' ἠπείλησεν ἐκηβόλῳ Ἀπόλλωνι	Ψ 872
ἀζόμενοι Διὸς υἱὸν ἐκηβόλον Ἀπόλλωνα	Α 21
Ζηνί τε καὶ Διὸς υἷι ἐκηβόλῳ, οἵ με πάρος γε	Χ 302

A9. ἤϊος 2-0
ἤϊε Φοῖβε 2-0

ὥς ῥα σύ, ἤϊε Φοῖβε, πολὺν κάματον καὶ ὀϊζύν	Ο 365
ἀμφὶ σέ, ἤϊε Φοῖβε, καὶ Ἄρηα πτολίπορθον	Υ 152

A10. κλυτότοξος 3-2
Ἀπόλλωνα κλυτότοξον/ 1-0
Ἀπόλλωνι κλυτοτόξῳ/ 0-1
Ἀπόλλωνι Λυκηγενέϊ κλυτοτόξῳ/ 2-0
κλυτότοξος Ἀπόλλων/ 0-1

ὄφρ' ἐπὶ μηρία θέντες Ἀπόλλωνι κλυτοτόξῳ	φ 267
Ἶρίν θ' ἐλθέμεναι καὶ Ἀπόλλωνα κλυτότοξον	Ο 55
εὔχεο δ' Ἀπόλλωνι Λυκηγενέϊ κλυτοτόξῳ	Δ 101
εὔχετο δ' Ἀπόλλωνι Λυκηγενέϊ κλυτοτόξῳ	Δ 119
αἴθ' οὕτως αὐτόν σε βάλοι κλυτότοξος Ἀπόλλων	ρ 494

A11. Λυκηγενής 2-0
Ἀπόλλωνι Λυκηγενέϊ κλυτοτόξῳ/ 2-0

εὔχεο δ' Ἀπόλλωνι Λυκηγενέϊ κλυτοτόξῳ	Δ 101
εὔχετο δ' Ἀπόλλωνι Λυκηγενέϊ κλυτοτόξῳ	Δ 119

A12. Σμινθεύς 1-0

Σμινθεῦ, εἴ ποτέ τοι χαρίεντ' ἐπὶ νηὸν ἔρεψα	Α 39 (cf. C2)

A13. Φοῖβος 49-3
Φοῖβος Ἀπόλλων 36-3
Φοῖβος Ἀπόλλων/ 32-2
ἑκάεργος...Φοῖβος Ἀπόλλων/ 1-0
/ Φοίβου Ἀπόλλωνος 3-1
/ Φοίβου Ἀπόλλωνος χρυσαόρου 1-0

ἀφήτορος.../Φοίβου Ἀπόλλωνος 1-0
ἄνακτος.../Φοίβου Ἀπόλλωνος 1-0
/ Φοῖβον Ἀπόλλωνα χρυσάορον 1-0
Ἀπόλλων Φοῖβος 4-0
ἤϊε Φοῖβε 2-0
φίλε Φοῖβε 2-0
/ Φοῖβος ἀκερσεκόμης 1-0

ὡς ἔμ' ἀφαιρεῖται Χρυσηΐδα	Φοῖβος Ἀπόλλων	A 182
ἔνθα κυβερνήτην Μενελάου	Φοῖβος Ἀπόλλων	γ 27
καὶ τότ' ἄρ' Ἕκτορα εἶπε παραστὰς	Φοῖβος Ἀπόλλων	Υ 375
Ἕκτορα δ' ὀτρύνῃσι μάχην ἐς	Φοῖβος Ἀπόλλων	O 59
μακρὰ βιβάς· πρόσθεν δὲ κί' αὐτοῦ	Φοῖβος Ἀπόλλων	O 307
ὄφρα μὲν αἰγίδα χερσὶν ἔχ' ἀτρέμα	Φοῖβος Ἀπόλλων	O 318
εἰ δέ κ' Ἄρης ἄρχωσι μάχης ἢ	Φοῖβος Ἀπόλλων	Υ 138
ᾤχετο δ' εἰς Ἀΐδαο, λίπεν δέ ἑ	Φοῖβος Ἀπόλλων	X 213
ἠχῇ θεσπεσίῃ· προπάροιθε δὲ	Φοῖβος Ἀπόλλων	O 355
ἀντία Πηλεΐωνος, ἀνῆκε δὲ	Φοῖβος Ἀπόλλων	Υ 118
τοῦ δ' ἐπιλήσονται τὸ ἐγὼ καὶ	Φοῖβος Ἀπόλλων	H 452
ἤματι τῷ ὅτε κέν σε Πάρις καὶ	Φοῖβος Ἀπόλλων	X 359
ἣν διὰ μαντοσύνην, τήν οἱ πόρε	Φοῖβος Ἀπόλλων	A 72
τρίπτυχος αὐλῶπις, τήν οἱ πόρε	Φοῖβος Ἀπόλλων	Λ 353
ὠκύμοροι καὶ τόξον, ὅ τοι πόρε	Φοῖβος Ἀπόλλων	O 441
τοῦ δ' ἀπὸ μὲν κρατὸς κυνέην βάλε	Φοῖβος Ἀπόλλων	Π 793
θεσπέσιον γάρ σφιν φόβον ἔμβαλε	Φοῖβος Ἀπόλλων	P 118
τῷ δ' ἐπὶ κυάνεον νέφος ἤγαγε	Φοῖβος Ἀπόλλων	Ψ 188
τῶν πάντων ὁμόσε στόματ' ἔτραπε	Φοῖβος Ἀπόλλων	M 24
κλαῖεν ὅ μιν ἑκάεργος ἀνήρπασε	Φοῖβος Ἀπόλλων	I 564
καὶ τότ' ἄρ' ἀθανάτοισι μετηύδα	Φοῖβος Ἀπόλλων	Ω 32
αὐτὰρ Πηλεΐωνα προσηύδα	Φοῖβος Ἀπόλλων	X 7
δὴ τότε θοῦρον Ἄρηα προσηύδα	Φοῖβος Ἀπόλλων	E 454
ταῦτ' ἄρα οἱ φρονέοντι παρίστατο	Φοῖβος Ἀπόλλων	Π 715
ὅς κ' εἴποι ὅ τι τόσσον ἐχώσατο	Φοῖβος Ἀπόλλων	A 64
Ἀτρεΐδης, εἰ μή οἱ ἀγάσσατο	Φοῖβος Ἀπόλλων	P 71
εἰ μὴ Τυδέος υἷι κοτέσσατο	Φοῖβος Ἀπόλλων	Ψ 383
ὣς γάρ οἱ χρείων μυθήσατο	Φοῖβος Ἀπόλλων	θ 79
καὶ τὸν μὲν μετὰ χερσὶν ἐρύσατο	Φοῖβος Ἀπόλλων	E 344
ἦλθε κακόν· νῦν αὐτέ σ' ἐρύσατο	Φοῖβος Ἀπόλλων	Λ 363, Υ 450
ὣς ἔφατ' εὐχόμενος, τοῦ δ' ἔκλυε	Φοῖβος Ἀπόλλων	A 43, 457, Π 527
παῖδά τε σοὶ ἀγέμεν, Φοίβῳ θ' ἱερὴν ἑκατόμβην		A 443+
ἤντετο γάρ τοι Φοῖβος ἐνὶ κρατερῇ ὑσμίνῃ/ δεινός...		Π 788f.
ἵστατ' Ἀπόλλων Φοῖβος ἔχων ἰὰ πτερόεντα		Υ 68
αὐτὰρ Ἀπόλλων Φοῖβος ἐδύσετο Ἴλιον ἱρήν		Φ 515
εἰ μὴ Ἀπόλλων Φοῖβος ἐϋδμήτου ἐπὶ πύργου		Π 700
εἰ μὴ Ἀπόλλων Φοῖβος Ἀγήνορα δῖον ἀνῆκε		Φ 545
ἔρχεο νῦν, φίλε Φοῖβε, μεθ' Ἕκτορα χαλκοκορυστήν		O 221

εἰ δ' ἄγε νῦν, φίλε Φοῖβε, κελαινεφὲς αἷμα κάθηρον   Π 667
ὥς ῥα σύ, ἤϊε Φοῖβε, πολὺν κάματον καὶ ὀϊζύν   Ο 365
ἀμφὶ σέ, ἤϊε Φοῖβε, καὶ Ἄρηα πτολίπορθον   Υ 152
Φοῖβος ἀκερσεκόμης ἠδ' Ἄρτεμις ἰοχέαιρα   Υ 39
Φοῖβε, τίη δὴ νῶϊ διέσταμεν; οὐδὲ ἔοικεν   Φ 436
Φοῖβε, σὺ δ' εἰλίποδας ἕλικας βοῦς βουκολέεσκες   Φ 448
Φοίβου Ἀπόλλωνος· ὁ δέ μοι πόρεν ἀγλαὰ δῶρα   ι 201
...λάϊνος οὐδὸς ἀφήτορος ἐντὸς ἐέργει/   Ι 404f.
Φοίβου Ἀπόλλωνος, Πυθοῖ ἔνι πετρήεσσῃ
...καί ῥα ἄνακτος ἐναντίον εἵλετο τόξον/   Ι 559f.
Φοίβου Ἀπόλλωνος καλλιφύρου εἵνεκα νύμφης
Φοίβου Ἀπόλλωνος χρυσαόρου, ὅς μιν ἀνώγει   Ε 509
Φοῖβον Ἀπόλλωνα χρυσαόρον, ὅς σε πάρος περ   Ο 256

A14. χρυσάορος 2-0
/ **Φοίβου Ἀπόλλωνος χρυσαόρου** 1-0
/ **Φοῖβον Ἀπόλλωνα χρυσάορον** 1-0
Φοίβου Ἀπόλλωνος χρυσαόρου, ὅς μιν ἀνώγει   Ε 509
Φοῖβον Ἀπόλλωνα χρυσάορον, ὅς σε πάρος περ   Ο 256

B1. ἄμβροτος 1-0, 6-3
θεὸν ἄμβροτον 1-0, 2-1 (=Ἀθήνη 0-1, Ἄρης, Ἑρμείας)
αὐτὸς θνητὸς ἐὼν θεὸν ἄμβροτον; οὐδέ νύ πώ με   Χ 9+

B2. ἄναξ 15-3**
ἄναξ Διὸς υἱός 5-1
ἄναξ Διὸς υἱὸς Ἀπόλλων/ 4-1
ἄναξ ἑκάεργος Ἀπόλλων/ 2-1
ἄναξ ἑκατηβόλ' Ἄπολλον/ 0-1
Ἀπόλλωνος ἑκατηβελέταο ἄνακτος/ 1-0
ἄνακτος.../Φοίβου Ἀπόλλωνος 1-0
/ Ἀπόλλωνι ἄνακτι 1-0
ἐς Χρύσην πέμπουσιν, ἄγουσι δὲ δῶρα ἄνακτι   Α 390
ἧκεν ἐπικρατέως, οὐδ' ἠπείλησεν ἄνακτι   Ψ 863
ῥέξαι ὑπὲρ Δαναῶν, ὄφρ' ἱλασόμεσθα ἄνακτα   Α 444+
μῆνιν Ἀπόλλωνος ἑκατηβελέταο ἄνακτος   Α 75
λῦσε δέ οἱ θώρηκα ἄναξ Διὸς υἱὸς Ἀπόλλων   Π 804
Ἑρμῆν δὲ προσέειπεν ἄναξ Διὸς υἱὸς Ἀπόλλων   θ 334
τὴν πρότερος προσέειπεν ἄναξ Διὸς υἱὸς Ἀπόλλων   Η 23
τὴν δ' αὖτε προσέειπεν ἄναξ Διὸς υἱὸς Ἀπόλλων   Η 37
τὸν δ' αὖτε προσέειπεν ἄναξ Διὸς υἱὸς Ἀπόλλων   Υ 103
Ἑρμείας, ἦλθεν δὲ ἄναξ ἑκάεργος Ἀπόλλων   θ 323 (cf. 25A5)
τὸν δ' αὖτε προσέειπεν ἄναξ ἑκάεργος Ἀπόλλων   Ο 253, Φ 461
αἲ γὰρ τοῦτο γένοιτο, ἄναξ ἑκατηβόλ' Ἄπολλον   θ 339
ἀλλὰ σύ πέρ μοι, ἄναξ, τόδε καρτερὸν ἕλκος ἀκέσσαι   Π 523
Ἀπόλλωνι ἄνακτι, τὸν ἠύκομος τέκε Λητώ   Α 36+
τῶν τότε· καί ῥα ἄνακτος ἐναντίον εἵλετο τόξον/   Ι 559f.
Φοίβου Ἀπόλλωνος...

κλῦθι, ἄναξ, ὅς που Λυκίης ἐν πίονι δήμῳ   Π 514+ (cf. A8)
ὦρσεν ἄναξ Διὸς υἱὸς ἀπορνύμενον Λυκίηθεν   Ε 105

Β3. ἄπιστος 1-0, 2-3
   αἰὲν ἀπιστε/ 1-0 (cf. 27Β6)
     κακῶν ἔταρ' αἰὲν ἀπιστε/ 1-0
      δαίνυ' ἔχων φόρμιγγα, κακῶν ἔταρ', αἰὲν ἄπιστε   Ω 63

Β4. ἄριστος 1-0 ('Αθήνη* 1-0, Ζεύς 5-1, Ποσειδάων 1-1)
   θεῶν ὤριστος 1-0, 1-0 (Ζεύς)
     ἀλλὰ θεῶν ὤριστος, ὃν ἠύκομος τέκε Λητώ   Τ 413

Β5. δεινός 2-0 ("Αρης 1-0, 'Ήέλιος 0-1)
   δεινὸς θεός 1-0, 0-1 ('Ήέλιος)
   Φοῖβος.../δεινός 1-0
     ὣς φάτ' ἀπὸ πτόλιος δεινὸς θεός· αὐτὰρ 'Αχαιούς   Δ 514
     ἤντετο γάρ τοι Φοῖβος ἐνὶ κρατερῇ ὑσμίνῃ/   Π 788f.
     δεινός...

Β6. ἔταρος 1-0
   κακῶν ἔταρ' 1-0
     κακῶν ἔταρ' αἰὲν ἀπιστε/ 1-0
      δαίνυ' ἔχων φόρμιγγα, κακῶν ἔταρ', αἰὲν ἄπιστε   Ω 63

Β7. θεός 19-2**
   θεὸν ἄμβροτον 1-0, 2-1 (='Αθήνη 0-1, "Αρης, 'Ερμείας)
   μέγας θεός 1-0, 2-0 (Ζεύς, Ποσειδάων)
   θεός...μέγας 1-0
   θεὸν μέγαν 1-0
   δεινὸς θεός 1-0, 0-1 ('Ήέλιος)
     νῦν μὲν γὰρ κατὰ δῆμον ἑορτὴ τοῖο θεοῖο   φ 258
     ἐννῆμαρ μὲν ἀνὰ στρατὸν ᾤχετο κῆλα θεοῖο   Α 53
     θνῇσκον ἐπασσύτεροι, τὰ δ' ἐπῴχετο κῆλα θεοῖο   Α 383
     ὣς εἰπὼν ὁ μὲν αὖτις ἔβη θεὸς ἂμ πόνον ἀνδρῶν   Π 726, P 82
     ὀτρύνων ἱππῆας, ἐπεὶ θεοῦ ἔκλυεν αὐδήν   Ο 270 (cf. 1Β15)
     αὐτίκ' ἐγὼ πρῶτος κελόμην θεὸν ἱλάσκεσθαι   Α 386+
     οἱ δὲ πανημέριοι μολπῇ θεὸν ἱλάσκοντο   Α 472
     ὣς φάτ' ἀπὸ πτόλιος δεινὸς θεός· αὐτὰρ 'Αχαιούς   Δ 514
     ὅττι οἱ ὦκ' ἤκουσε μέγας θεὸς εὐξαμένοιο   Π 531
     ἀλλὰ σὺ μὲν νῦν τήνδε θεῷ πρόες· αὐτὰρ 'Αχαιοί   Α 127
     παῖδα φίλην· τοὶ δ' ὦκα θεῷ ἱερὴν ἑκατόμβην   Α 447
     ὡς ἄρα τοι πρόφρων θεὸς ὤπασε θέσπιν ἀοιδήν   θ 498 (cf. 488)
     ὣς φάθ', ὁ δ' ὁρμηθεὶς θεοῦ ἄρχετο, φαῖνε δ' ἀοιδήν   θ 499
     αὐτὸς θνητὸς ἐὼν θεὸν ἄμβροτον, οὐδέ νύ πώ με   Χ 9+
     μόρσιμόν ἐστι θεῷ τε καὶ ἀνέρι ἶφι δαμῆναι   Τ 417
     ἀλλ' ὅ γ' ἄρ' οὐδὲ θεὸν μέγαν ἅζετο, ἵετο δ' αἰεί   Ε 434
     αἴτιοι, ἀλλὰ θεός τε μέγας καὶ μοῖρα κραταιή   Τ 410
     βουλήν, ἥ ῥα θεοῖσιν ἐφήνδανε μητιόωσι   Η 45 (& 'Αθήνη)
     ἔγνως ὡς θεός εἰμι, σὺ δ' ἀσπερχὲς μενεαίνεις   Χ 10+ (cf. Β1)

```
                        ...ἐς δ' ἑκατόμβην/           A 309f.
     βῆσε θεῷ, ἀνὰ δὲ Χρυσηΐδα καλλιπάρηον
B8.  λαοσσόος 1-0, 3-2 (='Aθήνη 1-1, "Άρης, "Έρις; 'Αμφιάραος 0-1)
     λαοσσόος...'Απόλλων/ 1-0
       Αἰνείαν δ' ἰθὺς λαοσσόος ὦρσεν 'Απόλλων                Υ 79
B9.  μέγας 3-0 (Ζεύς 15-13, Κρόνος 4-0, Ποσειδάων 1-0)
     μέγας θεός 1-0, 2-0 (Ζεύς, Ποσειδάων)
     θεός...μέγας 1-0
     θεὸν μέγαν 1-0
       ὅττι οἱ ὦκ' ἤκουσε μέγας θεὸς εὐξαμένοιο              Π 531
       αἴτιοι, ἀλλὰ θεός τε μέγας καὶ Μοῖρα κραταιή           Τ 410
       ἀλλ' ὅ γ' ἄρ' οὐδὲ θεὸν μέγαν ἅζετο, ἵετο δ' αἰεί      Ε 434
B10. νηπύτιος 2-0, 7-0 ("Άρης 1-0)
       νηπύτι', ὡς ἄνοον κραδίην ἔχες· οὐδέ νυ τῶν περ        Φ 441
       νηπύτιε, τί νυ τόξον ἔχεις ἀνεμώλιον αὕτως             Φ 474
B11. ὀλοώτατος 1-0, 0-1 (cf. 27B24)
     θεῶν ὀλοώτατε πάντων/ 1-0 (cf. 2B5, 27B15)
     ἑκάεργε θεῶν ὀλοώτατε πάντων/ 1-0
       ἔβλαψάς μ', ἑκάεργε, θεῶν ὀλοώτατε πάντων              Χ 15
B12. τέκος 1-0 ('Αθήνη 11-2, "Άρτεμις 1-0, 'Αφροδίτη 2-0, "Ήφαιστος 1-0)
     Διὸς τέκος 1-0, 9-2 (='Αθήνη)
     ἀργυρότοξε Διὸς τέκος 1-0
       ὦ πόποι, ἀργυρότοξε, Διὸς τέκος, οὐ σύ γε βουλάς       Φ 229
B13. υἱός 12-2**
     Διὸς υἱός 11-2, 5-3 ('Ερμείας 0-1)
     Διὸς υἱὸς 'Απόλλων/ 7-1
     ἄναξ Διὸς υἱός 5-1
     ἄναξ Διὸς υἱὸς 'Απόλλων/ 4-1
     Διὸς υἷι ἐκηβόλῳ 1-0
     Διὸς υἱὸν ἐκηβόλον 'Απόλλωνα/ 1-0
     Λητοῦς...υἱός/ 1-0, /Λητοῦς...υἱός 1-0
       ἀλλά με μοῖρ' ὀλοὴ καὶ Λητοῦς ἔκτανεν υἱός             Π 849
       τῷ μιν ἐεισάμενος προσέφη Διὸς υἱὸς 'Απόλλων           Π 720, Ρ 326, Υ 82
                                                                  (cf. A4)
       λῦσε δέ οἱ θώρηκα ἄναξ Διὸς υἱὸς 'Απόλλων              Π 804
       'Ερμῆν δὲ προσέειπεν ἄναξ Διὸς υἱὸς 'Απόλλων           θ 334
       τὴν πρότερος προσέειπεν ἄναξ Διὸς υἱὸς 'Απόλλων        Η 23
       τὴν δ' αὖτε προσέειπεν ἄναξ Διὸς υἱὸς 'Απόλλων         Η 37
       τὸν δ' αὖτε προσέειπεν ἄναξ Διὸς υἱὸς 'Απόλλων         Υ 103
       ἀλλ' ὄλεσεν Διὸς υἱός, ὃν ἠύκομος τέκε Λητώ            λ 318
       Λητοῦς καὶ Διὸς υἱός· ὁ γὰρ βασιλῆι χολωθείς           Α 9
       Ζηνί τε καὶ Διὸς υἷι ἐκηβόλῳ, οἵ με πάρος γε           Χ 302
       ἁζόμενοι Διὸς υἱὸν ἐκηβόλον 'Απόλλωνα                  Α 21
       ὦρσεν ἄναξ Διὸς υἱὸς ἀπορνύμενον Λυκίηθεν              Ε 105
```

B14. φέριστος 1-0, 4-2
φέριστε θεῶν 1-0
τίς δὲ σύ ἐσσι, φέριστε θεῶν, ὅς μ' εἴρεαι ἄντην   Ο 247

B15. φίλος 3-0**
Διὶ φίλον 1-0
'Απόλλωνα Διὶ φίλον 1-0
φίλε Φοῖβε 2-0
οὐ μὰ γὰρ 'Απόλλωνα Διὶ φίλον, ᾧ τε σύ, Κάλχαν   Α 86
ἔρχεο νῦν, φίλε Φοῖβε, μεθ' "Εκτορα χαλκοκορυστήν   Ο 221
εἰ δ' ἄγε νῦν, φίλε Φοῖβε, κελαινεφὲς αἷμα κάθηρον   Π 667

C1. ...ὃν ἠΰκομος τέκε Λητώ/ 2-1
ἀλλὰ θεῶν ὤριστος, ὃν ἠΰκομος τέκε Λητώ   Τ 413
ἀλλ' ὄλεσεν Διὸς υἱός, ὃν ἠΰκομος τέκε Λητώ   λ 318
'Απόλλωνι ἄνακτι, τὸν ἠΰκομος τέκε Λητώ   Α 36+

C2. κλῦθί μευ, ἀργυρότοξ', ὃς Χρύσην ἀμφιβέβηκας,/   Α 37ff., 451f.
Κίλλαν τε ζαθέην Τενέδοιό τε ἶφι ἀνάσσεις,/
Σμινθεῦ...

7. "Αρης 120-14

A1. ἀλλοπρόσαλλος 2-0
μαινόμενον τυκτὸν κακὸν ἀλλοπρόσαλλον/ 1-0
τοῦτον μαινόμενον, τυκτὸν κακόν, ἀλλοπρόσαλλον   Ε 831+
μή τί μοι, ἀλλοπρόσαλλε, παρεζόμενος μινύριζε   Ε 889+

A2. ἀνδρειφόντης 4-0
'Ενυαλίῳ ἀνδρειφόντῃ/ 4-0
Μηριόνης, ἀτάλαντος 'Ενυαλίῳ ἀνδρειφόντῃ   Η 166, Θ 264, Ρ 259
Μηριόνης τ' ἀτάλαντος 'Ενυαλίῳ ἀνδρειφόντῃ   Β 651

A3. βριήπυος 1-0
βριήπυος ὄβριμος "Αρης/ 1-0
οὐδ' ἄρα πώ τι πέπυστο βριήπυος ὄβριμος "Αρης   Ν 521

A4. βροτολοιγός 12-1
βροτολοιγὸν "Αρηα/ 1-0, βροτολοιγου "Αρηος/ 1-0
βροτολοιγῷ..."Αρηϊ/ 4-1
βροτολοιγὸς "Αρης 3-0
"Αρες βροτολοιγέ 2-0
"Αρες βροτολοιγὲ μιαιφόνε τειχεσιπλῆτα 2-0
/ "Αρης...βροτολοιγός 1-0
καὶ δὴ αὖθ' ἡ κυνάμυια ἄγει βροτολοιγὸν "Αρηα   Φ 421
Γοργοῦς ὄμματ' ἔχων ἠδὲ βροτολοιγοῦ "Αρηος   Θ 349
ἂν δὲ καὶ Εὐρύαλος, βροτολοιγῷ ἶσος "Αρηϊ   θ 115
τὸν δὲ Λεοντῆα, βροτολοιγῷ ἶσον "Αρηϊ   Μ 130
τεύχεσι λαμπόμενον, βροτολοιγῷ ἶσον "Αρηϊ   Υ 46
"Εκτωρ Πριαμίδης, βροτολοιγῷ ἶσος "Αρηϊ   Λ 295

Repertory   41

    "Εκτωρ δ' ἡγεῖτο, βροτολοιγῷ ἶσος "Αρηϊ   N 802
    ὡς δὲ ἴδε βροτολοιγὸς "Αρης Διομήδεα δῖον   E 846+
    οἶος δὲ βροτολοιγὸς "Αρης πόλεμόνδε μέτεισι   N 298
    παύσασαι βροτολοιγὸν "Αρη' ἀνδροκτασιάων   E 909
    "Αρης τε βροτολοιγὸς "Ερις τ' ἄμοτον μεμαυῖα   E 518 (cf. 6A2)
    ⁷Αρες "Αρες βροτολοιγέ, μιαιφόνε, τειχεσιπλῆτα   E 31+, 455+

A5. κορυθάϊξ 1-0 (cf. B20)
    κορυθάϊκι πτολεμιστῆ/ 1-0
      'Ενυαλίῳ **κορυθάϊκι πτολεμιστῆ/** 1-0
        ἶσος 'Ενυαλίῳ, κορυθάϊκι πτολεμιστῇ   X 132

A6. μιαιφόνος 4-0
    "Αρης...μιαιφόνος 2-0
    "Αρες βροτολοιγὲ μιαιφόνε τειχεσιπλῆτα/ 2-0
      τὸν μὲν "Αρης ἐνάριζε μιαιφόνος· αὐτὰρ 'Αθήνη   E 844+
      τῇ μιν "Αρης οὔτησε μιαιφόνος ἔγχεϊ μακρῷ   Φ 402
      ⁷Αρες "Αρες βροτολοιγέ, μιαιφόνε, τειχεσιπλῆτα   E 31+, 455+

A7. ῥινοτόρος 1-0
    "Αρης/ῥινοτόρος 1-0
      ...ἦρχε γὰρ "Αρης/   Φ 391f.
      ῥινοτόρος, καὶ πρῶτος 'Αθηναίη ἐπόρουσε

A8. τειχεσιπλήτης 2-0
    "Αρες βροτολοιγὲ μιαιφόνε τειχεσιπλῆτα/ 2-0
    ⁷Αρες "Αρες βροτολοιγέ, μιαιφόνε, τειχεσιπλῆτα   E 31+, 455+

B1. ἀΐδηλος 1-1, 4-3 ('Αθήνη 1-0)
    ἀΐδηλον "Αρηα/ 0-1
      εἰ δέ τευ ἐξ ἄλλου γε θεῶν γένευ ὧδ' ἀΐδηλος   E 897+
      αἰὲν ἀτιμάζει, φιλέει δ' ἀΐδηλον "Αρηα   θ 309+

B2. ἄμβροτος 1-0, 6-3
    θεὸς ἄμβροτος 1-0, 2-1 (='Αθήνη 0-1, 'Απόλλων, 'Ερμείας)
    οὐδέ κ' "Αρης, ὅς περ θεὸς ἄμβροτος, οὐδέ κ' 'Αθήνη   Υ 358

B3. ἀνδροφόνος 1-0, 15-1 ("Εκτωρ 11-0, Λυκόοργος 1-0)
    /"Αρεος ἀνδροφόνοιο 1-0
      "Αρεος ἀνδροφόνοιο κασιγνήτη ἑτάρη τε   Δ 441 (sc. "Ερις)

B4. ἀρτίπος 0-1, 1-0 ("Ατη)
    καλός τε καὶ ἀρτίπος 0-1 (cf. **10A1**)
      οὔνεχ' ὁ μὲν καλός τε καὶ ἀρτίπος, αὐτὰρ ἐγώ γε   θ 310+

B5. ἆτος 3-0, 2-1
    ἆτος πολέμοιο/ 3-0, 1-0
    "Αρης ἆτος πολέμοιο/ 3-0
      καί νύ κεν ἔνθ' ἀπόλοιτο "Αρης ἆτος πολέμοιο   E 388
      δείσαντας· τόσον ἔβραχ' "Αρης ἆτος πολέμοιο   E 863
      "Ισανδρον δέ οἱ υἱὸν "Αρης ἆτος πολέμοιο   Z 203

B6. ἄφρων 1-0, 7-7 ('Αθήνη 1-0)
ἄφρονα τοῦτον ἀνέντες, ὅς οὔ τινα οἶδε θέμιστα   E 761

B7. γένος 1-0, 14-20 ("Αρτεμις 1-0)
ἐκ γὰρ ἐμεῦ γένος ἐσσί, ἐμοὶ δέ σε γείνατο μήτηρ   E 896+

B8. δεινός 1-0 ('Απόλλων 2-0, 'Ήλιος 0-1)
"Αρης/δεινὸς 'Ενυάλιος 1-0
...δῦ δέ μιν "Αρης/   P 210f.
δεινὸς 'Ενυάλιος, πλῆσθεν δ' ἄρα οἱ μέλε' ἐντός

B9. δήϊος 1-0, 33-0
δηΐῳ..."Αρηϊ/ 1-0
οἶδα δ' ἐνὶ σταδίῃ δηΐῳ μέλπεσθαι "Αρηϊ   H 241

B10. ἐγχέσπαλος 1-0, 2-0
"Αρης ἐγχέσπαλος 1-0
μαίνετο δ' ὥς ὅτ' "Αρης ἐγχέσπαλος ἢ ὀλοὸν πῦρ   O 605

B11. 'Ενυάλιος 8-0, 1-0
'Ενυαλίῳ ἀνδρειφόντῃ/ 4-0
'Ενυαλίῳ κορυθάϊκι πτολεμιστῇ/ 1-0
"Αρης/δεινὸς 'Ενυάλιος 1-0
Μηριόνης, ἀτάλαντος 'Ενυαλίῳ ἀνδρειφόντῃ   H 166, Θ 264, P 259
Μηριόνης τ' ἀτάλαντος 'Ενυαλίῳ ἀνδρειφόντῃ   B 651
...δῦ δέ μιν "Αρης/   P 210f.
δεινὸς 'Ενυάλιος, πλῆσθεν δ' ἄρα οἱ μέλε' ἐντός
υἱὸν 'Ενυαλίοιο· δι' ὤμου δ' ὄβριμον ἔγχος   N 519
ἄντα δ' 'Ενυαλίοιο θεὰ γλαυκῶπις 'Αθήνη   Υ 69
ἶσος 'Ενυαλίῳ, κορυθάϊκι πτολεμιστῇ   Χ 132

B12. ἔχθιστος 1-0, 3-0 ('Αίδης; 'Αχιλλεύς, Θερσίτης)
ἔχθιστος...θεῶν 1-0
ἔχθιστος δέ μοί ἐσσι θεῶν οἳ "Ολυμπον ἔχουσιν   E 890+

B13. ἠλεός 1-0, 0-2
φρένας ἠλέ 1-0, 0-1 (Μέντωρ)
/ μαινόμενε φρένας ἠλέ 1-0
μαινόμενε, φρένας ἠλέ, διέφθορας· ἦ νύ τοι αὕτως   O 128+

B14. θεός 1-0**
θεὸς ἄμβροτος 1-0, 2-1 ('Αθήνη 0-1, 'Απόλλων, 'Ερμείας)
οὐδέ κ' "Αρης, ὅς περ θεὸς ἄμβροτος, οὐδέ κ' 'Αθήνη   Υ 358

B15. θοός 8-0
θοῷ..."Αρηϊ/ 7-0
"Αρηϊ θοῷ 1-0
ὅς ῥά οἱ "Εκτορ' ἐπῶρσε θοῷ ἀτάλαντον "Αρηϊ   P 72
τρὶς μὲν ἔπειτ' ἐπόρουσε θοῷ ἀτάλαντος "Αρηϊ   Π 784
εἰλομένων· εἴλει δὲ θοῷ ἀτάλαντος "Αρηϊ   Θ 215
κείμενον· Αὐτομέδων δὲ θοῷ ἀτάλαντος "Αρηϊ   P 536

ἥρπασε, Μηριόνης δέ θοώ άτάλαντος "Αρηϊ N 528
ὡς φάτο, Μηριόνης δέ θοώ άτάλαντος "Αρηϊ N 295, 328
ταῦτα δ' "Αρηϊ θοώ καὶ 'Αθήνη πάντα μέλησει E 430

B16. θοῦρος 11-0
θοῦρος "Αρης 11-0
θοῦρος "Αρης 1-0, /θοῦρος "Αρης 1-0
θοῦρον "Αρηα/ 7-0, θοῦρον "Αρηα 2-0
χειρὸς ἑλοῦσ' ἐπέεσσι προσηύδα θοῦρον "Αρηα E 30+
τύψον δὲ σχεδίην μηδ' ἅζεο θοῦρον "Αρηα E 830+
ὡς ἄρα καρπαλίμως ἰήσατο θοῦρον "Αρηα E 904
χάλκεον· ἡ δ' ἐπέεσσι καθάπτετο θοῦρον "Αρηα O 127+
ὡς εἰποῦσ' ἵδρυσε θρόνῳ ἔνι θοῦρον "Αρηα O 142
ὡς εἰποῦσα μάχης ἐξήγαγε θοῦρον "Αρηα E 35
εὗρεν ἔπειτα μάχης ἐπ' ἀριστερὰ θοῦρον "Αρηα E 355
τῶν μὲν πολλῶν θοῦρος "Αρης ὑπὸ γούνατ' ἔλυσεν Ω 498
τῷ βάλε θοῦρον "Αρηα κατ' αὐχένα, λῦσε δὲ γυῖα Φ 406
δὴ τότε θοῦρον "Αρηα προσηύδα Φοῖβος 'Απόλλων E 454+
θοῦρος "Αρης ἐκάλυψε μάχῃ Τρώεσσιν ἀρήγων E 507

B17. κακόν 1-0 (Σκύλλη 0-1)
τυκτὸν κακόν 1-0
μαινόμενον τυκτὸν κακὸν ἀλλοπρόσαλλον/ 1-0
τοῦτον μαινόμενον, τυκτὸν κακόν, ἀλλοπρόσαλλον E 831+

B18. καλός 0-1
καλός τε καὶ ἀρτίπος 0-1
οὕνεχ' ὁ μὲν καλός τε καὶ ἀρτίπος, αὐτὰρ ἐγώ γε θ 310+

B19. κασίγνητος 2-0 (Σιμόεις 1-0, "Υπνος 1-0)
κασιγνήτοιο φίλοιο/ 1-0
/ φίλε κασίγνητε 1-0, 2-0 (Σιμόεις; Μενέλαος)
ἡ δὲ γνὺξ ἐριποῦσα κασιγνήτοιο φίλοιο E 357
φίλε κασίγνητε, κόμισαί τέ με δὸς δέ μοι ἵππους E 359

B20. κορυθαίολος 1-0, 37-0 (="Εκτωρ, cf. A5)
"Αρης κορυθαίολος 1-0
ἐς δὲ Τρῶας "Αρης κορυθαίολος, αὐτὰρ ἅμ' αὐτῷ Υ 38

B21. κρατερός 1-0 ('Αΐδης 1-1, Φόβος 1-0)
/ "Αρηϊ κρατερῷ 1-0
"Αρηϊ κρατερῷ· ὁ δέ οἱ παρελέξατο λάθρῃ B 515

B22. λαοσσόος 1-0, 3-2 (='Αθήνη 1-1, 'Απόλλων, "Ερις; 'Αμφιάραος 0-1)
"Αρης λαοσσόος 1-0
ἄγριος· οὐδέ κ' "Αρης λαοσσόος οὐδέ κ' 'Αθήνη P 398

B23. μαινόμενος 2-0, 18-4 (Διώνυσος 1-0)
/ μαινόμενε φρένας ἠλέ 1-0
μαινόμενον τυκτὸν κακὸν ἀλλοπρόσαλλον/ 1-0

τοῦτον μαινόμενον, τυκτὸν κακόν, ἀλλοπρόσαλλον E 831+
μαινόμενε, φρένας ἠλέ, διέφθορας· ἦ νύ τοι αὔτως O 128+

B24. νηπύτιος 1-0, 8-0 ('Απόλλων 2-0)
νηπύτι', οὐδέ νύ πώ περ ἐπεφράσω ὅσσον ἀρείων Φ 410

B25. ὄβριμος 6-0
ὄβριμος "Αρης/ 6-0
βριήπυος ὄβριμος "Αρης/ 1-0
δῦν' "Αϊδος κυνέην, μή μιν ἴδοι ὄβριμος "Αρης E 845+
'Ασκάλαφος, τόν φησιν ὃν ἔμμεναι ὄβριμος "Αρης O 112
ἔγχεος· ἔνθα δ' ἔπειτ' ἀφίει μένος ὄβριμος "Αρης N 444, Π 613, P 529
οὐδ' ἄρα πώ τι πέπυστο βριήπυος ὄβριμος "Αρης N 521

B26. ὀξύς 8-0
ὀξὺν "Αρηα/ 6-0, ὀξὺν "Αρηα 1-0, ὀξὺς "Αρης 1-0
κεῖσθαι· ὁ δ' ἐν πεδίῳ Τρώων μένει ὀξὺν "Αρηα Λ 836
ἴομεν, ὄφρα κε θᾶσσον ἐγείρομεν ὀξὺν "Αρηα B 440
Τρωσὶν ἐφ' ἱπποδάμοισιν ἐγείρομεν ὀξὺν "Αρηα Δ 352, T 237
(cf. B30)
νηυσὶν ἔπι γλαφυρῇσιν ἐγείρομεν ὀξὺν "Αρηα Θ 531, Σ 304
ἐσκέδασ' ὀξὺς "Αρης, ψυχαὶ δ' "Αϊδόσδε κατῆλθον H 330
μίμνομεν ὀξὺν "Αρηα παρ' ἀλλήλοισι μένοντες P 721

B27. οὖλος 2-0, 5-0 ("Ονειρος 2-0)
οὖλον "Αρηα/ 1-0, οὖλος "Αρης 1-0
εἰ οὕτω μαίνεσθαι ἐάσομεν οὖλον "Αρηα E 717
Τρῳὰς δὲ στίχας οὖλος "Αρης ὄτρυνε μετελθών E 461

B28. πελώριος 1-0, 15-5 ('Αΐδης 1-0)
πελώριος..."Αρης/ 1-0
σεύατ' ἔπειθ' οἷός τε πελώριος ἔρχεται "Αρης H 208

B29. πολεμιστής 3-0, 10-1, πτολεμιστής 1-0
"Αρηα ταλαύρινον πολεμιστήν/ 3-0
'Ενυαλίῳ κορυθάϊκι πτολεμιστῇ/ 1-0
αἵματος ἆσαι "Αρηα, ταλαύρινον πολεμιστήν E 289, Υ 78, X 267
ἶσος 'Ενυαλίῳ, κορυθάϊκι πτολεμιστῇ X 132

B30. πολύδακρυς 3-0, 3-0
πολύδαρκυν "Αρηα/ 3-0
οἳ πρὶν ἐπ' ἀλλήλοισι φέρον πολύδακρυν "Αρηα Γ 132
Τρωσὶν ἐφ' ἱπποδάμοισι φέρειν πολύδακρυν "Αρηα Θ 516, T 318
(cf. B26)

B31. πτολίπορθος 1-0, 9-7 ('Ενυώ 1-0; 'Αχιλλεύς 4-0, 'Οδυσσεύς 2-7)
"Αρηα πτολίπορθον/ 1-0
ἀμφί σε, ἤϊε Φοῖβε, καὶ "Αρηα πτολίπορθον Υ 152

B32. στυγερός 2-0 ('Αΐδης 1-0)
στυγερῷ..."Αρηϊ/ 2-0

Repertory

ὥς κε πανημέριοι στυγερῷ κρινώμεθ' Ἄρηϊ   B 385
οἵ τε πανημέριοι στυγερῷ κρίνονται Ἄρηϊ   Σ 209

B33. ταλαύρινος 3-0, 1-0
Ἄρηα ταλαύρινον πολεμιστήν/ 3-0
αἵματος ἆσαι Ἄρηα, ταλαύρινον πολεμιστήν   E 289, Υ 78, X 267

B34. φίλος 2-0**
κασιγνήτοιο φίλοιο/ 1-0
/ φίλε κασίγνητε 1-0, 2-0 (Σιμόεις; Μενέλαος)
ἣ δὲ γνὺξ ἐριποῦσα κασιγνήτοιο φίλοιο   E 357
φίλε κασίγνητε, κόμισαί τέ με δὸς δέ μοι ἵππους   E 359

B35. χάλκεος 5-0
χάλκεος Ἄρης/ 5-0
Ἕκτωρ τε Πριάμοιο πάϊς καὶ χάλκεος Ἄρης   E 704
τοῖος Τυδεΐδη Διομήδεϊ χάλκεος Ἄρης   E 866
τὸν δ' ὑπὸ Πατρόκλῳ δάμασ' ἔγχεϊ χάλκεος Ἄρης   Π 543
τεύχεα δ' ἐξενάριξε, τά οἱ πόρε χάλκεος Ἄρης   H 146
ἐκ δὲ δόρυ σπάσεν αὖτις· ὁ δ' ἔβραχε χάλκεος Ἄρης   E 859

B36. χρυσήνιος 0-1, 1-0 (Ἄρτεμις)
χρυσήνιος Ἄρης/ 0-1
οὐδ' ἀλαοσκοπιὴν εἶχε χρυσήνιος Ἄρης   θ 285

B37. ὠκύτατος 0-1
ὠκύτατόν...θεῶν 0-1
...Ἥφαιστος ἐὼν βραδὺς εἷλεν Ἄρηα,/   θ 330f.
ὠκύτατόν περ ἐόντα θεῶν οἳ Ὄλυμπον ἔχουσι

C1. ἄφρονα τοῦτον ἀνέντες, ὃς οὔ τινα οἶδε θέμιστα   E 761
C2. οὐδέ κ' Ἄρης, ὅς περ θεὸς ἄμβροτος...   Υ 358

8. Ἄρτεμις 12-15

A1. ἰοχέαιρα 8-4
Ἄρτεμις ἰοχέαιρα/ 5-2
/ Ἄρτεμις ἰοχέαιρα 1-0, **Ἄρτεμις...ἰοχέαιρα** 0-1
χρυσηλάκατος κελαδεινὴ / Ἄρτεμις ἰοχέαιρα 1-0
εὔσκοπος ἰοχέαιρα/ 0-1
δῖον γένος ἰοχέαιρα/ 1-0
ἀλλ' οὔ οἱ τότε γε χραῖσμ' Ἄρτεμις ἰοχέαιρα   E 53
ἤτοι τὸν Λητώ τε καὶ Ἄρτεμις ἰοχέαιρα   E 447
χωόμενος Νιόβῃ, τὰς δ' Ἄρτεμις ἰοχέαιρα   Ω 606
ἢ δολιχὴ νοῦσος, ἢ Ἄρτεμις ἰοχέαιρα   λ 172
πατρὸς δ' ἐν μεγάροισι βάλ' Ἄρτεμις ἰοχέαιρα   Ζ 428
τὴν μὲν ἔπειτα γυναῖκα βάλ' Ἄρτεμις ἰοχέαιρα   ο 478
Φοῖβος ἀκερσεκόμης ἠδ' Ἄρτεμις ἰοχέαιρα   Υ 39
οὔτ' ἐμέ γ' ἐν μεγάροισιν ἐΰσκοπος ἰοχέαιρα   λ 198
ἣ δὲ χολωσαμένη δῖον γένος ἰοχέαιρα   I 538
οἵη δ' Ἄρτεμις εἶσι κατ' οὔρεα ἰοχέαιρα   ζ 102

... χρυσηλάκατος κελαδεινή,/ Υ 70f.
"Αρτεμις ἰοχέαιρα, κασιγνήτη ἑκάτοιο
νείκεσεν ἰοχέαιραν ὀνειδείοις ἐπέεσσι Φ 480+

A2. τοξοφόρος 1-0
...χαλεπή τοι ἐγὼ μένος ἀντιφέρεσθαι/ Φ 482f.
τοξοφόρῳ περ ἐούσῃ, ἐπεί σε λέοντα γυναιξί

A3. χρυσηλάκατος 2-1
χρυσηλάκατος κελαδεινή/ 2-0
χρυσηλάκατος κελαδεινὴ / "Αρτεμις ἰοχέαιρα 1-0
'Αρτέμιδος χρυσηλακάτου κελαδεινῆς/ 1-0
'Αρτέμιδι χρυσηλακάτῳ 0-1
...χρυσηλάκατος κελαδεινή,/ Υ 70f.
"Αρτεμις ἰοχέαιρα, κασιγνήτη ἑκάτοιο
ἐν χορῷ 'Αρτέμιδος χρυσηλακάτου κελαδεινῆς Π 183
ἤλυθεν 'Αρτέμιδι χρυσηλακάτῳ ἐϊκυῖα δ 122

B1. ἁγνή 0-3, 0-2 (Περσεφόνεια; ἑορτή sc. 'Απόλλωνος)
"Αρτεμις ἁγνή/ 0-3
χρυσόθρονος "Αρτεμις ἁγνή/ 0-1
εἶδος καὶ πινυτήν, μῆκος δ' ἔπορ' "Αρτεμις ἁγνή υ 71
αἴθε μοι ὡς μαλακὸν θάνατον πόροι "Αρτεμις ἁγνή σ 202
ἕως μιν ἐν 'Ορτυγίῃ χρυσόθρονος "Αρτεμις ἁγνή ε 123

B2. ἀγροτέρη 1-0, 4-3
/ "Αρτεμις ἀγροτέρη 1-0
πότνια θηρῶν / "Αρτεμις ἀγροτέρη 1-0
...κασιγνήτη μάλα νείκεσε, πότνια θηρῶν,/ Φ 470f.
"Αρτεμις ἀγροτέρη, καὶ ὀνείδειον φάτο μῦθον

B3. ἀδεής 1-0, 2-1
κύον ἀδεές 1-0, 1-1 ('Αθήνη; Μελανθώ)
πῶς δὲ σὺ νῦν μέμονας, κύον ἀδεές, ἀντί' ἐμεῖο Φ 481+

B4. γένος 1-0, 14-20 ("Αρης 1-0)
δῖον γένος 1-0
δῖον γένος ἰοχέαιρα/ 1-0
ἡ δὲ χολωσαμένη δῖον γένος ἰοχέαιρα Ι 538

B5. ἐϋπλόκαμος 0-1, 6-19**
ἐϋπλόκαμος..."Αρτεμις 0-1
ἤ μ' ἐϋπλόκαμος βάλοι "Αρτεμις, ὄφρ' 'Οδυσῆα υ 80

B6. ἐΰσκοπος 0-1, 2-2 (='Ερμείας)
ἐΰσκοπος ἰοχέαιρα/ 0-1
οὔτ' ἐμέ γ' ἐν μεγάροισιν ἐΰσκοπος ἰοχέαιρα λ 198

B7. ἐϋστέφανος 1-0, 1-4 ('Αφροδίτη 0-3)
ἐϋστέφανος κελαδεινή/ 1-0
τὸν δ' αὖτε προσέειπεν ἐϋστέφανος κελαδεινή Φ 511

Repertory

B8. θεά 1-1**
πότνα θεά 0-1, 0-2 ('Αθήνη, Καλυψώ)
/ "Αρτεμι πότνα θεά θύγατερ Διός 0-1
δακρυόεσσα δ' ὕπαιθα θεά φύγεν ὥς τε πέλεια   Φ 493
"Αρτεμι, πότνα θεά, θύγατερ Διός, αἴθε μοι ἤδη   υ 61

B9. θυγάτηρ 1-1**
θύγατερ Διός 0-1, 1-3 (='Αθήνη 1-2, Μοῦσα 0-1)
/ "Αρτεμι πότνα θεά θύγατερ Διός 0-1
ἡ μὲν τόξα λαβοῦσα πάλιν κίε θυγατέρος ἧς   Φ 504
"Αρτεμι, πότνα θεά, θύγατερ Διός, αἴθε μοι ἤδη   υ 61

B10. κασιγνήτη 2-0, 7-1 ("Ερις 1-0, "Ηρη 2-0; Νηρηίδες 2-0)
κασιγνήτη ἑκάτοιο/ 1-0
/ "Αρτεμις ἰοχέαιρα κασιγνήτη ἑκάτοιο/ 1-0
...χρυσηλάκατος κελαδεινή,/   Υ 70f.
"Αρτεμις ἰοχέαιρα, κασιγνήτη ἑκάτοιο
τὸν δὲ κασιγνήτη μάλα νείκεσε, πότνια θηρῶν,/   Φ 470f.
"Αρτεμις ἀγροτέρη...

B11. κελαδεινή 3-0, 1-0 (ζέφυρος)
χρυσηλάκατος κελαδεινή/ 2-0
χρυσηλάκατος κελαδεινή / "Αρτεμις ἰοχέαιρα 1-0
'Αρτέμιδος χρυσηλακάτου κελαδεινῆς/ 1-0
ἐϋστέφανος κελαδεινή/ 1-0
...χρυσηλάκατος κελαδεινή,/   Υ 70f.
"Αρτεμις ἰοχέαιρα, κασιγνήτη ἑκάτοιο
ἐν χορῷ 'Αρτέμιδος χρυσηλακάτου κελαδεινῆς   Π 183
τὸν δ' αὖτε προσέειπεν ἐϋστέφανος κελαδεινή   Φ 511

B12. κούρη 2-1 ('Αθήνη 8-16, 'Αφροδίτη 1-1)
Διὸς κούρη 1-1, 6-2 (='Αθήνη 3-2, 'Αφροδίτη 1-0; Λιταί 2-0)
Διὸς κούρη μεγάλοιο/ 1-1, 4-2 (='Αθήνη 3-2; Λιταί 1-0)
/ 'Αρτέμιδί...Διὸς κούρη μεγάλοιο/ 0-1
δακρυόεσσα δὲ πατρὸς ἐφέζετο γούνασι κούρη   Φ 506
οἴη δ' οὐκ ἔρρεξε Διὸς κούρη μεγάλοιο   Ι 536
'Αρτεμίδί σε ἐγώ γε, Διὸς κούρη μεγάλοιο   ζ 151

B13. κύων 1-0 ('Αθήνη 1-0)
κύον ἀδεές 1-0, 1-1 ('Αθήνη; Μελανθώ)
πῶς δὲ σὺ νῦν μέμονας, κύον ἀδεές, ἀντί' ἐμεῖο   Φ 481+

B14. πότνια 1-0, 48-20,** πότνα 0-1, 0-2 ('Αθήνη, Καλυψώ)
πότνια θηρῶν/ 1-0
πότνια θηρῶν / "Αρτεμις ἀγροτέρη 1-0
πότνα θεά 0-1, 0-2 ('Αθήνη, Καλυψώ)
/ "Αρτεμι πότνα θεά θύγατερ Διός 0-1
τὸν δὲ κασιγνήτη μάλα νείκεσε, πότνια θηρῶν,/   Φ 470f.
"Αρτεμις ἀγροτέρη...
"Αρτεμι, πότνα θεά, θύγατερ Διός, αἴθε μοι ἤδη   υ 61

B15. τέκος 1-0 ('Αθήνη 11-2, 'Απόλλων 1-0, 'Αφροδίτη 2-0, "Ηφαιστος 1-0)
φίλον τέκος 1-0, 11-4 ('Αθήνη 2-0, 'Αφροδίτη 2-0)
τίς νύ σε τοιάδ' ἔρεξε, φίλον τέκος, Οὐρανιώνων Φ 509 (cf. 12B13)

B16. φίλον 1-0 (neut.: 'Αθήνη 2-0, 'Αφροδίτη 2-0)
φίλον τέκος 1-0, 11-4 ('Αθήνη 2-0, 'Αφροδίτη 2-0)
τίς νύ σε τοιάδ' ἔρεξε, φίλον τέκος, Οὐρανιώνων Φ 509 (cf. 12B14)

B17. χρυσήνιος 1-0, 0-1 ("Αρης)
χρυσήνιος "Αρτεμις 1-0
τὴν δὲ χολωσαμένη χρυσήνιος "Αρτεμις ἔκτα Z 205

B18. χρυσόθρονος 1-1, 3-10 (="Ηρη 3-0, 'Ηώς 0-10)
χρυσόθρονος "Αρτεμις 1-1
χρυσόθρονος "Αρτεμις ἁγνή/ 0-1
καὶ γὰρ τοῖσι κακὸν χρυσόθρονος "Αρτεμις ὦρσε I 533
ἕως μιν ἐν 'Ορτυγίῃ χρυσόθρονος "Αρτεμις ἁγνή ε 123

9. 'Ασκληπιός 3-0

B1. ἀμύμων 2-0,
ἀμύμονος ἰητῆρος/ 2-0
βαῖν', 'Ασκληπιοῦ υἱός, ἀμύμονος ἰητῆρος Λ 518
φῶτ' 'Ασκληπιοῦ υἱόν, ἀμύμονος ἰητῆρος Δ 194

B2. ἰητήρ 2-0, 1-0
ἀμύμονος ἰητῆρος/ 2-0, 1-0 (Ποδαλείριος)
βαῖν', 'Ασκληπιοῦ υἱός, ἀμύμονος ἰητῆρος Λ 518
φῶτ' 'Ασκληπιοῦ υἱόν, ἀμύμονος ἰητῆρος Δ 194

10. "Ατη 7-0

A1. σθεναρή 1-0
"Ατη σθεναρή τε καὶ ἀρτίπος 1-0 (cf. 7B4)
ἡ δ' "Ατη σθεναρή τε καὶ ἀρτίπος, οὕνεκα πάσας I 505 (cf. C1)

B1. ἀρτίπος 1-0, 0-1 ("Αρης)
"Ατη σθεναρή τε καὶ ἀρτίπος 1-0 (cf. 7B4)
ἡ δ' "Ατη σθεναρή τε καὶ ἀρτίπος, οὕνεκα πάσας I 505

B2. θυγάτηρ 1-0**
Διὸς θυγάτηρ 1-0, 13-6 ('Αθήνη 4-3, 'Αφροδίτη 9-1, Περσεφόνεια 0-1)
/ πρέσβα Διὸς θυγάτηρ "Ατη 1-0
πρέσβα Διὸς θυγάτηρ "Ατη, ἣ πάντας ἀᾶται/ T 91

B3. οὐλομένη 1-0, 3-10 ('Αθήνη 1-0)
πρέσβα Διὸς θυγάτηρ "Ατη, ἣ πάντας ἀᾶται/ T 91f.
οὐλομένη...

B4. πρέσβα 1-0, 4-1 (="Ηρη 4-0; Εὐρυδίκη 0-1)
/ πρέσβα Διὸς θυγάτηρ "Ατη 1-0
πρέσβα Διὸς θυγάτηρ "Ατη... T 91

C1.
ἡ δ' "Ατη σθεναρή τε καὶ ἀρτίπος, οὕνεκα πάσας/ I 505ff. (cf. 47C1)

πολλὸν ὑπεκπροθέει, φθάνει δέ τε πᾶσαν ἐπ' αἶαν/
βλάπτουσ' ἀνθρώπους...

C2.
πρέσβα Διὸς θυγάτηρ Ἄτη, ἣ πάντας ἀᾶται/   Τ 91ff.
οὐλομένη· τῇ μέν θ' ἁπαλοὶ πόδες· οὐ γὰρ ἔτ' οὔδει/
πίλναται, ἀλλ' ἄρα ἥ γε κατ' ἀνδρῶν κράατα βαίνει/
βλάπτουσ' ἀνθρώπους· κατὰ δ' οὖν ἕτερόν γε πέδησε

11. Ἄτλας 0-2
B1. ὀλοόφρων 0-1, 3-2
 / Ἄτλαντος...ὀλοόφρονος 0-1
 Ἄτλαντος θυγάτηρ ὀλοόφρονος, ὅς τε θαλάσσης   α 52
C1. Ἄτλαντος θυγάτηρ ὀλοόφρονος, ὅς τε θαλάσσης/   α 52ff. (cf. 58C1)
πάσης βένθεα οἶδεν, ἔχει δέ τε κίονας αὐτὸς/
μακράς, αἳ γαῖάν τε καὶ οὐρανὸν ἀμφὶς ἔχουσι

12. Ἀφροδίτη 30-13
A1. ἐχέθυμος 0-1
 οὐκ ἐχέθυμος/ 0-1
 οὔνεκά οἱ καλὴ θυγάτηρ, ἀτὰρ οὐκ ἐχέθυμος   θ 320+
A2. Κυθέρεια 0-2
 ἐϋστέφανος Κυθέρεια/ 0-2
 ἀμβροσίῳ, οἵῳ περ ἐϋστέφανος Κυθέρεια   σ 193
 ἰσχανόων φιλότητος ἐϋστεφάνου Κυθερείης   θ 288
A3. Κύπρις 5-0
 ἣ μάλα δή τινα Κύπρις Ἀχαιϊάδων ἀνιεῖσα   Ε 422
 ἐμμεμαώς· ὁ δὲ Κύπριν ἐπῴχετο νηλέϊ χαλκῷ   Ε 330+
 τέρπονται Κύπρις τε καὶ ἀργυρότοξος Ἀπόλλων   Ε 760
 Κύπριδα μὲν πρῶτα σχεδὸν οὔτασε χεῖρ' ἐπὶ καρπῷ   Ε 458
 Κύπριδα μὲν πρῶτον σχεδὸν οὔτασε χεῖρ' ἐπὶ καρπῷ   Ε 883
A4. φιλομμειδής 5-1
 φιλομμειδὴς Ἀφροδίτη/ 5-1
 φιλομμειδὴς Ἀφροδίτη/...θεά 1-0
 τέρπεσθον· τὼ δ' αὖτε φιλομμειδὴς Ἀφροδίτη   Δ 10
 ἡ δ' ἄρα Κύπρον ἵκανε φιλομμειδὴς Ἀφροδίτη   θ 362
 τὴν δ' αὖτε προσέειπε φιλομμειδὴς Ἀφροδίτη   Ξ 211
 τὴν δ' ἠμείβετ' ἔπειτα φιλομμειδὴς Ἀφροδίτη   Ε 375
 Λητώ τε Ξάνθος τε φιλομμειδής τ' Ἀφροδίτη   Υ 40
 ...δίφρον ἑλοῦσα φιλομμειδὴς Ἀφροδίτη/   Γ 424f.
 ἀντί' Ἀλεξάνδροιο θεὰ κατέθηκε φέρουσα
B1. ἄναλκις 1-0, 14-5
 ἄναλκις...θεός 1-0
 γιγνώσκων ὅ τ' ἄναλκις ἔην θεός, οὐδὲ θεάων   Ε 331+ (cf. 1C6)
B2. δαίμων 1-0 (Ζεύς 0-1)
 σιγῇ, πάσας δὲ Τρῳὰς λάθεν· ἦρχε δὲ δαίμων   Γ 420

B3. δῖα 4-2**
 δῖ' 'Αφροδίτη/ 4-1
 δῖ' 'Αφροδίτη/...θεά 1-0
 'Αφροδίτη δῖα 0-1

ἡ δ' ἐν γούνασι πῖπτε Διώνης δῖ' 'Αφροδίτη	Ε 370+ (cf. B11)
ὀρφαναὶ ἐν μεγάροισι, κόμισσε δὲ δῖ' 'Αφροδίτη	υ 68
τῇ μιν ἐεισαμένη προσεφώνεε δῖ' 'Αφροδίτη	Γ 389
τὴν δὲ χολωσαμένη προσεφώνεε δῖ' 'Αφροδίτη	Γ 413
Αἰνείας, τὸν ὑπ' 'Αγχίσῃ τέκε δῖ' 'Αφροδίτῃ/	Β 820f.+
Ἴδης ἐν κνημοῖσι θεὰ βροτῷ εὐνηθεῖσα	
εὖτ' 'Αφροδίτη δῖα προσέστιχε μακρὸν Ὄλυμπον	υ 73

B4. ἐϋστέφανος 0-3, 2-1 (Ἄρτεμις 1-0)
 ἐϋστέφανος Κυθέρεια/ 0-2
 ἐϋστεφάνου...'Αφροδίτης/ 0-1

ἀμβροσίῳ, οἵῳ περ ἐϋστέφανος Κυθέρεια	σ 193
ἰσχανόων φιλότητος ἐϋστεφάνου Κυθερείης	θ 288
ἀμφ' Ἄρεος φιλότητος ἐϋστεφάνου τ' 'Αφροδίτης	θ 267

B5. θεά 4-0,** θεός 3-0**
 δῖ' 'Αφροδίτη/...θεά 1-0
 φιλομμειδὴς 'Αφροδίτη/...θεά 1-0
 ἄναλκις...θεός 1-0

πρυμνὸν ὕπερ θέναρος· ῥέε δ' ἄμβροτον αἷμα θεοῖο	Ε 339
γιγνώσκων ὅ τ' ἄναλκις ἔην θεός, οὐδὲ θεάων	Ε 331 (cf. 1C6)
...τέκε δῖ' 'Αφροδίτῃ/	Β 820f.
Ἴδης ἐν κνημοῖσι θεὰ βροτῷ εὐνηθεῖσα	
...φιλομμειδὴς 'Αφροδίτη/	Γ 424f.
ἀντί' 'Αλεξάνδροιο θεὰ κατέθηκε φέρουσα	
καί ῥ' ὡς οὖν ἐνόησε θεᾶς περικαλλέα δειρήν	Γ 396
ὣς εἰποῦσα θεὰ γλυκὺν ἵμερον ἔμβαλε θυμῷ	Γ 139
...τὸν δ' ἐξήρπαξ' 'Αφροδίτη/	Γ 380f.
ῥεῖα μάλ', ὥς τε θεός, ἐκάλυψε δ' ἄρ' ἠέρι πολλῇ	

B6. θυγάτηρ 10-2**
 Διὸς θυγάτηρ 9-1, 5-5 ('Αθήνη 4-3, Ἄτη 1-0, Περσεφόνεια 0-1)
 Διὸς θυγάτηρ 'Αφροδίτη/ 8-1
  Διὸς θυγάτηρ 'Αφροδίτη/μήτηρ 1-0
  καλὴ θυγάτηρ 0-1

μητρὸς ἑῆς· ἡ δ' ἀγκὰς ἐλάζετο θυγατέρα ἥν	Ε 371+
ἡ μὲν ἔβη πρὸς δῶμα Διὸς θυγάτηρ 'Αφροδίτη	Ξ 224
τὸν δ' ἄγε χειρὸς ἑλοῦσα Διὸς θυγάτηρ 'Αφροδίτη	Φ 416
ὥς ἐμὲ χωλὸν ἐόντα Διὸς θυγάτηρ 'Αφροδίτη	θ 308
τὴν δ' ἠμείβετ' ἔπειτα Διὸς θυγάτηρ 'Αφροδίτη	Ξ 193
ἀλλὰ κύνας μὲν ἄλαλκε Διὸς θυγάτηρ 'Αφροδίτη	Ψ 185
εἰ μὴ ἄρ' ὀξὺ νόησε Διὸς θυγάτηρ 'Αφροδίτη	Γ 374
εἰ μὴ ἄρ' ὀξὺ νόησε Διὸς θυγάτηρ 'Αφροδίτη/	Ε 312f.
μήτηρ, ἥ μιν ὑπ' 'Αγχίσῃ τέκε βουκολέοντι	

Repertory

τοῖς ἄλλοις· ἀτὰρ εἴ κε Διὸς θυγάτηρ ’Αφροδίτη   Ε 131, 820
οὕνεκά οἱ καλὴ θυγάτηρ, ἀτὰρ οὐκ ἐχέθυμος   θ 320+
εἶκε, Διὸς θύγατερ, πολέμου καὶ δηϊοτῆτος   Ε 348

Β7. καλή 0-1 (’Αμφιτρίτη 0-1, Ἠώς 1-0, Χάρις 1-0)
καλὴ θυγάτηρ 0-1
οὕνεκά οἱ καλὴ θυγάτηρ, ἀτὰρ οὐκ ἐχέθυμος   θ 320+

Β8. κούρη 1-1 (’Αθήνη 8-16, ῎Αρτεμις 2-1)
κυνώπιδος...κούρης/ 0-1
Διὸς κούρης 1-0, 6-3 (’Αθήνη 3-2, ῎Αρτεμις 1-1; Λιταί 2-0)
Διὸς κούρης ’Αφροδίτης/ 1-0
ὅσσα οἱ ἐγγυάλιξα κυνώπιδος εἵνεκα κούρης   θ 319+
εὕχεο· καὶ δέ σέ φασι Διὸς κούρης ’Αφροδίτης   Υ 105

Β9. κυνάμυια 1-0, 1-0 (’Αθήνη)
καὶ δὴ αὖθ’ ἡ κυνάμυια ἄγει βροτολοιγὸν ῎Αρηα   Φ 421

Β10. κυνῶπις 0-1, 2-2 (=῞Ηρη 1-0; ‛Ελένη 1-1, Κλυταιμήστρη 0-1)
κυνώπιδος...κούρης/ 0-1
ὅσσα οἱ ἐγγυάλιξα κυνώπιδος εἵνεκα κούρης   θ 319+

Β11. μήτηρ 3-0 (Διώνη 1-0, ῞Ηρη 8-0, Θέτις 31-3, Νέαιρα 0-1, Τηθύς 2-0)
μήτηρ...’Αφροδίτη/ 2-0
Διὸς θυγάτηρ ’Αφροδίτη/μήτηρ 1-0
εὕχεται ἐκγεγάμεν, μήτηρ δέ οἵ ἐστ’ ’Αφροδίτη   Ε 248
εὕχομαι ἐκγεγάμεν, μήτηρ δέ μοί ἐστ’ ’Αφροδίτη   Υ 209
...ὀξὺ νόησε Διὸς θυγάτηρ ’Αφροδίτη/   Ε 312f. (cf. Β3)
μήτηρ, ἥ μιν ὑπ’ ’Αγχίσῃ τέκε βουκολέοντι

Β12. τέκνον 2-0 (’Αθήνη 1-3, ῞Ηφαιστος 1-0)
τέκνον ἐμόν 2-0, 7-11 (’Αθήνη 1-3)
τέτλαθι, τέκνον ἐμόν, καὶ ἀνάσχεο κηδομένη περ   Ε 382
οὔ τοι, τέκνον ἐμόν, δέδοται πολεμήϊα ἔργα   Ε 428+

Β13. τέκος 2-0 (’Αθήνη 11-2, ’Απόλλων 1-0, ῎Αρτεμις 1-0, ῞Ηφαιστος 1-0)
φίλον τέκος 2-0, 10-4 (’Αθήνη 2-0, ῎Αρτεμις 1-0)
τίς νύ σε τοιάδ’ ἔρεξε, φίλον τέκος, Οὐρανιώνων   Ε 373 (cf. 8Β15)
ἦ ῥά νύ μοί τι πίθοιο, φίλον τέκος, ὅττι κεν εἵπω   Ξ 190

Β14. φίλον 2-0 (neut.: ’Αθήνη 2-0, ῎Αρτεμις 1-0)
φίλον τέκος 2-0, 10-4 (’Αθήνη 2-0, ῎Αρτεμις 1-0)
τίς νύ σε τοιάδ’ ἔρεξε, φίλον τέκος, Οὐρανιώνων   Ε 373 (cf. 8Β16)
ἦ ῥά νύ μοί τι πίθοιο, φίλον τέκος, ὅττι κεν εἵπω   Ξ 190

Β15. χρυσέη 5-5, χρυσείη 1-0
χρυσέη ’Αφροδίτη/ 5-5, χρυσείη ’Αφροδίτη 1-0
κρηδεμνόν θ’, ὅ ῥά οἱ δῶκε χρυσέη ’Αφροδίτη   Χ 470
μή μοι δῶρ’ ἐρατὰ πρόφερε χρυσῆς ’Αφροδίτης   Γ 64
‛Ερμιόνην, ἣ εἶδος ἔχε χρυσῆς ’Αφροδίτης   δ 14
εὕδειν ἐν λέκτροισι παρὰ χρυσέῃ ’Αφροδίτῃ   θ 337

αὐτὰρ ἐγὼν εὔδοιμι παρὰ χρυσέῃ Ἀφροδίτῃ	θ 342
Βρισηὶς δ' ἄρ' ἔπειτ', ἰκέλη χρυσέῃ Ἀφροδίτῃ	Τ 282
ἀλλ' ἄρα Κασσάνδρη, ἰκέλη χρυσέῃ Ἀφροδίτῃ	Ω 699
Ἀρτέμιδι ἰκέλη ἠὲ χρυσέῃ Ἀφροδίτῃ	ρ 37, τ 54
καί ῥα καλεσσάμενος προσέφη χρυσῆν Ἀφροδίτην	Ε 427+
οὐδ' εἰ χρυσείῃ Ἀφροδίτῃ κάλλος ἐρίζοι	Ι 389

C1. δὸς νῦν μοι φιλότητα καὶ ἵμερον, ᾧ τε σὺ πάντας/   Ξ 198f.
δαμνᾷ ἀθανάτους ἠδὲ θνητοὺς ἀνθρώπους

13. Βριάρεως 1-0, Αἰγαίων 1-0
A1. ἑκατόγχειρος 1-0
    ὧχ' ἑκατόγχειρον καλέσασ' ἐς μακρὸν Ὄλυμπον   Α 402
C1.   Αἰγαίων', ὁ γὰρ αὖτε βίην οὗ πατρὸς ἀμείνων   Α 404

14. Γαῖα 2-2 (pers.)
B1. ἐρικυδής 0-1, 5-5 (Λητώ 1-0)
    Γαίης ἐρικυδέος 0-1
       καὶ Τιτυὸν εἶδον, Γαίης ἐρικυδέος υἱόν   λ 576

15. Γαλάτεια 1-0
B1. ἀγακλειτή 1-0, 4-6 (Πηνελόπεια 0-5)
    ἀγακλειτὴ Γαλάτεια/ 1-0
       Δωρὶς καὶ Πανόπη καὶ ἀγακλειτὴ Γαλάτεια   Σ 45

16. Γοργώ 2-0
A1. βλοσυρῶπις 1-0
    Γοργὼ βλοσυρῶπις 1-0
       τῇ δ' ἐπὶ μὲν Γοργὼ βλοσυρῶπις ἐστεφάνωτο,/   Λ 36f.
       δεινὸν δερκομένη...

B1. δεινή 1-0**, δεινός 1-0**
    / δεινή τε σμερδνή τε 1-0
       ...Γοργείη κεφαλὴ δεινοῖο πελώρου,/   Ε 741f.
       δεινή τε σμερδνή τε, Διὸς τέρας αἰγιόχοιο

B2. δερκομένη 1-0
    δεινὸν δερκομένη 1-0, 2-0
       ...Γοργὼ βλοσυρῶπις ἐστεφάνωτο,/   Λ 36f.
       δεινὸν δερκομένη, περὶ δὲ Δεῖμός τε Φόβος τε

B3. κεφαλή 1-1
    Γοργείη κεφαλή 1-1
       ἐν δέ τε Γοργείη κεφαλὴ δεινοῖο πελώρου/   Ε 741f.
       δεινή τε σμερδνή τε...
       μή μοι Γοργείην κεφαλὴν δεινοῖο πελώρου   λ 634

B4. πέλωρον 1-1, 1-3
    δεινοῖο πελώρου/ 1-1

...Γοργείη κεφαλή δεινοῖο πελώρου/ E 741f.
δεινή τε σμερδνή τε, Διὸς τέρας αἰγιόχοιο
μή μοι Γοργείην κεφαλὴν δεινοῖο πελώρου λ 634
B5. σμερδνή 1-0, 2-0
/ δεινή τε σμερδνή τε 1-0
...Γοργείη κεφαλή δεινοῖο πελώρου/ E 741f.
δεινή τε σμερδνή τε, Διὸς τέρας αἰγιόχοιο
B6. τέρας 1-0, 11-7
Διὸς τέρας αἰγιόχοιο/ 1-0, 1-1
δεινή τε σμερδνή τε, Διὸς τέρας αἰγιόχοιο E 742 (cf. M 209,
π 320)
17. Δημήτηρ 5-1
B1. ἄνασσα 1-0, 0-3 ('Αθήνη 0-1; Ναυσικάα 0-2)
Δήμητρος καλλιπλοκάμοιο ἀνάσσης/ 1-0
οὐδ' ὅτε Δήμητρος καλλιπλοκάμοιο ἀνάσσης Ξ 326
B2. ἐϋπλόκαμος 0-1, 6-19**
ἐϋπλόκαμος Δημήτηρ/ 0-1
ὣς δ' ὁπότ' Ἰασίωνι ἐϋπλόκαμος Δημήτηρ ε 125
B3. καλλιπλόκαμος 1-0, 3-2 (Θέτις 2-0, Κίρκη 0-2; Ἀριάδνη 1-0)
Δήμητρος καλλιπλοκάμοιο ἀνάσσης/ 1-0
οὐδ' ὅτε Δήμητρος καλλιπλοκάμοιο ἀνάσσης Ξ 326
B4. ξανθή 1-0, 21-19
ξανθὴ Δημήτηρ/ 1-0
ἀνδρῶν λικμώντων, ὅτε τε ξανθὴ Δημήτηρ E 500
18. Διώνη 2-0
B1. δῖα 1-0**
δῖα θεάων/ 1-0, 6-26**
Διώνη δῖα θεάων/ 1-0 (cf. 41B5)
τὴν δ' ἠμείβετ' ἔπειτα Διώνη, δῖα θεάων E 381
B2. μήτηρ 1-0 ('Αφροδίτη 3-0, ῞Ηρη 8-0, Θέτις 31-3, Νέαιρα 0-1, Τηθύς 2-0)
Διώνης.../μητρός 1-0
...ἐν γούνασι πῖπτε Διώνης δῖ' Ἀφροδίτη/ E 370f.
μητρὸς ἑῆς· ἡ δ' ἀγκὰς ἐλάζετο θυγατέρα ἥν
19. Διώνυσος 3-2
B1. μαινόμενος 1-0, 19-4 (῎Αρης 2-0)
μαινομένοιο Διωνύσοιο 1-0
ὅς ποτε μαινομένοιο Διωνύσοιο τιθήνας Z 132
B2. χάρμα 1-0, 7-1
χάρμα βροτοῖσιν/ 1-0
Διώνυσον...χάρμα βροτοῖσιν/ 1-0
ἣ δὲ Διώνυσον Σεμέλη τέκε, χάρμα βροτοῖσιν Ξ 325

20. Εἰδοθέη 0-1
B1. δῖα 0-2**
   δῖα θεάων/ 0-2, 7-24**
   ὣς ἐφάμην, ἡ δ' αὐτίκ' ἀμείβετο δῖα θεάων   δ 382, 398

21. Εἰλείθυια 4-1, Εἰλείθυιαι
A1. μογοστόκος 3-0
   μογοστόκος Εἰλείθυια/ 2-0
   μογοστόκοι Εἰλείθυιαι/ 1-0
   μογοστόκοι Εἰλείθυιαι / "Ηρης θυγατέρες 1-0
   αὐτὰρ ἐπεὶ δὴ τόν γε μογοστόκος Εἰλείθυια   Π 187
   σήμερον ἄνδρα φόωσδε μογοστόκος Εἰλείθυια   Τ 103
   δριμύ, τό τε προϊεῖσι μογοστόκοι Εἰλείθυιαι,/   Λ 270f.
   "Ηρης θυγατέρες...

B1. ἔχουσαι 1-0 (Μοῦσαι 4-0; 'Ερινύς 1-0, "Ερις 1-0)
   πικρὰς ὠδῖνας ἔχουσαι/ 1-0
   ...μογοστόκοι Εἰλείθυιαι,/   Λ 270f.
   "Ηρης θυγατέρες, πικρὰς ὠδῖνας ἔχουσαι

B2. θυγάτηρ 1-0**
   / "Ηρης θυγατέρες 1-0
   μογοστόκοι Εἰλείθυιαι / "Ηρης θυγατέρες 1-0
   ...μογοστόκοι Εἰλείθυιαι,/   Λ 270f.
   "Ηρης θυγατέρες, πικρὰς ὠδῖνας ἔχουσαι

22. 'Ενυώ 2-0
B1. πότνια 1-0, 48-20**
   πότνι' 'Ενυώ/ 1-0
   καρτεραί· ἦρχε δ' ἄρα σφιν "Αρης καὶ πότνι' 'Ενυώ/   Ε 592 (cf. C2)

B2. πτολίπορθος 1-0, 9-7 ("Αρης 1-0; 'Αχιλλεύς 4-0, 'Οδυσσεύς 2-7)
   πτολίπορθος 'Ενυώ/ 1-0
   οὔτ' ἄρ' 'Αθηναίη οὔτε πτολίπορθος 'Ενυώ   Ε 333

C1.   ...οὐδὲ θεάων/   Ε 331ff.
   τάων αἵ τ' ἀνδρῶν πόλεμον κάτα κοιρανέουσιν,/
   οὔτ' ἄρ' 'Αθηναίη οὔτε πτολίπορθος 'Ενυώ

C2.   ...πότνι' 'Ενυώ,/   Ε 592f.
   ἡ μὲν ἔχουσα Κυδοιμὸν ἀναιδέα δηϊοτῆτος

23. 'Ερινύς 7-5, 'Ερινύες
A1. δασπλῆτις 0-1
   θεὰ δασπλῆτις 'Ερινύς/ 0-1
   τήν οἱ ἐπὶ φρεσὶ θῆκε θεὰ δασπλῆτις 'Ερινύς   ο 234

A2. ἠεροφοῖτις 2-0
   ἠεροφοῖτις 'Ερινύς/ 2-0
   παιδὶ δόμεν θάνατον· τῆς δ' ἠεροφοῖτις 'Ερινὺς/   Ι 571f. (cf. **B1**)
   ἔκλυεν ἐξ 'Ερέβεσφιν...
   ἀλλὰ Ζεὺς καὶ Μοῖρα καὶ ἠεροφοῖτις 'Ερινύς   Τ 87

B1. ἔχουσα 1-0 ("Ερις 1-0; Εἰλείθυιαι 1-0, Μοῦσαι 4-0)
ἀμείλιχον ἦτορ ἔχουσα/ 1-0 (ἀμείλιχος 2-0: Ἀΐδης 1-0)
...ἠεροφοῖτις Ἐρινὺς/ Ι 571f.
ἔκλυεν ἐξ Ἐρέβεσφιν, ἀμείλιχον ἦτορ ἔχουσα

B2. θεά 0-1**
θεὰ δασπλῆτις Ἐρινύς/ 0-1
τήν οἱ ἐπὶ φρεσὶ θῆκε θεὰ δασπλῆτις Ἐρινύς   ο 234

B3. στυγερή 1-2, 16-21
στυγερὰς...Ἐρινῦς/ 1-1
στυγερῇσιν Ἐρινύσιν 0-1
πολλὰ κατηρᾶτο, στυγερὰς δ᾽ἐπεκέκλετ᾽ Ἐρινῦς   Ι 454
δώσει, ἐπεὶ μήτηρ στυγερὰς ἀρήσετ᾽ Ἐρινῦς   β 135
καί ῥ᾽ἔδοσαν στυγερῇσιν Ἐρινύσιν ἀμφιπολεύειν   υ 78

C1. ...Ζεὺς πρῶτα, θεῶν ὕπατος καὶ ἄριστος,/   T 258ff. (cf. 27C2)
Γῆ τε καὶ Ἥλιος καὶ Ἐρινύες, αἵ θ᾽ὑπὸ γαῖαν/
ἀνθρώπους τίνυνται, ὅτις κ᾽ἐπίορκον ὀμόσσῃ   (cf. Γ 279)

24. Ἔρις 7-0

B1. ἀργαλέη 1-0 (Σκύλλη 0-1)
Ἔριδα.../ἀργαλέην 1-0
Ζεὺς δ᾽ Ἔριδα προΐαλλε θοὰς ἐπὶ νῆας Ἀχαιῶν/   Λ 3f.
ἀργαλέην, πολέμοιο τέρας μετὰ χερσὶν ἔχουσαν

B2. ἑτάρη 1-0
κασιγνήτη ἑτάρη τε/ 1-0
...καὶ Ἔρις ἄμοτον μεμαυῖα,/   Δ 440f. (cf. C1)
Ἄρεος ἀνδροφόνοιο κασιγνήτη ἑτάρη τε

B3. ἔχουσα 1-0 (Ἐρινύς 1-0; Εἰλείθυιαι 1-0, Μοῦσαι 4-0)
πολέμοιο τέρας μετὰ χερσὶν ἔχουσαν/ 1-0
Ζεὺς δ᾽ Ἔριδα προΐαλλε θοὰς ἐπὶ νῆας Ἀχαιῶν/   Λ 3f.
ἀργαλέην, πολέμοιο τέρας μετὰ χερσὶν ἔχουσαν

B4. θεά 1-0**
ἔνθα στᾶσ᾽ ἤϋσε θεὰ μέγα τε δεινόν τε   Λ 10

B5. κασιγνήτη 1-0, 8-1 (Ἄρτεμις 2-0, Ἥρη 2-0; Νηρηΐδες 2-0)
/Ἄρεος ἀνδροφόνοιο κασιγνήτη ἑτάρη τε/ 1-0
...καὶ Ἔρις ἄμοτον μεμαυῖα,/   Δ 440f. (cf. C1)
Ἄρεος ἀνδροφόνοιο κασιγνήτη ἑτάρη τε   (cf. 30B13)

B6. κρατερή 1-0
Ἔρις κρατερὴ λαοσσόος 1-0
ὦρτο δ᾽ Ἔρις κρατερὴ λαοσσόος, αὖε δ᾽ Ἀθήνη   Υ 48

B7. λαοσσόος 1-0, 3-2 (Ἀθήνη 1-1, Ἀπόλλων 1-0, Ἄρης 1-0)
Ἔρις κρατερὴ λαοσσόος 1-0
ὦρτο δ᾽ Ἔρις κρατερὴ λαοσσόος, αὖε δ᾽ Ἀθήνη   Υ 48

B8. μεμαυΐα 2-0 ('Αθήνη 4-2, ''Ηρη 3-0, *Ιρις 1-0)
    *Ερις ἄμοτον μεμαυΐα/ 2-0
        ...γλαυκῶπις 'Αθήνη,/   Δ 439f. (cf. C1)
    Δεῖμός τ' ἠδὲ Φόβος καὶ ''Ερις ἄμοτον μεμαυΐα
        ...ἀργυρότοξος ἔγειρεν/   Ε 517f.
    ''Αρης τε βροτολοιγὸς ''Ερις τ' ἄμοτον μεμαυΐα
B9. πολύστονος 1-0, 2-1
    *Ερις...πολύστονος 1-0
    θῦνον· ''Ερις δ' ἄρ' ἔχαιρε πολύστονος εἰσορόωσα   Λ 73
C1.   ...καὶ ''Ερις ἄμοτον μεμαυΐα,/   Δ 440ff.
    ''Αρεος ἀνδροφόνοιο κασιγνήτη ἑτάρη τε,/
    ἥ τ' ὀλίγη μὲν πρῶτα κορύσσεται, αὐτὰρ ἔπειτα/
    οὐρανῷ ἐστήριξε κάρη καὶ ἐπὶ χθονὶ βαίνει

25. Ἑρμείας 15-17, Ἑρμῆς 1-4
A1. ἀκάκητα 1-1
    / Ἑρμείας ἀκάκητα 1-1
    Ἑρμείας ἀκάκητα, πόρεν δέ οἱ ἀγλαὸν υἱόν   Π 185
    Ἑρμείας ἀκάκητα κατ' εὐρώεντα κέλευθα   ω 10
A2. Ἀργεϊφόντης 14-13
    διάκτορος Ἀργεϊφόντης/ 8-7
    / Ἑρμείαν...διάκτορον Ἀργεϊφόντην/ 0-1
    ἐΰσκοπον Ἀργεϊφόντην/ 2-1, ἐϋσκόπῳ Ἀργεϊφόντῃ/ 0-1
    / Ἑρμείαν...ἐΰσκοπον Ἀργεϊφόντην/ 0-1
    κρατὺς Ἀργεϊφόντης/ 2-2
    χρυσόρραπις Ἀργεϊφόντης/ 0-1
        ὥς ἄρα φωνήσας πόρε φάρμακον Ἀργεϊφόντης   κ 302
        τοῖος γάρ τοι πομπὸς ἅμ' ἕψεται Ἀργεϊφόντης   Ω 182
        τοῖον γάρ οἱ πομπὸν ὀπάσσομεν Ἀργεϊφόντην   Ω 153
        ἔνθα στὰς θηεῖτο διάκτορος Ἀργεϊφόντης   ε 75
        αὐτὰρ ὁ πῖνε καὶ ἦσθε διάκτορος Ἀργεϊφόντης   ε 94
        ἀγχίμολον δέ σφ' ἦλθε διάκτορος Ἀργεϊφόντης   ω 99
        τοῖσι δ' ἐφ' ὕπνον ἔχευε διάκτορος Ἀργεϊφόντης Ω 445
        τὸν δ' ἠμείβετ' ἔπειτα διάκτορος Ἀργεϊφόντης   θ 338
        ὥς ἔφατ', οὐδ' ἀπίθησε διάκτορος Ἀργεϊφόντης   Ω 339, ε 43
        Λητὼ δὲ προσέειπε διάκτορος Ἀργεϊφόντης   Φ 497
        τὴν δ' αὖτε προσέειπε διάκτορος Ἀργεϊφόντης   ε 145
        τὸν δ' αὖτε προσέειπε διάκτορος Ἀργεϊφόντης   Ω 378, 389, 410,
                                                       432
        αὐτὰρ ἄρα Ζεὺς δῶκε διακτόρῳ Ἀργεϊφόντῃ   Β 103+
        Ἑρμείαν μὲν ἔπειτα διάκτορον Ἀργεϊφόντην   α 84
        σπένδοντας δεπάεσσιν ἐϋσκόπῳ Ἀργεϊφόντῃ   η 137
        Ἑρμείαν πέμψαντες, ἐΰσκοπον Ἀργεϊφόντην   α 38
        κλέψαι δ' ὀτρύνεσκον ἐΰσκοπον Ἀργεϊφόντην   Ω 24
        κλέψαι δ' ὀτρύνουσιν ἐΰσκοπον Ἀργεϊφόντην   Ω 109

Φύλαντος θυγάτηρ· τῆς δὲ κρατὺς 'Αργεϊφόντης   Π 181
ὥς ἄρα φωνήσας ἀπέβη κρατὺς 'Αργεϊφόντης   ε 148
τὴν μετὰ χερσὶν ἔχων πέτετο κρατὺς 'Αργεϊφόντης   Ω 345, ε 49
φάσκεν ἐλεύσεσθαι χρυσόρραπις 'Αργεϊφόντης   κ 331

A3. διάκτορος 8-10
διάκτορος 'Αργεϊφόντης/ 8-7
/ 'Ερμείαν...διάκτορον 'Αργεϊφόντην/ 0-1
'Ερμείαο διακτόρου 0-1, / 'Ερμείαο...διακτόρου 0-1
/ 'Ερμεία Διὸς υἱὲ διάκτορε δῶτορ ἐάων/ 0-1
ἔνθα στὰς θηεῖτο διάκτορος 'Αργεϊφόντης   ε 75
αὐτὰρ ὁ πῖνε καὶ ἦσθε διάκτορος 'Αργεϊφόντης   ε 94
ἀγχίμολον δέ σφ' ἦλθε διάκτορος 'Αργεϊφόντης   ω 99
τοῖσι δ' ἐφ' ὕπνον ἔχευε διάκτορος 'Αργεϊφόντης   Ω 445
τὸν δ' ἠμείβετ' ἔπειτα διάκτορος 'Αργεϊφόντης   θ 338
ὥς ἔφατ', οὐδ' ἀπίθησε διάκτορος 'Αργεϊφόντης   Ω 339, ε 43
Λητὼ δὲ προσέειπε διάκτορος 'Αργεϊφόντης   Φ 497
τὴν δ' αὖτε προσέειπε διάκτορος 'Αργεϊφόντης   ε 145
τὸν δ' αὖτε προσέειπε διάκτορος 'Αργεϊφόντης   Ω 378, 389, 410,
                                                    432
αὐτὰρ ἄρα Ζεὺς δῶκε διακτόρῳ 'Αργεϊφόντῃ   Β 103+
'Ερμείαν μὲν ἔπειτα διάκτορον 'Αργεϊφόντην   α 84
ἡ δ' ἔφη 'Ερμείαο διακτόρου αὐτὴ ἀκοῦσαι   μ 390
'Ερμείαο ἕκητι διακτόρου, ὅς ῥά τε πάντων   ο 319 (cf. C1)
'Ερμεία, Διὸς υἱέ, διάκτορε, δῶτορ ἐάων   θ 335

A4. δώτωρ 0-1
δῶτορ ἐάων/ 0-1 (cf. 35A4)
/ 'Ερμεία Διὸς υἱὲ διάκτορε δῶτορ ἐάων/ 0-1
'Ερμεία, Διὸς υἱέ, διάκτορε, δῶτορ ἐάων   θ 335

A5. ἐριούνης 1-1
ἐριούνης/ 'Ερμείας 1-1
ἠδὲ Ποσειδάων γαιήοχος, ἠδ' ἐριούνης/   Υ 34f. (cf. C2)
'Ερμείας...
ἦλθε Ποσειδάων γαιήοχος, ἦλθ' ἐριούνης/   θ 322f. (cf. 6A4)
'Ερμείας...

A6. ἐριούνιος 5-0
σῶκος ἐριούνιος 'Ερμῆς/ 1-0
'Ερμείας ἐριούνιος 2-0
Λητοῖ δ' ἀντέστη σῶκος ἐριούνιος 'Ερμῆς   Υ 72
στῆ δὲ ταφών· αὐτὸς δ' ἐριούνιος ἐγγύθεν ἐλθών   Ω 360
ἦ, καὶ ἀναΐξας ἐριούνιος ἅρμα καὶ ἵππους   Ω 440
δή ῥα τόθ' 'Ερμείας ἐριούνιος ὦξε γέροντι   Ω 457
ἀλλ' οὐχ 'Ερμείαν ἐριούνιον ὕπνος ἔμαρπτεν   Ω 679

A7. κρατύς 2-2
κρατὺς 'Αργεϊφόντης/ 2-2

Φύλαντος θυγάτηρ· τῆς δὲ κρατὺς Ἀργεϊφόντης Π 181
ὣς ἄρα φωνήσας ἀπέβη κρατὺς Ἀργεϊφόντης ε 148
τὴν μετὰ χερσὶν ἔχων πέτετο κρατὺς Ἀργεϊφόντης Ω 345, ε 49

A8. σῶκος 1-0
σῶκος ἐριούνιος Ἑρμῆς/ 1-0
Λητοῖ δ' ἀντέστη σῶκος ἐριούνιος Ἑρμῆς Υ 72

A9. χρυσόρραπις 0-3
χρυσόρραπις Ἀργεϊφόντης/ 0-1
Ἑρμείας χρυσόρραπις 0-2
φάσκεν ἐλεύσεσθαι χρυσόρραπις Ἀργεϊφόντης κ 331
ἔνθα μοι Ἑρμείας χρυσόρραπις ἀντεβόλησεν κ 277
τίπτε μοι, Ἑρμεία χρυσόρραπι, εἰλήλουθας/ ε 87f.
αἰδοῖός τε φίλος τε...

B1. ἄγγελος 0-1**
Ἑρμεία· σὺ γὰρ αὖτε τά τ' ἄλλα περ ἄγγελός ἐσσι ε 29+

B2. ἀθάνατος 1-0**
ἀθάνατον θεόν 1-0, 1-1 (Ἀθήνη 0-1, Ἥφαιστος 1-0)
ἀθάνατον θεὸν ὧδε βροτοὺς ἀγαπαζέμεν ἄντην Ω 464 (cf. 31B2)

B3. αἰδοῖος 0-1
/ αἰδοῖός τε φίλος τε 0-1 (cf. 30B2, 36B3)
...΄Ἑρμεία χρυσόρραπι, εἰλήλουθας/ ε 87f.
αἰδοῖός τε φίλος τε· πάρος γε μὲν οὔ τι θαμίζεις

B4. ἄμβροτος 1-0, 6-3
θεὸς ἄμβροτος 1-0, 2-1 (Ἀθήνη 0-1, Ἀπόλλων, Ἄρης)
θεὸς ἄμβροτος.../ Ἑρμείας 1-0
ὦ γέρον, ἤτοι ἐγὼ θεὸς ἄμβροτος εἰλήλουθα/ Ω 460f.+
Ἑρμείας...

B5. ἄναξ 1-0**
/ Ἑρμείας...ἄναξ 1-0
Ἑρμείας δὲ ἄναξ δῶκεν Πέλοπι πληξίππῳ Β 104+

B6. ἐΰσκοπος 2-2, 0-1 (Ἄρτεμις)
ἐΰσκοπον Ἀργεϊφόντην/ 2-1, ἐΰσκόπῳ Ἀργεϊφόντῃ/ 0-1
/ Ἑρμείαν...ἐΰσκοπον Ἀργεϊφόντην/ 0-1
σπένδοντας δεπάεσσιν ἐΰσκόπῳ Ἀργεϊφόντῃ η 137
Ἑρμείαν πέμψαντες, ἐΰσκοπον Ἀργεϊφόντην α 38
κλέψαι δ' ὀτρύνεσκον ἐΰσκοπον Ἀργεϊφόντην Ω 24
κλέψαι δ' ὀτρύνουσιν ἐΰσκοπον Ἀργεϊφόντην Ω 109

B7. θεός 2-2**
θεὸς ἄμβροτος 1-0, 2-1 (Ἀθήνη 0-1, Ἀπόλλων 1-0, Ἄρης 1-0)
θεὸς ἄμβροτος.../ Ἑρμείας 1-0
θεὸς.../ Ἑρμείας 0-1
/ ἀθάνατον θεόν 1-0 (Ἀθήνη 0-1, Ἥφαιστος 1-0)

εἰρωτᾷς μ' ἐλθόντα θεὰ θεόν· αὐτὰρ ἐγώ τοι   ε 97
κλεπτοσύνῃ θ' ὅρκῳ τε· θεὸς δέ οἱ αὐτὸς ἔδωκεν/   τ 396f.
Ἑρμείας...
 ὦ γέρον, ἤτοι ἐγὼ θεὸς ἄμβροτος εἰλήλουθα/   Ω 460f.+
Ἑρμείας...
 ἀθάνατον θεὸν ὧδε βροτοὺς ἀγαπαζέμεν ἄντην   Ω 464 (cf. 31B1)

B8. Κυλλήνιος 0-1, 0-1 (Κυλλήνη 1-0)
 / Ἑρμῆς...Κυλλήνιος 0-1
  Ἑρμῆς δὲ ψυχὰς Κυλλήνιος ἐξεκαλεῖτο   ω 1

B9. υἱός 1-3**
  Ἑρμῇ Μαιάδος υἱεῖ/ 0-1
  υἱὸν φίλον 1-1
  Ἑρμείαν φίλον υἱόν 1-1
  Διὸς υἱέ 0-1, 16-4 (Ἀπόλλων 11-2)
 / Ἑρμεία Διὸς υἱὲ διάκτορε δῶτορ ἐάων/ 0-1
  τὴν μὲν ἴαν νύμφῃσι καὶ Ἑρμῇ, Μαιάδος υἱεῖ   ξ 435
  αἶψα δ' ἄρ' Ἑρμείαν, υἱὸν φίλον, ἀντίον ηὔδα   Ω 333
  ἦ ῥα καὶ Ἑρμείαν, υἱὸν φίλον, ἀντίον ηὔδα   ε 28+
  Ἑρμεία, Διὸς υἱέ, διάκτορε, δῶτορ ἐάων   θ 335

B10. φίλος 1-2**
  υἱὸν φίλον 1-1
  Ἑρμείαν φίλον υἱόν 1-1
 / αἰδοῖός τε φίλος τε 0-1 (cf. 30B2, 36B3)
  αἶψα δ' ἄρ' Ἑρμείαν, υἱὸν φίλον, ἀντίον ηὔδα   Ω 333
  ἦ ῥα καὶ Ἑρμείαν, υἱὸν φίλον, ἀντίον ηὔδα   ε 28+
  ...Ἑρμεία χρυσόρραπι, εἰλήλουθας/   ε 87f.
  αἰδοῖός τε φίλος τε· πάρος γε μὲν οὔ τι θαμίζεις

C1. Ἑρμείαο ἕκητι διακτόρου, ὅς ῥά τε πάντων/   ο 319f.
 ἀνθρώπων ἔργοισι χάριν καὶ κῦδος ὀπάζει

C2. ἠδὲ Ποσειδάων γαιήοχος, ἠδ' ἐριούνης/   Υ 34f.
 Ἑρμείας, ὃς ἐπὶ φρεσὶ πευκαλίμῃσι κέκασται

C3. Ἑρμεία, σοὶ γάρ τε μάλιστά γε φίλτατόν ἐστιν/   Ω 334f.
 ἀνδρὶ ἑταιρίσσαι...

26. Εὐρυνόμη 3-0
 B1. θυγάτηρ 1-0**
  / Εὐρυνόμη θυγάτηρ ἀψορρόου Ὠκεανοῖο/ 1-0
   Εὐρυνόμη, θυγάτηρ ἀψορρόου Ὠκεανοῖο   Σ 399

27. Ζεύς 454-223
 A1. αἰγίοχος 37-17
  Ζεὺς αἰγίοχος 1-1
  Διὸς αἰγιόχοιο/ 13-9, Διὸς αἰγιόχοιο 1-0, Διὸς αἰγιόχου 0-1
  Διὸς ~ αἰγιόχοιο/ 10-4

αἰγίοχος Κρονίδης Ζεύς 1-0
αἰγιόχοιο Διός 11-2

πρὶν ᾽Αργοσδ᾽ ἰέναι, πρὶν καὶ Διὸς αἰγιόχοιο	B 348
ἦλθον δεῦρο φέρουσα παραὶ Διὸς αἰγιόχοιο	O 175
εὖτέ μιν ὠυτὸς ἀνήρ, υἱὸς Διὸς αἰγιόχοιο	E 396 (sc. Ἡρακλέης)
γιγνώσκω σέ, θεά, θύγατερ Διὸς αἰγιόχοιο	E 815 (sc. Ἀθήνη)
εἰ μὴ Ὀλυμπιάδες Μοῦσαι, Διὸς αἰγιόχοιο/	B 491
ἔνθα κάθιζ᾽ Ἑλένη, κούρη Διὸς αἰγιόχοιο	Γ 426
εὔχετ᾽ ἀποσπένδων κούρῃ Διὸς αἰγιόχοιο	γ 394 (sc. Ἀθήνη)
αὐτὰρ Ἀθηναίη, κούρη Διὸς αἰγιόχοιο	E 733, Θ 384
εἰ μὴ Ἀθηναίη, κούρη Διὸς αἰγιόχοιο	ω 529
εὖχε᾽ Ἀθηναίη, κούρη Διὸς αἰγιόχοιο	δ 752
Παλλὰς Ἀθηναίη, κούρη Διὸς αἰγιόχοιο	ν 252, 371, ω 547
Παλλάδ᾽ Ἀθηναίην, κούρην Διὸς αἰγιόχοιο	γ 42
Μοῦσαι ἀείδοιεν, κοῦραι Διὸς αἰγιόχοιο	B 598
τῇ δέ θ᾽ ἅμα νύμφαι, κοῦραι Διὸς αἰγιόχοιο	ζ 105
ὦρσαν δὲ νύμφαι, κοῦραι Διὸς αἰγιόχοιο	ι 154
νύμφαι ὀρεστιάδες, κοῦραι Διὸς αἰγιόχοιο	Z 420
εἰ γὰρ ἐγὼν οὕτω γε Διὸς πάϊς αἰγιόχοιο	N 825
παύετ᾽, ἐπεί μιν ἔγειρε Διὸς νόος αἰγιόχοιο	O 242
ἀλλ᾽ ὅτε δή μιν ἔγειρε Διὸς νόος αἰγιόχοιο	ω 164
ἀλλ᾽ αἰεί τε Διὸς κρείσσων νόος αἰγιόχοιο	P 176 (cf. C17)
ὅππως ἐξαπάφοιτο Διὸς νόον αἰγιόχοιο	Ξ 160
ἤτοι ἐγὼ μὲν ἔλεξα Διὸς νόον αἰγιόχοιο	Ξ 252
ἀλλὰ μάλ᾽ οὔ πως ἔστι Διὸς νόον αἰγιόχοιο	ε 103
ἀλλ᾽ ἐπεὶ οὔ πως ἔστι Διὸς νόον αἰγιόχοιο	ε 137
δεινή τε σμερδνή τε, Διὸς τέρας αἰγιόχοιο	E 742
κείμενον ἐν μέσσοισι Διὸς τέρας αἰγιόχοιο	M 209
εἰ ἐτεόν γέ τι οἶσθα Διὸς τέρας αἰγιόχοιο	π 320
ψευδόμενοι δέ σέ φασι Διὸς γόνον αἰγιόχοιο	E 635
ὄφρ᾽ ἂν ἐγὼ καταδῦσα Διὸς δόμον αἰγιόχοιο	Θ 375
Τρῶες δ᾽ ὡς ἐπύθοντο Διὸς κτύπον αἰγιόχοιο	O 379
φηγῷ ἐφ᾽ ὑψηλῇ πατρὸς Διὸς αἰγιόχοιο	H 60
λάμφ᾽ ὥς τε στεροπὴ πατρὸς Διὸς αἰγιόχοιο	Λ 66
προπροκυλινδόμενος πατρὸς Διὸς αἰγιόχοιο	X 221
αἴ κέν μοι δώῃ Ζεύς τ᾽ αἰγίοχος καὶ Ἀθήνη	Θ 287
ὃν περὶ κῆρι φίλει Ζεύς τ᾽ αἰγίοχος καὶ Ἀπόλλων	o 245
οὐ γὰρ Κύκλωπες Διὸς αἰγιόχου ἀλέγουσιν/	ι 275
ἀλλά μοι αἰγίοχος Κρονίδης Ζεὺς ἄλγε᾽ ἔδωκεν	B 375 (cf. B23, 6A8)
δώματ᾽ ἐς αἰγιόχοιο Διὸς μετὰ δαίμονας ἄλλους	A 222
εἷσαν ὑπ᾽ αἰγιόχοιο Διὸς περικαλλέϊ φηγῷ	E 693
κούρῃ τ᾽ αἰγιόχοιο Διὸς γλαυκώπις Ἀθήνη	K 553+
τίπτ᾽ αὖτ᾽, αἰγιόχοιο Διὸς τέκος, εἰλήλουθας	A 202
ὢ πόποι, αἰγιόχοιο Διὸς τέκος, οὐκέτι νῶϊ	Θ 352
ὢ πόποι, αἰγιόχοιο Διὸς τέκος, οὐκέτ᾽ ἔγωγε	Θ 427
ὢ πόποι, αἰγιόχοιο Διὸς τέκος, Ἀτρυτώνη	B 157, E 714, Φ 420

κλῦθί μευ, αἰγιόχοιο Διὸς τέκος, ἥ τέ μοι αἰεί K 278
κλῦθί μευ, αἰγιόχοιο Διὸς τέκος, 'Ατρυτώνη E 115, δ 762, ζ 324+
πὰρ Διὸς αἰγιόχοιο σὺν ἀγγελίῃ ἀλεγεινῇ B 787

A2. ἀπερωεύς 1-0
σχέτλιος, αἰὲν ἀλιτρός, ἐμῶν μενέων ἀπερωεύς Θ 361+

A3. ἀργικέραυνος 3-0
πάτερ ἀργικέραυνε 2-0
πάτερ ἀργικέραυνε κελαινεφές 1-0
/ Ζεῦ πάτερ ἀργικέραυνε 1-0
τίπτ' αὖτ', ἀργικέραυνε, θεοὺς ἀγορήνδε κάλεσσας Υ 16
Ζεῦ πάτερ, ἀργικέραυνε, ἔπος τί τοι ἐν φρεσὶ θήσω Τ 121+
ὦ πάτερ, ἀργικέραυνε, κελαινεφές, οἷον ἔειπες Χ 178

A4. ἀστεροπητής 4-0
'Ολύμπιος ἀστεροπητής/ 3-0
Ζεὺς...'Ολύμπιος ἀστεροπητής/ 2-0
/ Ζεὺς...'Ολύμπιος ἀστεροπητής/ 1-0
Ζηνὶ...ἀστεροπητῇ/ 1-0
εἴ περ γάρ κ' ἐθέλῃσιν 'Ολύμπιος ἀστεροπητής A 580+
αἴ κε Ζεὺς δώῃσιν 'Ολύμπιος ἀστεροπητής M 275
Ζεὺς δὲ πρὸς ὃν λέχος ἤϊ' 'Ολύμπιος ἀστεροπητής A 609
οἱ δὲ θεοὶ πὰρ Ζηνὶ καθήμενοι ἀστεροπητῇ H 443

A5. δολομῆτα 1-0 (cf. δολόμητις 0-6: Αἴγισθος 0-5, Κλυταιμήστρη 0-1)
τίς δὴ αὖ τοι, δολομῆτα, θεῶν συμφράσσατο βουλάς A 540+

A6. Δωδωναῖος 1-0
/ Ζεῦ ἄνα Δωδωναῖε Πελασγικέ 1-0
Ζεῦ ἄνα, Δωδωναῖε, Πελασγικέ, τηλόθι ναίων,/ Π 233f.+
Δωδώνης μεδέων δυσχειμέρου...

A7. ἐπιτιμήτωρ 0-1
/ Ζεὺς...ἐπιτιμήτωρ.../ξείνιος 0-1
Ζεὺς δ' ἐπιτιμήτωρ ἱκετάων τε ξείνων τε,/ ι 270f. (cf. C13)
ξείνιος...

A8. ἐριβρεμέτης 1-0
/ Ζηνὸς ἐριβρεμέτεω.../ξεινίου 1-0
Ζηνὸς ἐριβρεμέτεω χαλεπὴν ἐδείσατε μῆνιν/ N 624f.
ξεινίου...

A9. ἐρισθενής 3-1
ἐρισθενέος Κρονίωνος/ 1-1
πατρὸς ἐρισθενέος Κρονίωνος/ 0-1
πατρὸς ἐρισθενέος 1-0
Διός...ἐρισθενέος 1-0
κεῖσ' οὕτως· χαλεπόν τοι ἐρισθενέος Κρονίωνος Φ 184
ἡ δὲ νέον παρὰ πατρὸς ἐρισθενέος Κρονίωνος θ 289
αὐτὴ δὲ πρὸς πατρὸς ἐρισθενέος πυκινὸν δῶ Τ 355
"Εκτωρ, ὃς Διὸς εὔχετ' ἐρισθενέος πάϊς εἶναι Ν 54

A10. ἑρκεῖος 0-1
  Διὸς μεγάλου.../ἑρκείου 0-1
    ...Διὸς μεγάλου ποτὶ βωμὸν/   χ 334f.
    ἑρκείου ἵζοιτο τετυγμένον, ἔνθ' ἄρα πολλά

A11. εὐρύοπα 16-7
  εὐρύοπα Ζεύς/ 13-7
  Ὀλύμπιος εὐρύοπα Ζεύς/ 0-1
  Κρονίδης...εὐρύοπα Ζεύς/ 0-1
  εὐρύοπα Κρονίδην 3-0
    τῆς γάρ τοι γενεῆς, ἧς Τρωί περ εὐρύοπα Ζεύς   Ε 265
    οὐρανόθεν καταβᾶσα· προῆκε γὰρ εὐρύοπα Ζεύς   Ρ 545
    ἄλλῳ δ' ἐν στήθεσσι τίθει νόον εὐρύοπα Ζεύς   Ν 732
    αὐτὸς γὰρ χρύσειον ἐπὶ θρόνον εὐρύοπα Ζεύς   Θ 442
    δεξάμενοι 'Ρείας, ὅτε τε Κρόνον εὐρύοπα Ζεύς   Ξ 203
    εἰ δέ τοι οὐ δώσει ἐὸν ἄγγελον εὐρύοπα Ζεύς   Ω 296
    ἀλλ' εἰ δή ῥα τότε βλάπτε φρένας εὐρύοπα Ζεύς   Ο 724
    ὣς φάτο Τηλέμαχος, τῷ δ' αἰετὼ εὐρύοπα Ζεύς   β 146
    ὢ πόποι, ἦ μάλα δὴ γόνον Ἀτρέος εὐρύοπα Ζεύς   λ 43
    ἥμισυ γάρ τ' ἀρετῆς ἀποαίνυται εὐρύοπα Ζεύς   ρ 322
    ἷξε θεῶν, τότε δὴ στυγερὴν ὁδὸν εὐρύοπα Ζεύς   γ 288
    ἀλλ' ὅτε δὴ τήν γε στυγερὴν ὁδὸν εὐρύοπα Ζεύς   ξ 235
    Ἰλίου αἰπεινῆς· μάλα γάρ ἔθεν εὐρύοπα Ζεύς   Ι 419, 686
    Τρῶας ἀπώσασθαι καὶ ἐρυκέμεν εὐρύοπα Ζῆν   Θ 206
    ἦ φῇς ὣς Τρώεσσιν ἀρηξέμεν εὐρύοπα Ζῆν   Ξ 265
    παῖδες καὶ γαμβροί, τὼ δ' οὐ λάθον εὐρύοπα Ζῆν   Ω 331
    μάρνασθαι· τῷ κῦδος ἅμα πρόες, εὐρύοπα Ζεῦ   Π 241
    νηυσὶ θοῇσι γενέσθαι Ὀλύμπιος εὐρύοπα Ζεύς   δ 173
    μή πώς τοι Κρονίδης κεχολώσεται εὐρύοπα Ζεύς   ω 544
    εὗρεν δ' εὐρύοπα Κρονίδην ἄτερ ἥμενον ἄλλων   Α 498 (cf. A14)
    εὗρον δ' εὐρύοπα Κρονίδην ἀνὰ Γαργάρῳ ἄκρῳ   Ο 152 (cf. A13)
    εὗρον δ' εὐρύοπα Κρονίδην, περὶ δ' ἄλλοι ἅπαντες   Ω 98

A12. ἱκετήσιος 0-1
  / Ζεύς...ἱκετήσιος 0-1
    Ζεύς σφεας τίσαιτο ἱκετήσιος, ὅς τε καὶ ἄλλους   ν 213 (cf. C2)

A13. Κρονίδης 36-7
  Κρονίδης Ζεύς 5-0, Κρονίδης...Ζεύς/ 1-0
  αἰγίοχος Κρονίδης Ζεύς 1-0
  Ζεὺς Κρονίδης 1-0, /Ζεὺς Κρονίδης 1-0
  / Ζεὺς...Κρονίδης 4-0
  / Ζεὺς...Κρονίδης ὑψίζυγος 1-0
  Δία Κρονίδην 1-0, Διὶ Κρονίδῃ 1-0
  Κρονίδης ὑψίζυγος 3-0
  / Ζεὺς...Κρονίδης ὑψίζυγος 1-0
  / Ζηνὶ κελαινεφέϊ Κρονίδῃ 0-2
  πατὴρ Κρονίδης 2-0

πάτερ ἡμέτερε Κρονίδη ὕπατε κρειόντων/ 1-3
/ αἰνότατε Κρονίδη 6-0
Κρονίδης...εὐρύοπα Ζεύς/ 0-1
εὐρύοπα Κρονίδην 3-0
/ Ζῆν' ὕπατον Κρονίδην 1-0

κερτομίοις ἐπέεσσι Δία Κρονίδην ἐρέθιζον	Ε 419
αὐτίκ' ἐπειρᾶτο Κρονίδης ἐρεθιζέμεν "Ηρην	Δ 5
νῦν μὲν γὰρ τούτῳ Κρονίδης Ζεὺς κῦδος ὀπάζει	Θ 141
ἔμμεναι· αὐτάρ οἱ Κρονίδης Ζεὺς κῦδος ὀπάζει	Φ 570
ὅσσ' ἐμοὶ ἐκ πασέων Κρονίδης Ζεὺς ἄλγε' ἔδωκεν	Σ 431 (cf. B22, 6A8)
ἢ ὀνόσασθ' ὅτι μοι Κρονίδης Ζεὺς ἄλγε' ἔδωκε	Ω 241
ἀλλά μοι αἰγίοχος Κρονίδης Ζεὺς ἄλγε' ἔδωκεν	Β 375
ἔνθ' αὖτε Γλαύκῳ Κρονίδης φρένας ἐξέλετο Ζεύς	Ζ 234
δύσμορον, ὅν ῥα πατὴρ Κρονίδης ἐπὶ γήραος οὐδῷ	Χ 60
εὗρεν δ' εὐρύοπα Κρονίδην ἄτερ ἥμενον ἄλλων	Α 498 (cf. A14)
εὗρον δ' εὐρύοπα Κρονίδην ἀνὰ Γαργάρῳ ἄκρῳ	Ο 152 (cf. A13)
εὗρον δ' εὐρύοπα Κρονίδην περὶ δ' ἄλλοι ἅπαντες	Ω 98
Ζηνὶ κελαινεφέϊ Κρονίδη, ὃς πᾶσιν ἀνάσσει	ι 552, ν 25
ὦ πάτερ ἡμέτερε Κρονίδη, ὕπατε κρειόντων	Θ 31, α 45, 81, ω 473+
οὐκ ἐᾷ Κρονίδης ἐπαμυνέμεν 'Αργείοισιν	Θ 414+
ὦρσε κακὸν Κρονίδης, κατὰ δ' ὑψόθεν ἧκεν ἐέρσας	Λ 53
ὣς ἔφατο Κρονίδης, πόλεμον δ' ἀλίαστον ἔγειρε	Υ 31
Δαρδάνου, ὃν Κρονίδης περὶ πάντων φίλατο παίδων	Υ 304
καὶ τότ' ἄρα Κρονίδης ἕλετ' αἰγίδα θυσσανόεσσαν	Ρ 593
καὶ τότε δὴ Κρονίδης ἀφίει ψολόεντα κεραυνόν	ω 539
μή πως καὶ Κρονίδης κεχολώσεται, αἴ κεν 'Αχιλλεύς	Υ 301
μή πώς τοι Κρονίδης κεχολώσεται εὐρύοπα Ζεύς	ω 544
ὅρκια μὲν Κρονίδης ὑψίζυγος οὐκ ἐτέλεσσεν	Η 69
οὐδ' οἶδε Κρονίδης ὑψίζυγος οὐδέ τις ἄλλος	Σ 185 (cf. 35C4)
Ζεὺς δέ σφι Κρονίδης ὑψίζυγος, αἰθέρι ναίων	Δ 166
Ζεὺς δέ σφι Κρονίδης ἐνδέξια σήματα φαίνων	Ι 236
νίκην Ζεὺς Κρονίδης καὶ 'Απόλλων, οἵ με δάμασσαν	Π 845
Ζεύς με μέγα Κρονίδης ἄτῃ ἐνέδησε βαρείῃ	Β 111+, Ι 18+
εἷλε πατὴρ Κρονίδης καὶ ἀνείρετο ἡδὺ γελάσσας	Φ 508
ὄφρα Διὶ Κρονίδῃ ἀρήσομεθ', αἴ κ' ἐλεήσῃ	Ι 172
αἰνότατε Κρονίδη, ποῖον τὸν μῦθον ἔειπες	Α 552, Δ 25, Θ 462, Ξ 330, Π 440, Σ 361

Ζῆν' ὕπατον Κρονίδην ἐξείρετο καὶ προσέειπε   Ε 756+
Ζεὺς Κρονίδης· ἀλλ' ἰθὺς ἐλαύνετε μώνυχας ἵππους   Λ 289

A14. Κρονίων 49-24
    Ζεύς...Κρονίων/ 0-3, Ζεύς...Κρονίων 0-3
  / Ζηνὸς...Κρονίωνος 1-1
    Διὶ Κρονίωνι 8-0
    Διὶ Κρονίωνι ἄνακτι/ 4-0

Δία Κρονίωνα 4-1, Ζῆνα Κρονίωνα 0-1
Δία Κρονίωνα ἄνακτα/ 1-0
ἐρισθενέος Κρονίωνος/ 1-1
πατρὸς ἐρισθενέος Κρονίωνος/ 0-1
κελαινεφέϊ Κρονίωνι/ 3-0, κελαινεφέα Κρονίωνα/ 1-0
κελαινεφέϊ Κρονίωνι/'Ιδαίῳ 1-0
ὑπερμενέϊ Κρονίωνι/ 4-0, ὑπερμενέα Κρονίωνα/ 2-0

νῆας ἐνιπρῆσαι, ὅτε μὴ αὐτός γε	Κρονίων	Ν 319
ὅς τ' εἰσὶν πόλεμόνδε μετ' ἀνέρας, οὕς τε	Κρονίων	Η 209
βῆ δ' ἴμεν ἀστεροπῇ ἐναλίγκιος, ἥν τε	Κρονίων	Ν 242
ῥεῖα δ' ἀρίγνωτος γόνος ἀνέρος, ᾧ τε	Κρονίων	δ 207
ἀλλ' ἔμενον νεφέλῃσιν ἐοικότες, ἅς τε	Κρονίων	Ε 522
τρεῖς ἑκάτερθ', ἴρισσιν ἐοικότες, ἅς τε	Κρονίων	Λ 27
θάρσει νῦν· τοῖόν τι ἀοσσητῆρα	Κρονίων	Ο 254
μὴ σέ γ' ἐν ἀμφιάλῳ 'Ιθάκῃ βασιλῆα	Κρονίων	α 386
ἀμφοτέρω κατὰ χεῖρα· φόνον δ' ἤμυνε	Κρονίων	Ν 783
εἰ δ' αὖ καὶ πόλεμόν ποθεν ὁρμήσειε	Κρονίων	σ 376
μοῦνος· τοὺς δ' ἄλλους Δαναοὺς ἐφόβησε	Κρονίων	Λ 406
καί σφιν θεσπέσιον πλοῦτον κατέχευε	Κρονίων	Β 670 (cf. C11)
γιγνώσκω δ' ὅτι μοι πρόφρων κατένευσε	Κρονίων	Θ 175
ἤδη γὰρ Πριάμου γενεὴν ἤχθηρε	Κρονίων	Υ 306
ὧδε γὰρ ἡμετέρην γενεὴν μούνωσε	Κρονίων	π 117
κατθάψαι, λαοὺς δὲ λίθους ποίησε	Κρονίων	Ω 611
κεῖνον γὰρ ταμίην ἀνέμων ποίησε	Κρονίων	κ 21
ἔνθα σφιν κατὰ ἶσα μάχην ἐτάνυσσε	Κρονίων	Λ 336
κάππεσον, εὖτ' ἔριδα κρατερὴν ἐτάνυσσε	Κρονίων	Π 662
παντοίοισι δόλοισι, μόγις δ' ἐτέλεσσε	Κρονίων	γ 119
ἀλλ' ἄλλα φρονέων, τά οἱ οὐκ ἐτέλεσσε	Κρονίων	χ 51
μνηστῆρες φράζονται, ὃ μὴ τελέσειε	Κρονίων	δ 699
αἲ γὰρ τοῦτο, ξεῖνε, ἔπος τελέσειε	Κρονίων	υ 236
ὄφρα ἴδητ' αἴ κ' ὔμμιν ὑπέρσχῃ χεῖρα	Κρονίων	Δ 249
ἦ κε φυγῇ καί κέν οἱ ὑπέρσχῃ χεῖρα	Κρονίων	ξ 184
μυρομένῳ δ' ἄρα τώ γε ἰδὼν ἐλέησε	Κρονίων	Ρ 441
μυρομένους δ' ἄρα τούς γε ἰδὼν ἐλέησε	Κρονίων	Τ 340
ὣς ἔφατ', οὐδ' ἄρα πώ οἱ ἐπεκραίαινε	Κρονίων	Β 419
ὣς ἔφαν, οὐδ' ἄρα πώ σφιν ἐπεκραίαινε	Κρονίων	Γ 302
ἦ, καὶ κυανέῃσιν ἐπ' ὀφρύσι νεῦσε	Κρονίων	Α 528+, Ρ 209
δὴ τότε κυανέην νεφέλην ἔστησε	Κρονίων	μ 405, ξ 303
κείνου δ' αὖ καὶ ὄλεθρον ἀπευθέα θῆκε	Κρονίων	γ 88
πρὸς δ' ἔτι καὶ τόδε μεῖζον ἐνὶ φρεσὶ θῆκε	Κρονίων	π 291
ἀλλ' ὅτε δὴ ἕβδομον ἦμαρ ἐπὶ Ζεὺς θῆκε	Κρονίων	μ 399, ο 477
ὦ πόποι, ἦ μάλα με Ζεὺς ἄφρονα θῆκε	Κρονίων	φ 102
κεῖσ' οὕτως· χαλεπόν τοι ἐρισθενέος	Κρονίωνος	Φ 184
ἡ δὲ νέον παρὰ πατρὸς ἐρισθενέος	Κρονίωνος	θ 289
εὐχομένης, ὅτ' ἔφησθα κελαινεφέϊ	Κρονίωνι	Α 397
ἄζομαι· οὐδέ πῃ ἔστι κελαινεφέϊ	Κρονίωνι	Ζ 267

ἀλλ' εὔχεο σύ γ' ἔπειτα κελαινεφέϊ Κρονίωνι/		Ω 290f. (cf. C9)
Ἰδαίῳ...		
πάντες δ' ἠτιόωντο κελαινεφέα Κρονίωνα		Λ 78
πρὶν πιέειν, πρὶν λεῖψαι ὑπερμενέϊ Κρονίωνι		Η 481
μέλλει δὴ φίλον εἶναι ὑπερμενέϊ Κρονίωνι		Ν 226
πίονα πενταέτηρον ὑπερμενέϊ Κρονίωνι		Β 403
ἄρσενα πενταέτηρον ὑπερμενέϊ Κρονίωνι		Η 315
φημὶ γὰρ οὖν κατανεῦσαι ὑπερμενέα Κρονίωνα		Β 350
ἠοῦς δὴ καὶ μᾶλλον ὑπερμενέα Κρονίωνα		Θ 470+
οὐκ ἂν ἔγωγ' ἐθέλοιμι Διὶ Κρονίωνι μάχεσθαι		Θ 210+
χραισμεῖν· ἀλλ' οὐκ ἔστι Διὶ Κρονίωνι μάχεσθαι		Φ 193
λίσσονται δ' ἄρα ταί γε Δία Κρονίωνα κιοῦσαι		Ι 511
πρόφρων κεν δὴ ἔπειτα Δία Κρονίωνα λιτοίμην		ξ 406
αὐτίκα κερτομίοισι Δία Κρονίωνα προσηύδα		Α 539+
αὐτὴ δ' ἀγγελέουσα Δία Κρονίωνα προσηύδα		Τ 120+
αὐτὰρ Ἀθηναίη Ζῆνα Κρονίωνα προσηύδα		ω 472+
Ἥφαιστος μὲν δῶκε Διὶ Κρονίωνι ἄνακτι		Β 102
ὅς περ φίλτατος ἔσκε Διὶ Κρονίωνι ἄνακτι		Σ 118
τόφρ' ὑμεῖς εὔχεσθε Διὶ Κρονίωνι ἄνακτι		Η 194
ὣς ἔφατ', οἱ δ' εὔχοντο Διὶ Κρονίωνι ἄνακτι		Η 200
λισσομένη προσέειπε Δία Κρονίωνα ἄνακτα		Α 502+
λαμπρῇσιν κορύθεσσι Κρονίων ἤερα πολλήν		Ρ 269
οὐ γὰρ Ζεὺς εἴασε Κρονίων· τῷ κέ μιν ἤδη		υ 273
ἀλλὰ Ζεὺς ἀλάπαξε Κρονίων· ἤθελε γάρ που		ρ 424, τ 80
Ζηνὸς δ' οὐκ ἂν ἔγωγε Κρονίονος ἆσσον ἱκοίμην		Ξ 247
Ζηνὸς μὲν πάϊς ἦα Κρονίονος, αὐτὰρ ὀϊζύν		λ 620
εἰρύσαο Κρονίωνος, ὅ τοι μάλα πόλλ' ἐπέτελλε		Φ 230
εὗρον δὲ Κρονίωνα θεῶν ἄτερ ἥμενον ἄλλων		Ε 753 (cf. A11)
ὅς ῥα παρὰ Κρονίωνι καθέζετο κύδεϊ γαίων		Α 405
πὰρ δὲ Διὶ Κρονίωνι καθέζετο κύδεϊ γαίων		Ε 906+
πὰρ δὲ Διὶ Κρονίωνι καθέζετο θυμὸν ἀχεύων		Ε 869

A 15. μεδέων 5-0 (cf. 64B3)
Ἴδηθεν μεδέων 4-0 (cf. B14)
Δωδώνης μεδέων δυσχειμέρου 1-0

Ζεῦ πάτερ, Ἴδηθεν μεδέων, κύδιστε μέγιστε	Γ 276, 320, Η 202, Ω 308
Ζεῦ ἄνα, Δωδωναῖε, Πελασγικέ, τηλόθι ναίων,/	Π 233f.+
Δωδώνης μεδέων δυσχειμέρου...	

A 16. μητίετα 16-3
μητίετα Ζεύς/ 16-3
Ὀλύμπιε μητίετα Ζεῦ/ 1-0

οἵ κέ με τιμήσουσι, μάλιστα δὲ	μητίετα Ζεύς	Α 175
Παλλὰς Ἀθηναίη θέλξει καὶ	μητίετα Ζεύς	π 298
τιμὴ δ' ἐκ Διός ἐστι, φιλεῖ δέ ἑ	μητίετα Ζεύς	Β 197
φύλοπιν ἀργαλέην, ἐπεὶ οὐκ ἐμὲ	μητίετα Ζεύς	Λ 278
εἰ μὴ ἄρ' υἱὸν ἑὸν Σαρπηδόνα	μητίετα Ζεύς	Μ 292

ἡμῖν μὲν τόδ' ἔφηνε τέρας μέγα	μητίετα Ζεύς	Β 324
οὔ θην Ἕκτορι πάντα νοήματα	μητίετα Ζεύς	Κ 104
πᾶσαν ἐπικρήνειε· τὸ γὰρ μένε	μητίετα Ζεύς	Ο 599
Λαοδαμείῃ μὲν παρελέξατο	μητίετα Ζεύς	Ζ 198
ἐρρέτω· ἐκ γάρ εὐ φρένας εἵλετο	μητίετα Ζεύς	Ι 377
ἤματι χειμερίῳ, ὅτε τ' ὤρετο	μητίετα Ζεύς	Μ 279
παννύχιος δέ σφιν κακὰ μήδετο	μητίετα Ζεύς	Η 478
αὐτὰρ ἐμοὶ δειλῷ κακὰ μήδετο	μητίετα Ζεύς	ξ 243+ (?)
τρὶς δ' ἄρ' ἀπ' Ἰδαίων ὀρέων κτύπε	μητίετα Ζεύς	Θ 170
ὣς ἔφατ' εὐχόμενος, μέγα δ' ἔκτυπε	μητίετα Ζεύς	Ο 377
ὣς ἔφατ' εὐχόμενος, τοῦ δ' ἔκλυε	μητίετα Ζεύς	Π 249+, Ω 314, υ 102
ἀλλὰ σύ πέρ μιν τεῖσον, Ὀλύμπιε	μητίετα Ζεῦ	Α 508

A17. **νεφεληγερέτα** 28-8
    νεφεληγερέτα Ζεύς/ 22-8
    Διὸς νεφεληγερέταο/ 6-0

ἐλθόντες δ' ἐς δῶμα	Διὸς νεφεληγερέταο	Υ 10+
ἡ δὲ χιτῶν' ἐνδῦσα	Διὸς νεφεληγερέταο	Ε 736, Θ 387
υἱός θ' υἰωνός τε	Διὸς νεφεληγερέταο	Ε 631
τὼ δὲ πάροιθ' ἐλθόντε	Διὸς νεφεληγερέταο	Ο 154
πληκτίζεσθ' ἀλόχοισι	Διὸς νεφεληγερέταο	Φ 499
ἡμέων ἔσσεται ἦδος, ἐπεὶ	νεφεληγερέτα Ζεύς	Λ 318
Ἴδης ὑψηλῆς· ἴδε δὲ	νεφεληγερέτα Ζεύς	Ξ 293
νηυσὶ δ' ἐπῶρσ' ἄνεμον Βορέην	νεφεληγερέτα Ζεύς	ι 67
ὦρσεν ἔπι ζαῆν ἄνεμον	νεφεληγερέτα Ζεύς	μ 313
τὸν δ' ὡς οὖν ἀπάνευθεν ἴδεν	νεφεληγερέτα Ζεύς	Ρ 198
Δάρδανον δ' αὖ πρῶτον τέκετο	νεφεληγερέτα Ζεύς	Υ 215
ἀμφοτέρω γὰρ σφῶϊ φιλεῖ	νεφεληγερέτα Ζεύς	Η 280, Κ 552+
ὣς φάτο, τὴν δ' οὔ τι προσέφη	νεφεληγερέτα Ζεύς	Α 511
τὸν δ' ἄρ' ὑπόδρα ἰδὼν προσέφη	νεφεληγερέτα Ζεύς	Ε 888
τὴν δ' ἐπιμειδήσας προσέφη	νεφεληγερέτα Ζεύς	Θ 38
καὶ τότ' Ἀπόλλωνα προσέφη	νεφεληγερέτα Ζεύς	Ο 220, Π 666
τὸν δὲ μέγ' ὀχθήσας προσέφη	νεφεληγερέτα Ζεύς	Η 454
τὴν δὲ μέγ' ὀχθήσας προσέφη	νεφεληγερέτα Ζεύς	Α 517, Δ 30
τὸν δ' ἀπαμειβόμενος προσέφη	νεφεληγερέτα Ζεύς	Υ 19, μ 384, ν 139, 153
τὴν δ' ἀπαμειβόμενος προσέφη	νεφεληγερέτα Ζεύς	Α 560, Ε 764, Θ 469+, Ξ 312, 341, Χ 182, Ω 64, α 63, ε 21, ω 477

A18. **πανομφαῖος** 1-0
    πανομφαίῳ Ζηνὶ 1-0

ἔνθα πανομφαίῳ Ζηνὶ ῥέζεσκον Ἀχαιοί	Θ 250

A19. **στεροπηγερέτα** 1-0
    στεροπηγερέτα Ζεύς/ 1-0

κινήσῃ πυκινὴν νεφέλην στεροπηγερέτα Ζεύς	Π 298

A20. τερπικέραυνος 8-7

Ζεὺς τερπικέραυνος/ 2-2, Ζεὺς...τερπικέραυνος/ 1-0
Διὶ τερπικεραύνῳ/ 3-4, Διὶ...τερπικεραύνῳ/ 1-0
Δία...τερπικέραυνον/ 1-0, Δία τερπικέραυνον 0-1

ᾧ μέν κ' ἀμμείξας δώῃ Ζεὺς τερπικέραυνος	Ω 529
ἠχῇ θεσπεσίῃ· ἐπὶ δὲ Ζεὺς τερπικέραυνος	Μ 252
χαλκοῦ τε στεροπῆς· ἐν δὲ Ζεὺς τερπικέραυνος	ξ 268, ρ 437
Ζεὺς δὲ θεῶν ἀγορὴν ποιήσατο τερπικέραυνος	Θ 2
τοῦτο δέ τοι ἐρέουσα ἔπος Διὶ τερπικεραύνῳ	Α 419
ὄμματα καὶ κεφαλὴν ἴκελος Διὶ τερπικεραύνῳ	Β 478
πίονα μηρία καῖε βοὸς Διὶ τερπικεραύνῳ	Λ 773
οὐ γάρ πώ τις τόσσα βροτῶν Διὶ τερπικεραύνῳ	τ 365
'Ατρείδη, περὶ μέν σ' ἔφαμεν Διὶ τερπικεραύνῳ	ω 24
οἶνον ἐπικρῆσαι, ἵνα καὶ Διὶ τερπικεραύνῳ	η 164 (cf. C12)
πᾶσιν ἀνὰ μέγαρον, ἵνα καὶ Διὶ τερπικεραύνῳ	η 180
γαῖα δ' ὑπεστενάχιζε Διὶ ὣς τερπικεραύνῳ	Β 781
οὐρανὸν εἰσανιδών· Δία δ' οὐ λάθε τερπικέραυνον	Π 232+
ἐς Δία τερπικέραυνον· ὁ γάρ τ' εὖ οἶδεν ἅπαντα	υ 75 (cf. C6)

A21. ὑψιβρεμέτης 4-2

/ Ζεὺς ὑψιβρεμέτης 4-2
'Ολύμπιος.../Ζεὺς ὑψιβρεμέτης 1-0

Ζεὺς ὑψιβρεμέτης αὐτὸς παρατεκτήναιτο	Ξ 54
Ζεὺς ὑψιβρεμέτης, οὗ τε κράτος ἐστὶ μέγιστον	ε 4
Ζεὺς ὑψιβρεμέτης, ἀπὸ δ' ἔφθιθεν ἐσθλοὶ ἑταῖροι	ψ 331
Ζεὺς ὑψιβρεμέτης, Τρώεσσι δὲ ἵετ' ἀρήγειν	Μ 68
Ζεὺς ὑψιβρεμέτης, Τρώεσσι δὲ βούλετο νίκην	Π 121
...ὄφελλεν 'Ολύμπιος ἐγγυαλίξαι/	Α 353f.
Ζεὺς ὑψιβρεμέτης· νῦν δ' οὐδέ με τυτθὸν ἔτεισεν	

A22. ὑψίζυγος 4-0

Κρονίδης ὑψίζυγος 3-0
/ Ζεὺς...Κρονίδης ὑψίζυγος 1-0
/ Ζεὺς...πατήρ...ὑψίζυγος 1-0

ὅρκια μὲν Κρονίδης ὑψίζυγος οὐκ ἐτέλεσσεν	Η 69
οὐκ οἶδε Κρονίδης ὑψίζυγος οὐδέ τις ἄλλος	Σ 185 (cf. 35C4)
Ζεὺς δέ σφι Κρονίδης ὑψίζυγος, αἰθέρι ναίων	Δ 166
Ζεὺς δὲ πατὴρ Αἴανθ' ὑψίζυγος ἐν φόβον ὦρσε	Λ 544

A23. φιλοψευδής 1-0

Ζεῦ πάτερ, ἦ ῥά νυ καὶ σὺ φιλοψευδὴς ἐτέτυξο	Μ 164

B1. ἀγαθός 1-0

ὢ πόποι, ἦ ῥ' ἀγαθός περ ἐὼν ὑπέροπλον ἔειπεν	Ο 185

B2. ἀδελφεός 1-0 ('Αΐδης 1-0, Ποσειδάων 1-0)

τρεῖς γάρ τ' ἐκ Κρόνου εἰμὲν ἀδελφεοί, οὓς τέκετο 'Ρέα	Ο 187+

B3. ἀθάνατος 4-0**

ἀθάνατος...Ζεύς/ 4-0 (cf. 36B2, 42B1)

υἱὸς Πειριθόοιο, τὸν ἀθάνατος τέκετο Ζεύς B 741
Ξάνθου δινήεντος, ὃν ἀθάνατος τέκετο Ζεύς Ξ 434, Φ 2, Ω 693

B4. αἰνότατος 6-0, 3-3
/ αἰνότατε Κρονίδη 6-0
αἰνότατε Κρονίδη, ποῖον τὸν μῦθον ἔειπες A 552, Δ 25, Θ 462,
Ξ 330, Π 440,
Σ 361

B5. ἀκοίτης 1-0, 0-2
ἦ μάλα δή σ' ἐφόβησε Κρόνου πάϊς, ὅς τοι ἀκοίτης O 91

B6. ἀλιτρός 1-0, 1-1
αἰὲν ἀλιτρός 1-0 (cf. 6B3)
σχέτλιος αἰὲν ἀλιτρός 1-0
σχέτλιος, αἰὲν ἀλιτρός, ἐμῶν μενέων ἀπερωεύς Θ 361+

B7. ἄναξ 8-1**
Διὶ Κρονίωνι ἄνακτι/ 4-0, **Δία Κρονίωνα ἄνακτα/** 1-0
/ Ζευ ἄνα 2-1
/ Ζεῦ ἄνα Δωδωναῖε Πελασγικέ 1-0
ἀμβρόσιαι δ' ἄρα χαῖται ἐπερρώσαντο ἄνακτος A 529+
Ἥφαιστος μὲν δῶκε Διὶ Κρονίωνι ἄνακτι B 102
ὅς περ φίλτατος ἔσκε Διὶ Κρονίωνι ἄνακτι Σ 118
τόφρ' ὑμεῖς εὔχεσθε Διὶ Κρονίωνι ἄνακτι H 194
ὣς ἔφατ', οἱ δ' εὔχοντο Διὶ Κρονίωνι ἄνακτι H 200
λισσομένη προσέειπε Δία Κρονίωνα ἄνακτα A 502+
Ζεῦ ἄνα, δὸς τείσασθαι ὅ με πρότερος κάκ' ἔοργε Γ 351+
Ζεῦ ἄνα, Τηλέμαχόν μοι ἐν ἀνδράσιν ὄλβιον εἶναι ρ 354
Ζεῦ ἄνα, Δωδωναῖε, Πελασγικέ, τηλόθι ναίων Π 233+

B8. ἄριστος 5-1 ('Αθήνη* 1-0, 'Απόλλων 1-0, Ποσειδάων 1-1)
θεῶν ὕπατος καὶ ἄριστος/ 2-1
Ζεὺς...θεῶν ὕπατος καὶ ἄριστος/ 1-1
θεῶν ὤριστος 1-0, 1-0 ('Απόλλων)
/ Ζηνὸς...ἀρίστου 1-0
οὐ μὰ Ζῆν', ὅς τίς τε θεῶν ὕπατος καὶ ἄριστος ψ 43
ἴστω νῦν Ζεὺς πρῶτα, θεῶν ὕπατος καὶ ἄριστος T 258, τ 303
καὶ γὰρ δή νύ ποτε Ζεὺς ἄσατο, τόν περ ἄριστον/ T 95f.
ἀνδρῶν ἠδὲ θεῶν φασ' ἔμμεναι...
Ζηνὸς γὰρ τοῦ ἀρίστου ἐν ἀγκοίνησιν ἰαύεις Ξ 213
ὦρσε θεῶν ὤριστος, ἐρίγδουπος πόσις Ἥρης N 154

B9. δαίμων 0-1 ('Αφροδίτη 1-0)
φεῦγον, ἐπεὶ γίγνωσκον ὃ δὴ κακὰ μήδετο δαίμων γ 166 (cf. γ 160)

B10. εἰδώς 1-0 (Πρωτεύς 0-1)
Ζεὺς ἄφθιτα μήδεα εἰδώς/ 1-0
ὄρσο, Θέτι· καλέει Ζεὺς ἄφθιτα μήδεα εἰδώς Ω 88

B11. ἐρίγδουπος 7-3, 3-8
ἐρίγδουπος πόσις "Ηρης 4-3
Διός...ἐριγδούποιο 1-0, **Ζηνός...ἐριγδούποιο** 1-0
/ Ζηνός ἐριγδούπου 1-0

δώῃ κῦδος ἀρέσθαι	ἐρίγδουπος πόσις "Ηρης	Π 88
ὦρσε θεῶν ὤριστος,	ἐρίγδουπος πόσις "Ηρης	Ν 154
ὅρκια δὲ Ζεὺς ἴστω,	ἐρίγδουπος πόσις "Ηρης	Η 411
ἴστω νῦν Ζεὺς αὐτός,	ἐρίγδουπος πόσις "Ηρης	Κ 329
οὕτω νῦν Ζεὺς θείη,	ἐρίγδουπος πόσις "Ηρης	θ 465, ο 180
ὥς τοι Ζεὺς τελέσειεν,	ἐρίγδουπος πόσις "Ηρης	ο 112
ἢ προτέρῳ Διὸς υἱὸν ἐριγδούποιο διώκοι		Ε 672
ὃς κέλεαι Ζηνὸς μὲν ἐριγδούποιο λαθέσθαι		Μ 235
Ζηνὸς ἐριγδούπου πρόμος ἵσταται ὧδε μενοινῶν		Ο 293

B12. ἐών 1-0 (ἐόντες: Θεοί 6-10)
ὑψόθ' ἐών 1-0, 1-0 (αἰετός)
ὑψόθ' ἐόντι Διί 1-0

ὑψόθ' ἐόντι Διί, μέγα δ' ἔστενε κυδάλιμον κῆρ	Κ 16

B13. θεός 3-9**
μέγας θεός 1-0, 2-0 ('Απόλλων, Ποσειδάων)
θεός.../Ζεύς 0-1, **θεοῖο/...Διός** 0-1

τὸν δ' ἐς Δωδώνην φάτο βήμεναι, ὄφρα θεοῖο/	ξ 327f.
ἐκ δρυὸς ὑψικόμοιο Διός...	
μύθῳ ἀναγκαίῳ· μὴ τοῦτο θεὸς τελέσειε	ρ 399 (?)
τίπτε με κεῖνος ἄνωγε μέγας θεός· αἰδέομαι δέ	Ω 90
ἀνδρῶν ἐσθλῶν παῖδες· ἀτὰρ θεὸς ἄλλοτε ἄλλῳ/	δ 236f.
Ζεὺς ἀγαθόν τε κακόν τε διδοῖ...	
ἀλλ' ἐπὶ καὶ τῷ θῆκε θεὸς κακόν, ὅττι οἱ οὔ τι	Ω 538 (?)
βῆμεν δ' ἐν νήεσσι, θεὸς δ' ἐκέδασσεν 'Αχαιούς	γ 131, ν 317 (?)
	(cf. γ 132)
οἴκαδε σὺν νήεσσι, θεὸς δ' ἐκέδασσεν 'Αχαιούς	ξ 242+ (?)
κύμασιν ἐμφορέοντο, θεὸς δ' ἀποαίνυτο νόστον	μ 419, ξ 309
	(cf. ξ 305, 310)
ἢ νῶϊν τόδ' ἔφηνε θεὸς τέρας ἦε σοὶ αὐτῷ	ο 168 (?)
ἠτέομεν δὲ θεὸν φῆναι τέρας· αὐτὰρ ὅ γ' ἡμῖν	γ 173 (cf. γ 160)
οἷα πάρεστι· θεὸς δὲ τὸ μὲν δώσει, τὸ δ' ἐάσει	ξ 444 (cf. ξ 445, δ 237)

B14. 'Ιδαῖος 2-0, 10-0 adj. (cf. **A15**)
Διός.../'Ιδαίου 1-0
κελαινεφέϊ Κρονίωνι / 'Ιδαίῳ 1-0

...υἱὸν 'Ονήτορος, ὃς Διὸς ἱρεὺς/	Π 604f.
'Ιδαίου ἐτέτυκτο, θεὸς δ' ὣς τίετο δήμῳ	
...κελαινεφέϊ Κρονίωνι/	Ω 290f.
'Ιδαίῳ, ὅς τε Τροίην κατὰ πᾶσαν ὁρᾶται	

B15. κάρτιστος 2-0, 8-1
κάρτιστος ἀπάντων/ 2-0 (cf. **2B5, 6B11**)

θεῶν κάρτιστος ἁπάντων 1-0
ὅππως κεν ἐθέλῃσιν· ὁ γὰρ κάρτιστος ἁπάντων   Υ 243
γνώσετ' ἔπειτ' ὅσον εἰμὶ θεῶν κάρτιστος ἁπάντων   Θ 17

B16. κελαινεφής 8-3, 5-2
    κελαινεφέϊ Κρονίωνι/ 3-0, κελαινεφέα Κρονίωνα/ 1-0
    κελαινεφέϊ Κρονίωνι/'Ιδαίῳ 1-0
    πατρὶ κελαινεφέϊ 1-0
    / Ζηνὶ κελαινεφέϊ Κρονίδῃ 0-2
    πάτερ ἀργικέραυνε κελαινεφές 1-0
    / Ζεῦ κύδιστε μέγιστε κελαινεφές 1-0
    τῇ ἴμεν ᾗ κεν δὴ σύ, κελαινεφές, ἡγεμονεύῃς   Ο 46+
    αἶψά κ' ἐγὼν ἔρξαιμι, κελαινεφές, ὡς ἀγορεύεις   ν 147
    ὦ πάτερ ἀργικέραυνε, κελαινεφές, οἷον ἔειπες   Χ 178
    Ζεῦ κύδιστε μέγιστε, κελαινεφές, αἰθέρι ναίων   Β 412
    εὐχομένης, ὅτ' ἔφησθα κελαινεφέϊ Κρονίωνι   Α 397
    ἄζομαι, οὐδέ πῃ ἔστι κελαινεφέϊ Κρονίωνι   Ζ 267
    ἀλλ' εὔχεο σύ γ' ἔπειτα κελαινεφέϊ Κρονίωνι/   Ω 290f. (cf. C9)
'Ιδαίῳ...
    πάντες δ' ἠτιόωντο κελαινεφέα Κρονίωνα   Λ 78
    κὰδ δ' ἷζον παρὰ πατρὶ κελαινεφεῖ· αὐτὰρ 'Αχιλλεύς   Φ 520
    Ζηνὶ κελαινεφέϊ Κρονίδῃ, ὃς πᾶσιν ἀνάσσει   ι 552, ν 25

B17. κραταιός 1-0, 10-2 (Μοῖρα 2-0)
    Κρόνου υἷε κραταιώ/ 1-0
    τὼ δ' ἀμφὶς φρονέοντε δύω Κρόνου υἷε κραταιώ   Ν 345

B18. κύδιστος 6-0, 11-3 ('Αγαμέμνων 10-2)
    κύδιστε μέγιστε 6-0
    κύδιστε μέγιστε/ 4-0
    / Ζεῦ κύδιστε μέγιστε 2-0
    / Ζεῦ κύδιστε μέγιστε κελαινεφές 1-0
    Ζεῦ πάτερ, "Ιδηθεν μεδέων, κύδιστε μέγιστε   Γ 276, 320, Η 202, Ω 308
    Ζεῦ κύδιστε μέγιστε καὶ ἀθάνατοι θεοὶ ἄλλοι   Γ 298
    Ζεῦ κύδιστε μέγιστε, κελαινεφές, αἰθέρι ναίων   Β 412

B19. μάρτυρος 0-1
    Ζεὺς/μάρτυρος 0-1
    ...οὐδ' ἱκέτας ἐμπάζεαι, οἷσιν ἄρα Ζεὺς/   π 422f.
μάρτυρος; οὐδ' ὁσίη κακὰ ῥάπτειν ἀλλήλοισιν

B20. μέγας 15-13 ('Απόλλων 3-0, Κρόνος 4-0, Ποσειδάων 1-0)
    μέγιστος 6-0
    Διός...μεγάλοιο/ 6-3, Διὸς μεγάλοιο 4-5
    μεγάλοιο Διός 1-0
    Διὸς μεγάλου 1-5
    μεγάλου Διός 1-0
    μέγας...Ζεύς/ 1-0

μέγας θεός 1-0, 2-0 ('Απόλλων, Ποσειδάων)
κύδιστε μέγιστε/ 4-0
/ Ζεῦ κύδιστε μέγιστε 2-0
/ Ζεῦ κύδιστε μέγιστε κελαινεφές 1-0
'Αρτέμιδί σε ἐγώ γε, Διὸς κούρη μεγάλοιο   ζ 151
οἴη δ' οὐκ ἔρρεξε Διὸς κούρη μεγάλοιο   Ι 536
ὥς αἱ μέν ῥ' εὔχοντο Διὸς κούρη μεγάλοιο   Ζ 312
οἱ δ' ἐπεὶ ἠρήσαντο Διὸς κούρη μεγάλοιο   Κ 296
αὐτίκ' ἔπειτ' ἠρᾶτο Διὸς κούρη μεγάλοιο   ζ 323+
εὐχομένη δ' ἠρᾶτο Διὸς κούρη μεγάλοιο   Ζ 304
εὐξάμενος δ' ἄρ' ἔπειτα Διὸς κούρη μεγάλοιο   ω 521
καὶ γάρ τε Λιταί εἰσι Διὸς κοῦραι μεγάλοιο   Ι 502
τίπτε σὺ δὴ αὖ μεμαυῖα, Διὸς θύγατερ μεγάλοιο   Η 24
κτήματα περνάμεν' ἵκει, ἐπεὶ μέγας ὠδύσατο Ζεύς Σ 292+
αἱ δ' αὖτις πρὸς δῶμα Διὸς μεγάλοιο νέοντο   Ε 907+
τὼ κρατερὼ θεράποντε Διὸς μεγάλοιο γενέσθην   λ 255
γείνατ' ἐν ἀγκοίνησι Διὸς μεγάλοιο μιγεῖσα   λ 268
εἰ μέν κ' αἰνήσωσι Διὸς μεγάλοιο θέμιστες   π 403
ἤ οἱ ἀπαγγέλλεσκε Διὸς μεγάλοιο νόημα   Ρ 409
ἄνδρε δύω, γενεῇ δὲ Διὸς μεγάλοιο ἔϊκτον   δ 27
ἐγγὺς ἐών, χαλεπὸς δὲ Διὸς μεγάλοιο κεραυνός   Ξ 417
ἀλλὰ καὶ ὃς δείδοικε Διὸς μεγάλοιο κεραυνόν   Φ 198
Τρωσί τε καὶ Δαναοῖσι Διὸς μεγάλου διὰ βουλάς   θ 82
νοῦσόν γ' οὔ πως ἔστι Διὸς μεγάλου ἀλέασθαι   ι 411
ἐννέα δὴ βεβάασι Διὸς μεγάλου ἐνιαυτοί   Β 134
ἐννέωρος βασίλευε Διὸς μεγάλου ὀαριστής   τ 179
ἐζέσθην δ' ἄρα τώ γε Διὸς μεγάλου ποτὶ βωμόν   χ 379
ἢ ἐκδὺς μεγάροιο Διὸς μεγάλου ποτὶ βωμόν/   χ 334f.
ἑρκείου...
τίπτε με κεῖνος ἄνωγε μέγας θεός· αἰδέομαι δέ   Ω 90
αὐτὰρ ἐγὼ γενεὴν μεγάλου Διὸς εὔχομαι εἶναι   Φ 187
ἡμεῖς δὲ μεγάλοιο Διὸς πειθώμεθα βουλῇ   Μ 241 (cf. C11)
παῖδα Διὸς μεγάλοιο καὶ Ἥρης χρυσοπεδίλου   λ 604
Ζεῦ πάτερ, Ἴδηθεν μεδέων, κύδιστε μέγιστε   Γ 276, 320, Η 202,
                                                Ω 308

Ζεῦ κύδιστε μέγιστε καὶ ἀθάνατοι θεοὶ ἄλλοι   Γ 298
Ζεῦ κύδιστε μέγιστε, κελαινεφές, αἰθέρι ναίων   Β 412

Β21. μήστωρ 2-0, 13-2
/ Ζῆν' ὕπατον μήστωρα 2-0
Ζῆν' ὕπατον μήστωρ', οὐδ' εἰ μάλα πολλὰ κάμοιτε θ 22
Ζῆν' ὕπατον μήστωρα μάχης ἐπιτάρροθον εἶναι   Ρ 339

Β22. ναίων 3-1
αἰθέρι ναίων/ 2-1
τηλόθι ναίων 1-0
Ζεῦ κύδιστε μέγιστε, κελαινεφές, αἰθέρι ναίων   Β 412
Ζεὺς δέ σφι Κρονίδης, ὑψίζυγος, αἰθέρι ναίων   Δ 166

ἀλλὰ τά γε Ζεὺς οἶδεν 'Ολύμπιος, αἰθέρι ναίων   ο 523
Ζεῦ ἄνα, Δωδωναῖε, Πελασγικέ, τηλόθι ναίων,/   Π 233f.+
Δωδώνης μεδέων δυσχειμέρου...

B23. ξείνιος 1-2, 2-9, ξένιος 0-1, 0-5
Δία ξένιον 0-1
Διὸς.../ξεινίου 0-1
/ Ζεὺς ἐπιτιμήτωρ.../ξείνιος 0-1
/ Ζηνὸς ἐριβρεμέτεω.../ξεινίου 1-0
Ζεὺς δ' ἐπιτιμήτωρ ἱκετάων τε ξείνων τε,/   ι 270f. (cf. C13)
ξείνιος, ὅς...
Ζηνὸς ἐριβρεμέτεω χαλεπὴν ἐδείσατε μῆνιν/   Ν 624f.
ξεινίου, ὅς τέ ποθ' ὕμμι διαφθέρσει πόλιν αἰπήν
ἀλλ' ἀπὸ κεῖνος ἔρυκε, Διὸς δ' ὠπίζετο μῆνιν/   ξ 283f. (cf. C14)
ξεινίου, ὅς τε...
ἀλλὰ Δία ξένιον δείσας αὐτόν τ' ἐλέαιρων   ξ 389

B24. ὀλοώτερος 1-1, 1-0 ('Αντίλοχος, cf. 6B11)
Ζεῦ πάτερ, οὔ τις σεῖο θεῶν ὀλοώτερος ἄλλος   Γ 365, υ 201

B25. 'Ολύμπιος 19-9, 13-3 (θεοί 2-0, 'Ίρις 1-0)
'Ολύμπιος.../Ζεὺς ὑψιβρεμέτης 1-0
'Ολύμπιε μητίετα Ζεῦ/ 1-0
'Ολύμπιος εὐρυόπα Ζεύς/ 0-1
'Ολύμπιος ἀστεροπητής/ 3-0
Ζεύς...'Ολύμπιος ἀστεροπητής/ 1-0
/ Ζεύς...'Ολύμπιος ἀστεροπητής/ 1-0
Ζεύς...'Ολύμπιος αἰθέρι ναίων/ 0-1
/ Ζεύς...'Ολύμπιος 1-1
Ζηνὸς 'Ολυμπίου 1-1, /Ζηνὸς...'Ολυμπίου 0-2
χραισμεῖν· ἀργαλέος γὰρ 'Ολύμπιος ἀντιφέρεσθαι   Α 589
εἴδομεν ὁπποτέρῳ κεν 'Ολύμπιος εὖχος ὀρέξῃ   Χ 130
αὐτίκ' ἔπειθ' ἵλαος 'Ολύμπιος ἔσσεται ἡμῖν   Α 583
ἂψ δ' αὖτις Τρώεσσιν 'Ολύμπιος ἐν μένος ὦρσεν   Θ 335
λύσασθαί σ' ἐκέλευσεν 'Ολύμπιος "Εκτορα δῖον   Ω 175
κλῦτε, φίλαι· περὶ γάρ μοι 'Ολύμπιος ἄλγε' ἔδωκεν   δ 722 (cf. A1, 6A8)
γαῖα χάνοι· μέγα γάρ μιν 'Ολύμπιος ἔτρεφε πῆμα   Ζ 282
ὠκυπόρων, εἰ καί μιν 'Ολύμπιος αὐτὸς ἐγείρει   Ν 58
εἰ δὴ πρόφρονι θυμῷ 'Ολύμπιος αὐτὸς ἀνώγει   Ω 140
σμερδαλέος, τόν ῥ' αὐτὸς 'Ολύμπιος ἧκε φόωσδε   Β 309
εἴ περ γάρ τε καὶ αὐτίκ' 'Ολύμπιος οὐκ ἐτέλεσσεν   Δ 160
μῆτερ ἐμή, τὰ μὲν ἄρ μοι 'Ολύμπιος ἐξετέλεσσεν   Σ 79
φρασσόμεθ' ὅττι κε κέρδος 'Ολύμπιος ἐγγυαλίξῃ   ψ 140
τιμήν πέρ μοι ὄφελλεν 'Ολύμπιος ἐγγυαλίξαι/   Α 353f.
Ζεὺς ὑψιβρεμέτης...
νηυσὶ θοῇσι γενέσθαι 'Ολύμπιος εὐρύοπα Ζεύς   δ 173
ἀλλὰ τά γε Ζεὺς οἶδεν 'Ολύμπιος αἰθέρι ναίων   ο 523
εἴ περ γάρ κ' ἐθέλῃσιν 'Ολύμπιος ἀστεροπητής   Α 580+

αἴ κε Ζεὺς δώῃσιν	Ὀλύμπιος ἀστεροπητής	M 275
Ζεὺς δὲ πρὸς ὃν λέχος ἤϊ'	Ὀλύμπιος ἀστεροπητής	A 609
Ζεὺς δ' αὐτὸς νέμει ὄλβον	Ὀλύμπιος ἀνθρώποισιν	ζ 188
ἢ δὴ νῦν πὰρ Ζηνὸς	Ὀλυμπίου εἰλήλουθεν	Ο 131
λίσσομαι ἠμὲν Ζηνὸς	Ὀλυμπίου ἠδὲ Θέμιστος	β 68
Ζηνὸς ἐνὶ μεγάροισιν	Ὀλυμπίου ἁθρόοι ἦσαν	α 27+
Ζηνός που τοιήδε γ'	Ὀλυμπίου ἔνδοθεν αὐλή	δ 74
τῶν μνῆσαι καὶ ἄμυνον,	Ὀλύμπιε, νηλεὲς ἦμαρ	Ο 375
εἰ δ' ἄγε νῦν μοι ὄμοσσον,	Ὀλύμπιε, καρτερὸν ὅρκον	Τ 108
ἐντρέπεται φίλον ἦτορ,	Ὀλύμπιε· οὔ νύ τ' Ὀδυσσεύς	α 60
ἀλλὰ σύ πέρ μιν τεῖσον,	Ὀλύμπιε μητίετα Ζεῦ	A 508

B26. πάϊς 12-1 ("Ηφαιστος 1-0, Μοῦσα 0-1)
  Κρόνου πάϊς 12-1
  Κρόνου πάϊς ἀγκυλομήτεω/ 7-1

ἦ ῥα, καὶ ἀγκὰς ἔμαρπτε	Κρόνου πάϊς ἣν παράκοιτιν	Ξ 346
ἦ μάλα δή σε φόβησε	Κρόνου πάϊς, ὅς τοι ἀκοίτης	Ο 91
ὧδε γὰρ ἠπείλησε	Κρόνου πάϊς, ᾗ τελέει περ	Θ 415+
καί μιν τυφλὸν ἔθηκε	Κρόνου πάϊς· οὐδ' ἄρ' ἔτι δήν	Ζ 139
εἴ τοι Τρῶας ἔδωκε	Κρόνου παῖς πάντας ὀλέσσαι	Φ 216
τοὺς δὲ ἰδὼν ἐλέησε	Κρόνου πάϊς ἀγκυλομήτεω	Π 431 (cf. B27)
οἷον δ' ἀστέρα ἦκε	Κρόνου πάϊς ἀγκυλομήτεω	Δ 75
ὅττι ῥά οἱ τέρας ἦκε	Κρόνου πάϊς ἀγκυλομήτεω	φ 415
λᾶαν γάρ μιν ἔθηκε	Κρόνου πάϊς ἀγκυλομήτεω	B 319
τόν οἱ ἐλαφρὸν ἔθηκε	Κρόνου πάϊς ἀγκυλομήτεω	M 450
σοὶ δὲ διάνδιχα δῶκε	Κρόνου πάϊς ἀγκυλομήτεω	Ι 37
εἷς βασιλεύς, ᾧ δῶκε	Κρόνου πάϊς ἀγκυλομήτεω	B 205
νῦν δ' ὅτε πέρ μοι ἔδωκε	Κρόνου πάϊς ἀγκυλομήτεω	Σ 293+

B27. πατήρ 90-32 (Νηρεύς 4-0, Ποσειδάων 1-3, Πρωτεύς 0-1)
  Διὶ πατρί/ 9-3, **Διὶ πατρί** 8-4
  πατὴρ ἀνδρῶν τε θεῶν τε/ 12-3
  πατὴρ Ζεύς 3-0
  πατρὸς Διός 7-0
    πατρὸς Διὸς αἰγιόχοιο/ 3-0
  πατρὸς ἐρισθενέος 1-1
    πατρὸς ἐρισθενέος Κρονίωνος/ 0-1
  πατὴρ Κρονίδης 2-0
  πάτερ ἡμέτερε Κρονίδη ὕπατε κρειόντων/ 1-3
  / Ζεὺς...πατήρ 4-0
  / Ζεὺς...πατήρ...ὑψίζυγος 1-0
  / Ζεῦ πάτερ 21-11, **Ζεῦ...πάτερ** 4-5
  / Ζεῦ πάτερ ἀργικέραυνε 1-0
  πάτερ ἀργικέραυνε κελαινεφές 1-0
  / πατρὶ φίλῳ...Διί 1-0

οὔτε τεῳ σπένδεσκε θεῶν, ὅτε μὴ Διὶ πατρί		Π 227
ξεστῇς αἰθούσῃσιν ἐνίζανον, ἃς Διὶ πατρί		Υ 11+

μοῖρ' ὀλοή· μέλλω που ἀπεχθέσθαι Διὶ πατρί	Φ 83
θεσπεσίως ἐφόβηθεν ὑφ' Ἕκτορι καὶ Διὶ πατρί	Ο 637
πέρσα μεθορμηθεὶς σὺν Ἀθήνῃ καὶ Διὶ πατρί	Υ 192
καὶ φράσαι ἤ κεν νῶϊν Ἀθήνη σὺν Διὶ πατρί	π 260
ἤτοι ὁ μὲν σπείσας τε καὶ εὐξάμενος Διὶ πατρί	Π 253
αὖτις ἀπ' Αὐτομέδοντος· ὁ δ' εὐξάμενος Διὶ πατρί	Ρ 498
πᾶσιν ἀνὰ μέγαρον, ὄφρ' εὐξάμενοι Διὶ πατρί	ν 51
Ἀτρεΐδης Μενέλαος ἐπευξάμενος Διὶ πατρί	Γ 350+, Ρ 46
εὐξάμενος κούρῃ γλαυκώπιδι καὶ Διὶ πατρί	ω 518
τρήρωνες, ταί τ' ἀμβροσίην Διὶ πατρὶ φέρουσιν	μ 63
Τυδεΐδης, ὃς νῦν γε καὶ ἂν Διὶ πατρὶ μάχοιτο	Ε 362
Τυδεΐδην, ὃς νῦν γε καὶ ἂν Διὶ πατρὶ μάχοιτο	Ε 457
Φαιήκων· μὴ τοῦτο φίλον Διὶ πατρὶ γένοιτο	η 316
αἴθ' οὕτως, Εὔμαιε, φίλος Διὶ πατρὶ γένοιο	ξ 440, ο 341
ὀστέῳ ἐγχριμφθεῖσα, πατὴρ δ' ἔτι λοιγὸν ἄμυνεν	Ε 662
Ἑρμείας· σοὶ γάρ με πατὴρ ἅμα πομπὸν ὄπασσεν	Ω 461
τῶν μὲν ἄρ' οὐκ ἀλέγιζε πατήρ· ὁ δὲ νόσφι λιασθείς	Λ 80
ὣς ὁ μὲν ἀτρέμας εὗδε πατὴρ ἀνὰ Γαργάρῳ ἄκρῳ	Ξ 352 (cf. Ο 152)
τῷ δ' ἕτερον μὲν ἔδωκε πατήρ, ἕτερον δ' ἀνένευσε	Π 250+
ἀλλ' ἄλλην ἐνίῃσι πατὴρ ἐναρίθμιον εἶναι	μ 65
καὶ τότε δὴ χρύσεια πατὴρ ἐτίταινε τάλαντα	Θ 69, Χ 209
οὐ γὰρ ἐπὶ ψεύδεσσι πατὴρ Ζεὺς ἔσσετ' ἀρωγός	Δ 235
μάρνασθ', ὁπποτέροισι πατὴρ Ζεὺς κῦδος ὀρέξῃ	Ε 33
γνοίη ὅτι Τρώεσσι πατὴρ Ζεὺς αὐτὸς ἀρήγει	Ρ 630
ἵξεσθαι, τότε δή ῥα πατὴρ ἀνδρῶν τε θεῶν τε	Λ 182
τὴν δ' ἠμείβετ' ἔπειτα πατὴρ ἀνδρῶν τε θεῶν τε	Α 544
Σκύλλην δ οὐκέτ' ἔασε πατὴρ ἀνδρῶν τε θεῶν τε	μ 445
οἷον ἐπ' ἦμαρ ἄγῃσι πατὴρ ἀνδρῶν τε θεῶν τε	σ 137
δεινὸν δὲ βρόντησε πατὴρ ἀνδρῶν τε θεῶν τε	Υ 56
ἔνθ' ἵππους ἔστησε πατὴρ ἀνδρῶν τε θεῶν τε	Θ 49
εἰ μὴ ἄρ' ὀξὺ νόησε πατὴρ ἀνδρῶν τε θεῶν τε	Θ 132
τὸν δὲ ἰδὼν ἐλέησε πατὴρ ἀνδρῶν τε θεῶν τε	Ο 12 (cf. Β26)
ὣς ἔφατ', οὐδ' ἀπίθησε πατὴρ ἀνδρῶν τε θεῶν τε	Δ 68, Π 458
ὣς φάτο, μείδησεν δὲ πατὴρ ἀνδρῶν τε θεῶν τε	Ε 426, Ο 47+
τοῖσι δὲ μύθων ἦρχε πατὴρ ἀνδρῶν τε θεῶν τε	Χ 167, Ω 103, α 28+
ὦρορ' ἐπαΐξας πατρὸς Διὸς ἐκ νεφελάων	Β 146
ἤ ῥά θ' ὑπὸ βροντῆς πατρὸς Διὸς εἶσι πέδονδε	Ν 796
ὡς δ' ὅθ' ὑπὸ πληγῆς πατρὸς Διὸς ἐξερίπῃ δρῦς	Ξ 414
λάμφ' ὥς τε στεροπὴ πατρὸς Διός· αὐτὰρ ὅ γ' ἥρως	Κ 154
λάμφ' ὥς τε στεροπὴ πατρὸς Διὸς αἰγιόχοιο	Λ 66
φηγῷ ἐφ' ὑψηλῇ πατρὸς Διὸς αἰγιόχοιο	Η 60
προπροκυλινδόμενος πατρὸς Διὸς αἰγιόχοιο	Χ 221
ἐξ ἑδέων σφοῦ πατρὸς ἐναντίον· οὐδέ τις ἔτλη	Α 534
δακρυόεσσα δὲ πατρὸς ἐφέζετο γούνασι κούρη	Φ 506
ὣς ἔφατ', οὐδ' ἄρα πατρὸς ἀνηκούστησεν Ἀπόλλων	Ο 236, Π 676
αὐτὴ δὲ πρὸς πατρὸς ἐρισθενέος πυκινὸν δῶ	Τ 355

ἡ δὲ νέον παρὰ πατρὸς ἐρισθενέος Κρονίωνος	Θ 289
ἡ δ' ἄρα πὰρ Διὶ πατρί καθέζετο, εἶξε δ' Ἀθήνη	Ω 100
τῆ, σπεῖσον Διὶ πατρί, καὶ εὔχεο οἴκαδ' ἱκέσθαι	Ω 287
ἀρήσῃ Διὶ πατρὶ καὶ ἄλλοις ἀθανάτοισι	Ν 818
ὡς σπείσῃς Διὶ πατρὶ καὶ ἄλλοις ἀθανάτοισι	Ζ 259
σκυζομένη Διὶ πατρί, χόλος δέ μιν ἄγριος ᾕρει	Δ 23, Θ 460
νεικείῃσι πατήρ, σὺν δ' ἡμῖν δαῖτα ταράξῃ	Α 579+
ὣς φάτο, τὸν δὲ πατὴρ ὀλοφύρατο δάκρυ χέοντα	Θ 245, Ρ 648
δύσμορον, ὅν ῥα πατὴρ Κρονίδης ἐπὶ γήραος οὐδῷ	Χ 60
αἲ γάρ, Ζεῦ τε πάτερ καὶ Ἀθηναίη καὶ Ἄπολλον	Β 371, Δ 288, Η 132, Π 97, δ 341, η 311, ρ 132, σ 235, ω 376
νῦν δέ σε πρὸς πατρὸς γουνάζομαι· οὐ γὰρ ὀίω	ν 324
ἀλλὰ πατὴρ οὑμὸς φρεσὶ μαίνεται οὐκ ἀγαθῇσι	Θ 360+
εἷλε πατὴρ Κρονίδης, καὶ ἀνείρετο ἡδὺ γελάσσας	Φ 508
Ζεύς με πατὴρ προέηκε τεῒν τάδε μυθήσασθαι	Λ 201
Ζεὺς δὲ πατὴρ Ἴδηθεν ἐπεὶ ἴδε χώσατ' ἄρ' αἰνῶς	Θ 397
Ζεὺς δὲ πατὴρ Ἴδηθεν εὔτροχον ἅρμα καὶ ἵππους	Θ 438
Ζεὺς δὲ πατὴρ Αἴανθ' ὑψίζυγος ἐν φόβον ὦρσε	Λ 544
Ζεῦ πάτερ, ἢ Αἴαντα λαχεῖν, ἢ Τυδέος υἱόν	Η 179
Ζεῦ πάτερ, ἀλλὰ σὺ ῥῦσαι ὑπ' ἠέρος υἷας Ἀχαιῶν	Ρ 645
Ζεῦ πάτερ, ὅς τε θεοῖσι καὶ ἀνθρώποισιν ἀνάσσεις	υ 112 (cf. C11)
Ζεῦ πάτερ, ὡς οὔ τίς με θεῶν ἐλεεινὸν ὑπέστη	Φ 273
Ζεῦ πάτερ, οὐ μὲν καλὸν ὑπέρβιον εὐχετάασθαι	Ρ 19
Ζεῦ πάτερ, οὐκέτ' ἐγώ γε μετ' ἀθανάτοισι θεοῖσι	ν 128
Ζεῦ πάτερ, εἴ μ' ἐθέλοντες ἐπὶ τραφερήν τε καὶ ὑγρήν	υ 98
Ζεῦ πάτερ, αἲ γὰρ τοῦτο τελευτήσειας ἐέλδωρ	φ 200
Ζεῦ πάτερ, αἴθ' ὅσα εἶπε τελευτήσειεν ἅπαντα	η 331
Ζεῦ πάτερ, ἦ μεγάλας ἄτας ἄνδρεσσι διδοῖσθα	Τ 270
Ζεῦ πάτερ, ἦ τέ σέ φασι περὶ φρένας ἔμμεναι ἄλλων	Ν 631
Ζεῦ πάτερ, ἦ ῥά νυ καὶ σὺ φιλοψευδὴς ἐτέτυξο	Μ 164
Ζεῦ πάτερ, ἦ ῥα ἔτ' ἐστὲ θεοὶ κατὰ μακρὸν Ὄλυμπον	ω 351
Ζεῦ πάτερ, ἦ ῥά τίς ἐστι βροτῶν ἐπ' ἀπείρονα γαῖαν	Η 446
Ζεῦ πάτερ, ἦ ῥά τιν' ἤδη ὑπερμενέων βασιλήων	Θ 236
Ζεῦ πάτερ, ἦ ῥά τί μοι κεχολώσεαι, ὅττι κεν εἴπω	Ε 421
Ζεῦ πάτερ, ἦ ῥά τί μοι κεχολώσεαι, αἴ κεν Ἄρηα	Ε 762
Ζεῦ πάτερ, εἴ ποτέ τίς τοι ἐν Ἄργεί περ πολυπύρῳ	Ο 372
Ζεῦ πάτερ, εἴ ποτε δή σε μετ' ἀθανάτοισιν ὄνησα	Α 503+
Ζεῦ πάτερ, οὐ νεμεσίζῃ Ἄρη τάδε καρτερὰ ἔργα	Ε 757+
Ζεῦ πάτερ, οὐ νεμεσίζῃ ὁρῶν τάδε καρτερὰ ἔργα	Ε 872
Ζεῦ πάτερ, οὔ τις σεῖο θεῶν ὀλοώτερος ἄλλος	Γ 365, υ 201
Ζεῦ πάτερ ἠδ' ἄλλοι μάκαρες θεοὶ αἰὲν ἐόντες	ε 7, θ 306, μ 371, 377
Ζεῦ πάτερ, Ἴδηθεν μεδέων, κύδιστε μέγιστε	Γ 276, 320, Η 202, Ω 308
Ζεῦ πάτερ ἀργικέραυνε, ἔπος τί τοι ἐν φρεσὶ θήσω	Τ 121+

ὦ πάτερ ἀργικέραυνε, κελαινεφές, οἷον ἔειπες X 178
ὦ πάτερ ἡμέτερε Κρονίδη, ὕπατε κρειόντων Θ 31, α 45, 81,
   ω 473+
πατρὶ φίλῳ ἐπὶ ἦρα φέρειν Διί, ὄφρα μὴ αὖτε Α 578+ (cf. 30B25)

B28. Πελασγικός 1-0, 1-0 ("Αργος)
/ Ζεῦ ἄνα Δωδωναῖε Πελασγικέ 1-0
  Ζεῦ ἄνα, Δωδωναῖε, Πελασγικέ, τήλοθι ναίων,/ Π 233f.+
  Δωδώνης μεδέων δυσχειμέρου...

B29. πόσις 5-3
ἐρίγδουπος πόσις "Ηρης/ 4-3
Ζεὺς...ἐρίγδουπος πόσις "Ηρης/ 2-3
πόσις "Ηρης ἠϋκόμοιο/ 1-0
  δώῃ κῦδος ἀρέσθαι ἐρίγδουπος πόσις "Ηρης Π 88
  ὦρσε θεῶν ὤριστος, ἐρίγδουπος πόσις "Ηρης Ν 154
  ὅρκια δὲ Ζεὺς ἴστω, ἐρίγδουπος πόσις "Ηρης Η 411
  ἴστω νῦν Ζεὺς αὐτός, ἐρίγδουπος πόσις "Ηρης Κ 329
  οὕτω νῦν Ζεὺς θείη, ἐρίγδουπος πόσις "Ηρης θ 465, ο 180
  ὥς τοι Ζεὺς τελέσειεν, ἐρίγδουπος πόσις "Ηρης ο 112
  ὡς δ' ὅτ' ἂν ἀστράπτῃ πόσις "Ηρης ἠϋκόμοιο Κ 5

B30. σχέτλιος 3-1 (θεοί 1-1)
Ζεὺς.../σχέτλιος 2-1
Ζεὺς...Κρονίδης.../σχέτλιος 2-0
σχέτλιος, αἰὲν ἀλιτρός, ἐμῶν μενέων ἀπερωεύς Θ 361+
  ...Ζεὺς δ' οὔ πω μήδετο νόστον/ γ 160f.
σχέτλιος, ὅς ῥ' ἔριν ὦρσε κακὴν ἔπι δεύτερον αὖτις
Ζεύς με μέγα Κρονίδης ἄτῃ ἐνέδησε βαρείῃ/ Β 111f.
σχέτλιος, ὃς πρὶν μέν μοι ὑπέσχετο καὶ κατένευσεν
Ζεύς με μέγα Κρονίδης ἄτῃ ἐνέδησε βαρείῃ/ Ι 18f.
σχέτλιος, ὃς τότε μέν μοι ὑπέσχετο καὶ κατένευσεν

B31. ταμίης 2-0, 1-1
ταμίης πολέμοιο 2-0
  Ζεύς, ὅς τ' ἀνθρώπων ταμίης πολέμοιο τέτυκται Δ 84, Τ 224

B32. τοκεύς 1-0 ("Ηρη 1-0)
  οὔ τί μοι αἴτιος ἄλλος,/ θ 311f.
  ἀλλὰ τοκῆε δύω, τὼ μὴ γείνασθαι ὄφελλον

B33. υἱός 1-0**
Κρόνου υἱὲ κραταιώ/ 1-0
  τὼ δ' ἀμφὶς φρονέοντε δύω Κρόνου υἱε κραταιώ Ν 345

B34. ὕπατος 6-4, 2-0
θεῶν ὕπατος καὶ ἄριστος/ 2-1
Ζεὺς...θεῶν ὕπατος καὶ ἄριστος/ 1-1
ὕπατε κρειόντων/ 1-3
/ Ζῆν' ὕπατον μήστωρα 2-0
/ Ζῆν' ὕπατον Κρονίδην 1-0

ἴστω νῦν Ζεὺς πρῶτα, θεῶν ὕπατος καὶ ἄριστος	Τ 258, τ 303
οὐ μὰ Ζῆν', ὅς τίς τε θεῶν ὕπατος καὶ ἄριστος	Ψ 43
ὦ πάτερ ἡμέτερε Κρονίδη, ὕπατε κρειόντων	Θ 31, α 45, 81, ω 473+
Ζῆν' ὕπατον Κρονίδην ἐξείρετο καὶ προσέειπε	Ε 756+
Ζῆν' ὕπατον μήστωρ', οὐδ' εἰ μάλα πολλὰ κάμοιτε	Θ 22
Ζῆν' ὕπατον μήστωρα μάχης ἐπιτάρροθον εἶναι	Ρ 339

B35. ὑπερμενής 10-0, 2-2

ὑπερμενέϊ Κρονίωνι/ 4-0, ὑπερμενέα Κρονίωνα/ 2-0
Διὶ...ὑπερμενέϊ 4-0

φημὶ γὰρ οὖν κατανεῦσαι	ὑπερμενέα Κρονίωνα	Β 350
ἠοῦς δὴ καὶ μᾶλλον	ὑπερμενέα Κρονίωνα	Θ 470+
πρὶν πιέειν, πρὶν λεῖψαι	ὑπερμενέϊ Κρονίωνι	Η 481
πίονα πενταέτηρον	ὑπερμενέϊ Κρονίωνι	Β 403
ἄρσενα πενταέτηρον	ὑπερμενέϊ Κρονίωνι	Η 315
μέλλει δὴ φίλον εἶναι	ὑπερμενέϊ Κρονίωνι	Ν 226
οὕτω που Διὶ μέλλει	ὑπερμενέϊ φίλον εἶναι	Β 116 (cf. C16), Ι 23, Ξ 69
ἔνθα Διὶ ῥέξαντες	ὑπερμενεῖ ἱερὰ καλά	Λ 727

B36. φέρτατος 1-0, 6-3

ἐξ ἑδέων στυφελίξαι· ὁ γὰρ πολὺ φέρτατός ἐστιν	Α 581+ (cf. Β 769)

B37. φέρτερος 1-0

...Διὶ Κρονίωνι μάχεσθαι/ ἡμέας τοὺς ἄλλους, ἐπεὶ ἦ πολὺ φέρτερός ἐστιν	Θ 210f.

B38. φίλος 1-0**

πατρὶ φίλῳ...Διί 1-0

	πατρὶ φίλῳ ἐπὶ ἦρα φέρειν Διί, ὄφρα μὴ αὖτε	Α 578
C1.	...Ζεὺς αἴτιος, ὅς τε δίδωσιν/ ἀνδράσιν ἀλφηστῇσιν ὅπως ἐθέλῃσιν ἑκάστῳ	α 348f.
C2.	Ζεύς σφεας τίσαιτο ἱκετήσιος, ὅς τε καὶ ἄλλους/ ἀνθρώπους ἐφορᾷ καὶ τίνυται ὅς τις ἁμάρτῃ	ν 213f. (cf. 23C1, cf. Γ 279)
C3.	...Ζεὺς ἄσατο, τόν περ ἄριστον/ ἀνδρῶν ἠδὲ θεῶν φασ' ἔμμεναι...	Τ 95f.
C4.	Ζηνὶ κελαινεφέϊ Κρονίδῃ, ὃς πᾶσιν ἀνάσσει	ι 552, ν 25 (cf. C11)
C5.	ἐξ ἑδέων στυφελίξαι· ὁ γὰρ πολὺ φέρτατός ἐστιν	Α 581 (cf. Β 769)
C6.	ἐς Δία τερπικέραυνον· ὁ γάρ τ' εὖ οἶδεν ἅπαντα/ μοῖράν τ' ἀμμορίην τε καταθνητῶν ἀνθρώπων	υ 75f.
C7.	Ζεὺς ὑψιβρεμέτης, οὗ τε κράτος ἐστὶ μέγιστον	ε 4 (cf. C16)
C8.	οὐ μὰ Ζῆν', ὅς τίς τε θεῶν ὕπατος καὶ ἄριστος	Ψ 43

C9. ...κελαινεφέϊ Κρονίωνι/ Ω 290f.
Ἰδαίῳ, ὅς τε Τροίην κατὰ πᾶσαν ὁρᾶται
C10. ἀθανάτων ὅς τίς σε φυλάσσει τε ῥύεταί τε ο 35
C11.
ἐκ Διός, ὅς τε θεοῖσι καὶ ἀνθρώποισιν ἀνάσσει Β 669+ (cf. C4)
Ζεῦ πάτερ, ὅς τε θεοῖσι καὶ ἀνθρώποισιν ἀνάσσεις υ 112
...μεγάλοιο Διὸς πειθώμεθα βουλῇ,/ Μ 241f.
ὃς πᾶσι θνητοῖσι καὶ ἀθανάτοισιν ἀνάσσει
(cf. ...σὺ δὲ πᾶσι μετ᾽ ἀθανάτοισιν ἀνάσσεις Δ 61, Σ 366)
C12. ...ἵνα καὶ Διὶ τερπικεραύνῳ/ η 164f., 180f.
σπείσομεν, ὅς θ᾽ ἱκέτῃσιν ἅμ᾽ αἰδοίοισιν ὀπηδεῖ
C13. Ζεὺς δ᾽ ἐπιτιμήτωρ ἱκετάων τε ξείνων τε,/ ι 270f.
ξείνιος, ὃς ξείνοισιν ἅμ᾽ αἰδοίοισιν ὀπηδεῖ
C14. ...Διὸς δ᾽ ὠπίζετο μῆνιν/ ξ 283f.
ξεινίου, ὅς τε μάλιστα νεμεσσᾶται κακὰ ἔργα
C15. Ζεύς, ὅς τ᾽ ἀνθρώπων ταμίης πολέμοιο τέτυκται Δ 84, Τ 224
C16. οὕτω που Διὶ μέλλει ὑπερμενέϊ φίλον εἶναι,/ Β 116ff., Ι 23ff.
ὃς δὴ πολλάων πολίων κατέλυσε κάρηνα,/
ἠδ᾽ ἔτι καὶ λύσει· τοῦ γὰρ κράτος ἐστὶ μέγιστον (cf. C7)
C17.
ἀλλ᾽ αἰεί τε Διὸς κρείσσων νόος αἰγιόχοιο/ Ρ 176ff.
ὅς τε καὶ ἄλκιμον ἄνδρα φοβεῖ καὶ ἀφείλετο νίκην/
ῥηϊδίως, ὅτε δ᾽ αὐτὸς ἐποτρύνει μαχέσασθαι
ἀλλ᾽ αἰεί τε Διὸς κρείσσων νόος ἠέ περ ἀνδρῶν/ Π 688ff.
ὅς τε καὶ ἄλκιμον ἄνδρα φοβεῖ καὶ ἀφείλετο νίκην/
ῥηϊδίως, ὅτε δ᾽ αὐτὸς ἐποτρύνῃσι μάχεσθαι

28. Ἥβη 3-1
Β1. καλλίσφυρος 0-1, 3-1 (=Ἰνώ 0-1; Μαρπήσση 2-0, Δανάη 1-0)
καλλίσφυρον Ἥβην/ 0-1
τέρπεται ἐν θαλίῃς καὶ ἔχει καλλίσφυρον Ἥβην λ 603
Β2. πότνια 1-0**
πότνια Ἥβη/ 1-0
χρυσέῳ ἐν δαπέδῳ, μετὰ δέ σφισι πότνια Ἥβη Δ 2

29. Ἥλιος 8-22 (pers.), Ἥλιος 0-1
Α1. ἠλέκτωρ 2-0
ἠλέκτωρ Ὑπερίων/ 1-0
τεύχεσι παμφαίνων ὥς τ᾽ ἠλέκτωρ Ὑπερίων Τ 398
τεύχεσι παμφαίνων ὥς τ᾽ ἠλέκτωρ ἐβεβήκει Ζ 513
Α2. τερψίμβροτος 0-2
τερψιμβρότου Ἠελίοιο/ 0-2
νῆσον ἀλεύασθαι τερψιμβρότου Ἠελίοιο μ 269, 274

A3. Ὑπεριονίδης 0-1
'Ὑπεριονίδαο ἄνακτος/ 0-1
Ἡλίου τ' αὐγὴ 'Ὑπεριονίδαο ἄνακτος   μ 176

A4. Ὑπερίων 2-6
ἠλέκτωρ 'Ὑπερίων/ 1-0
'Ὑπερίονος 'Ἡελίοιο/ 1-2
'Ἡελίῳ 'Ὑπερίονι 0-3
τεύχεσι παμφαίνων ὥς τ' ἠλέκτωρ 'Ὑπερίων   Τ 398
ἥμενοι οὔτ' αὐγῆς 'Ὑπερίονος 'Ἡελίοιο   Θ 480
νήπιοι, οἳ κατὰ βοῦς 'Ὑπερίονος 'Ἡελίοιο   α 8
πολλὰ δὲ ἴφια μῆλ' 'Ὑπερίονος 'Ἡελίοιο   μ 263
αἶψά κεν Ἡελίῳ 'Ὑπερίονι πίονα νηόν   μ 346
ἃς τέκεν Ἡελίῳ 'Ὑπερίονι δῖα Νέαιρα   μ 133
ὠκέα δ' Ἡελίῳ 'Ὑπερίονι ἄγγελος ἦλθε   μ 374
οἱ μὲν δυσομένου 'Ὑπερίονος, οἱ δ' ἀνιόντος   α 24

A5. φαέθων 1-4
'Ἡέλιος φαέθων 1-3, / 'Ἡέλιος φαέθων 0-1
οὔτε ποτ' 'Ἡέλιος φαέθων ἀκτῖσιν ἔβαλλεν   ε 479
οὔτε μιν 'Ἡέλιος φαέθων ἀκτῖσιν ἔβαλλεν   τ 441
εὖτε γὰρ 'Ἡέλιος φαέθων ὑπερέσχεθε γαίης   Λ 735
τῶν μέν τ' 'Ἡέλιος φαέθων ἐξείλετο θυμόν   χ 388
'Ἡέλιος φαέθων καταδέρκεται ἀκτίνεσσιν   λ 16

B1. ἄγγελος 0-1**
ἄγγελος.../ "Ἡλιος 0-1
'Ἡφαίστοιο ἄνακτος· ἄφαρ δέ οἱ ἄγγελος ἦλθεν/   θ 270f.
"Ἡλιος...

B2. ἀκάμας 2-0, 2-0
/ 'Ἡέλιον ἀκάμαντα 2-0
'Ἡέλιον ἀκάμαντα σελήνην τε πλήθουσαν   Σ 484
'Ἡέλιον ἀκάμαντα βοῶπις πότνια "Ἡρη   Σ 239

B3. ἄναξ 0-1**
'Ὑπεριονίδαο ἄνακτος/ 0-1
Ἡλίου τ' αὐγὴ 'Ὑπεριονίδαο ἄνακτος   μ 176

B4. δεινός 0-1 ('Ἀπόλλων 2-0, "Ἀρης 1-0)
/ δεινοῦ...θεοῦ 0-1, 1-0 ('Ἀπόλλων)
δεινοῦ γὰρ θεοῦ αἵδε βόες καὶ ἴφια μῆλα   μ 322

B5. θεός 0-2**
/ δεινοῦ...θεοῦ 0-1, 1-0 ('Ἀπόλλων)
Σκύλλην τ', αὐτίκ' ἔπειτα θεοῦ ἐς ἀμύμονα νῆσον   μ 261
δεινοῦ γὰρ θεοῦ αἵδε βόες καὶ ἴφια μῆλα   μ 322

B6. παμφανόων 0-1, 14-3
'Ἡέλιον...παμφανόωντα/ 0-1
πολλὰ πρὸς Ἡέλιον κεφαλὴν τρέπε παμφανόωντα   ν 29

B7. φαεσίμβροτος 0-2, 1-0 ('Ηώς)
  φαεσιμβρότου 'Ηελίοιο/ 0-1
  'Ήέλιος φαεσίμβροτος 0-1
  ἄμφω δ' ἐκγεγάτην φαεσιμβρότου 'Ηελίοιο   κ 138
  οὐδ' ὅπη 'Ήέλιος φαεσίμβροτος εἶσ' ὑπὸ γαῖαν   κ 191

C1. 'Ήέλιός θ' ὃς πάντ' ἐφορᾷς καὶ πάντ' ἐπακούεις   Γ 277
  'Ηελίου, ὃς πάντ' ἐφορᾷ καὶ πάντ' ἐπακούει   λ 109

C2. ...διαδράκοι 'Ήέλιός περ,/   Ξ 344f.
  οὗ τε καὶ ὀξύτατον πέλεται φάος εἰσοράασθαι

30. Ἥρη 121-7

A1. ἀπτοεπής 1-0
  /"Ἥρη ἀπτοεπές 1-0
  "Ἥρη ἀπτοεπές, ποῖον τὸν μῦθον ἔειπες   Θ 209

A2. χρυσοπέδιλος 0-1
  "Ἥρης χρυσοπεδίλου/ 0-1
  παῖδα Διὸς μεγάλοιο καὶ "Ἥρης χρυσοπεδίλου   λ 604

B1. ἀθανάτη 1-0 ('Αθήνη 1-1, Θέτις 2-0, Κίρκη 0-1; Νηρηίδες 1-2)
  ...ἐπεὶ ὥς φίλον ἔπλετο θυμῷ/   Η 31f. (& 'Αθήνη)
  ὑμῖν ἀθανάτῃσι, διαπραθέειν τόδε ἄστυ

B2. αἰδοίη 2-0, 13-30 (Θέτις 3-0)
  αἰδοίη παράκοιτις/ 1-0, 0-1 (Εὐρυδίκη)
  Διὸς αἰδοίη παράκοιτις/ 1-0
  φίλη τε καὶ αἰδοίη 1-0 (cf. 25B3, 36B3)
  αἰεί κέ σφι φίλη τε καὶ αἰδοίη καλεοίμην   Ξ 210
  ἀλλὰ χολωσαμένη Διὸς αἰδοίη παράκοιτις   Φ 479

B3. ἄκοιτις 1-0, 10-12 (Θέτις 1-0)
  ὕπνῳ καὶ φιλότητι δαμείς, ἔχε δ' ἀγκὰς ἄκοιτιν   Ξ 353

B4. ἄλοχος 5-0
  κασιγνήτην ἄλοχόν τε/ 2-0 (cf. 24B5)
  φίλης ἀλόχοιο 1-0
  ἄλοχος...λευκώλενος "Ἥρη/ 1-0
  "Ἥρην δὲ προσέειπε κασιγνήτην ἄλοχόν τε   Π 432
  Ζεὺς δ' "Ἥρην προσέειπε κασιγνήτην ἄλοχόν τε Σ 356+
  εἰδήσειν· χαλεποί τοι ἔσοντ' ἀλόχῳ περ ἐούσῃ   Α 546
  ὅττι οἱ ὧκ' ἐπέεσσι φίλης ἀλόχοιο πιθέσθην   Ο 156
  σή μ' ἄλοχος στυφέλιξε, πάτερ, λευκώλενος "Ἥρη Φ 512

B5. ἀμήχανος 1-0, 7-2
  ἀμήχανε..."Ἥρη 1-0
  ἦ μάλα δὴ κακότεχνος, ἀμήχανε, σὸς δόλος, "Ἥρη   Ο 14

B6. 'Αργείη 2-0
  /"Ἥρη...'Αργείη 2-0
  "Ἥρη τ' 'Αργείη καὶ 'Αλαλκομενηῒς 'Αθήνη   Δ 8, Ε 908

Repertory

B7. ἀρίστη* 2-0 ('Αθήνη* 1-0)
  θεάων...ἀρίστη/ 1-0
  πῶς δὴ ἔγωγ', ἥ φημι θεάων ἔμμεν ἀρίστη   Σ 364+
  δευέσθω, ἵνα εἰδῇ ὅ μιν φιλέουσιν ἄριστοι/   Υ 122f. (& 'Αθήνη,
  ἀθανάτων...   Ποσειδάων)

B8. βοῶπις 14-0, 3-0 ('Αλίη; Κλυμένη, Φυλομέδουσα)
  βοῶπις πότνια "Ηρη/ 14-0
  ὄψεαι, αἴ κ' ἐθέλησθα, βοῶπις πότνια "Ηρη   Θ 471
  'Ηέλιον ἀκάμαντα βοῶπις πότνια "Ηρη   Σ 239
  τὸν δ' αὖτε προσέειπε βοῶπις πότνια "Ηρη   Ξ 263
  ὣς φάτο, μείδησεν δὲ βοῶπις πότνια "Ηρη   Ξ 222 (cf. B11)
  ὣς φάτο, ῥίγησεν δὲ βοῶπις πότνια "Ηρη   Ο 34
  ὣς ἔφατ', ἔδεισεν δὲ βοῶπις πότνια "Ηρη   Α 568
  εἰ μὲν δὴ σύ γ' ἔπειτα βοῶπις πότνια "Ηρη   Ο 49
  μερμήριξε δ' ἔπειτα βοῶπις πότνια "Ηρη   Ξ 159
  ἔπρηξας καὶ ἔπειτα βοῶπις πότνια "Ηρη   Σ 357+
  τὸν δ' ἠμείβετ' ἔπειτα βοῶπις πότνια "Ηρη   Α 551, Δ 50, Π 439,
                                                     Σ 360, Υ 309
                                                     (cf. B11)

B9. δῖα 1-0**
  δῖα θεάων/ 1-0, 6-26**
  κρηδέμνῳ δ' ἐφύπερθε καλύψατο δῖα θεάων   Ξ 184

B10. ἠΰκομος 1-0, 17-3 ('Αθήνη 3-0, Θέτις 3-0, Καλυψώ 0-2, Λητώ 2-1)
  "Ηρης ἠϋκόμοιο/ 1-0
  ὡς δ' ὅτ' ἂν ἀστράπτῃ πόσις "Ηρης ἠϋκόμοιο   Κ 5

B11. θεά 24-0,** θεός 1-0**
  θεὰ λευκώλενος "Ηρη/ 19-0
  πρέσβα θεά 4-0
  / "Ηρη πρέσβα θεά 4-0
  / "Ηρη πρέσβα θεὰ θυγάτηρ μεγάλοιο Κρόνοιο/ 4-0
  τὴν δ' ἠμείβετ' ἔπειτα θεὰ λευκώλενος "Ηρη   Ο 92 (cf. B8)
  οὐκ ἀΐεις ἅ τέ φησι θεὰ λευκώλενος "Ηρη   Ο 130
  ἔνθα στᾶσ' ἤϋσε θεὰ λευκώλενος "Ηρη   Ε 784
  αὐτὰρ ἐπεὶ τό γ' ἄκουσε θεὰ λευκώλενος "Ηρη   Φ 377
  τοὺς δὲ ἰδοῦσ' ἐλέησε θεὰ λευκώλενος "Ηρη   Θ 350
  τῷ γὰρ ἐπὶ φρεσὶ θῆκε θεὰ λευκώλενος "Ηρη   Α 55 (cf. B21)
  αὐδήεντα δ' ἔθηκε θεὰ λευκώλενος "Ηρη   Τ 407
  οὐρανόθεν· πρὸ γὰρ ἧκε θεὰ λευκώλενος "Ηρη   Α 195
  οὐρανόθεν· πρὸ δέ μ' ἧκε θεὰ λευκώλενος "Ηρη   Α 208
  τοὺς δ' ὡς οὖν ἐνόησε θεὰ λευκώλενος "Ηρη   Ε 711
  τὴν δ' ὡς οὖν ἐνόησε θεὰ λευκώλενος "Ηρη   Φ 418
  ἐνθ' ἵππους στήσασα θεὰ λευκώλενος "Ηρη   Ε 755
  ἐνθ' ἵππους ἔστησε θεὰ λευκώλενος "Ηρη   Ε 775
  ὣς φάτο, μείδησεν δὲ θεὰ λευκώλενος "Ηρη   Α 595, Φ 434 (cf. B8)

ὣς ἔφατ', οὐδ' ἀπίθησε θεὰ λευκώλενος "Ηρη E 767, Θ 381, Ξ 277, O 78
"Ηρη, πρέσβα θεά, θυγάτηρ μεγάλοιο Κρόνοιο E 721, Θ 383
"Ηρη, πρέσβα θεά, θύγατερ μεγάλοιο Κρόνοιο Ξ 194, 243
ὅς νείκεσσε θεάς, ὅτε οἱ μέσσαυλον ἵκοντο Ω 29 (& 'Αθήνη)
καὶ γὰρ ἐγὼ θεός εἰμι, γένος δέ μοι ἔνθεν ὅθεν σοι Δ 58

B12. θυγάτηρ 4-0**
  θυγάτηρ μεγάλοιο Κρονοιο/ 4-0
  / "Ηρη πρέσβα θεά θυγάτηρ μεγάλοιο Κρόνοιο/ 4-0
  "Ηρη, πρέσβα θεά, θυγάτηρ μεγάλοιο Κρόνοιο E 721, Θ 383
  "Ηρη, πρέσβα θεά, θύγατερ μεγάλοιο Κρόνοιο Ξ 194, 243

B13. κασιγνήτη 2-0, 7-1 ("Αρτεμις 2-0, "Ερις 1-0; Νηρηίδες 2-0)
  κασιγνήτην ἄλοχόν τε/ 2-0 (cf. 24B5)
  "Ηρην δὲ προσέειπε κασιγνήτην ἄλοχόν τε Π 432
  Ζεὺς δ' "Ηρην προσέειπε κασιγνήτην ἄλοχόν τε Σ 356+

B14. κυδρή 1-0, 0-2 (Λητώ 0-1)
  κυδρὴ παράκοιτις/ 1-0, 0-2 (Λητώ 0-1)
  Διὸς κυδρὴ παράκοιτις/ 1-0, 0-1 (Λητώ)
  / "Ηρη...Διὸς κυδρὴ παράκοιτις/ 1-0
  "Ηρη με προέηκε, Διὸς κυδρὴ παράκοιτις Σ 184

B15. κύντερον 1-0, 0-3
  σκυζομένης ἀλέγω, ἐπεὶ οὐ σέο κύντερον ἄλλο Θ 483+

B16. κυνῶπις 1-0, 1-3 (='Αφροδίτη 0-1; 'Ελένη 1-1, Κλυταιμήστρη 0-1)
  / μητρὸς...κυνώπιδος 1-0
  μητρὸς ἐμῆς ἰότητι κυνώπιδος, ἥ μ' ἐθέλησε Σ 396

B17. λευκώλενος 24-0, 4-11
  λευκώλενος "Ηρη/ 24-0
  θεὰ λευκώλενος "Ηρη/ 19-0
  λευκώλενον "Ηρην/ 1-0, λευκωλένῳ "Ηρῃ/ 1-0
  ἄλοχος...λευκώλενος "Ηρη/ 1-0
  / μητρὶ φίλῃ...λευκωλένῳ "Ηρῃ/ 1-0
  ὣς φάτο, τὸν δ' οὔ τι προσέφη λευκώλενος "Ηρη Θ 484
  τὸν δὲ χολωσαμένη προσέφη λευκώλενος "Ηρη Ω 55
  σῇ μ' ἄλοχος στυφέλιξε, πάτερ, λευκώλενος "Ηρη Φ 512
  μητρὶ φίλῃ ἐπὶ ἦρα φέρων, λευκωλένῳ "Ηρῃ Α 572
  οὐδ' ἔλαθ' 'Αγχίσαο πάϊς λευκώλενον "Ηρην Υ 112
  τὴν δ' ἠμείβετ' ἔπειτα θεὰ λευκώλενος "Ηρη O 92 (cf. **B8**)
  οὐκ ἀΐεις ἅ τέ φησι θεὰ λευκώλενος "Ηρη O 130
  ἔνθα στᾶσ' ἤϋσε θεὰ λευκώλενος "Ηρη E 784
  αὐτὰρ ἐπεὶ τό γ' ἄκουσε θεὰ λευκώλενος "Ηρη Φ 377
  τοὺς δὲ ἰδοῦσ' ἐλέησε θεὰ λευκώλενος "Ηρη Θ 350
  τῷ γὰρ ἐπὶ φρεσὶ θῆκε θεὰ λευκώλενος "Ηρη Α 55 (cf. **B21**)
  αὐδήεντα δ' ἔθηκε θεὰ λευκώλενος "Ηρη Τ 407
  οὐρανόθεν· πρὸ γὰρ ἧκε θεὰ λευκώλενος "Ηρη Α 195

οὐρανόθεν· πρὸ δέ μ' ἧκε θεὰ λευκώλενος Ἥρη	Α 208
τοὺς δ' ὡς οὖν ἐνόησε θεὰ λευκώλενος Ἥρη	Ε 711
τὴν δ' ὡς οὖν ἐνόησε θεὰ λευκώλενος Ἥρη	Φ 418
ἔνθ' ἵππους στήσασα θεὰ λευκώλενος Ἥρη	Ε 755
ἔνθ' ἵππους ἔστησε θεὰ λευκώλενος Ἥρη	Ε 775
ὣς φάτο, μείδησεν δὲ θεὰ λευκώλενος Ἥρη	Α 595, Φ 434 (cf. B8)
ὣς ἔφατ', οὐδ' ἀπίθησε θεὰ λευκώλενος Ἥρη	Ε 767, Θ 381, Ξ 277, Ο 78

B18. μεμαυῖα 3-0 ('Αθήνη 4-2, Ἔρις 2-0, Ἶρις 1-0)
μεμαυῖα...πότνια Ἥρη/ 1-0

ἀνδράσιν 'Αργείοισιν ἀλεξέμεναι μεμαυῖαι	Ε 779 (& 'Αθήνη)
ἵππους ὠκύποδας, μεμαυῖ' ἔριδος καὶ ἀϋτῆς	Ε 732
ὣς κραιπνῶς μεμαυῖα διέπτατο πότνια Ἥρη	Ο 83

B19. μήτηρ 8-0**
/ **μητρὶ φίλη** 2-0, 2-1 (=Θέτις; 'Αλθαίη, Πηνελόπεια 0-1)
/ **μητρὶ φίλη...λευκωλένῳ Ἥρῃ**/ 1-0
μῆτερ ἐμή 1-0, 3-13 (Θέτις 2-0; Πηνελόπεια 0-10)
μητρός.../Ἥρης 1-0

ἐκ γὰρ ἐμεῦ γένος ἐσσί, ἐμοὶ δέ σε γείνατο μήτηρ	Ε 896
οὕτω κεν τῆς μητρὸς ἐρινύας ἐξαποτίνοις	Φ 412
τέτλαθι, μῆτερ ἐμή, καὶ ἀνάσχεο κηδομένη περ	Α 586+
μητρὸς ἐμῆς ἰότητι κυνώπιδος, ἥ μ' ἐθέλησε	Σ 396
μητρός τοι μένος ἐστὶν ἄασχετον, οὐκ ἐπιεικτόν,/ Ἥρης...	Ε 892f.
μητρὶ δ' ἐγὼ παράφημι, καὶ αὐτῇ περ νοεούσῃ	Α 577
μητρὶ φίλῃ ἐν χειρὶ τίθει, καί μιν προσέειπε	Α 585+
μητρὶ φίλῃ ἐπὶ ἦρα φέρων, λευκωλένῳ Ἥρῃ	Α 572

B20. παράκοιτις 4-0, 4-9 (Θέτις 1-0, Λητώ 0-1)
κυδρὴ παράκοιτις/ 1-0, 0-2 (Λητώ 0-1)
Διὸς κυδρὴ παράκοιτις/ 1-0, 0-1 (Λητώ)
/ **Ἥρη...Διὸς κυδρὴ παράκοιτις/** 1-0
αἰδοίη παράκοιτις/ 1-0, 0-1 (Εὐρυδίκη)
Διὸς αἰδοίη παράκοιτις/ 1-0

ἀμφότερον, γενεῇ τε καὶ οὕνεκα σὴ παράκοιτις/ κέκλημαι...	Δ 60f.+, Σ 365f.+
ἦ ῥα, καὶ ἀγκὰς ἔμαρπτε Κρόνου παῖς ἣν παράκοιτιν	Ξ 346
Ἥρη με προέηκε, Διὸς κυδρὴ παράκοιτις	Σ 184
ἀλλὰ χολωσαμένη Διὸς αἰδοίη παράκοιτις	Φ 479

B21. πότνια 24-1, 25-19**
πότνια Ἥρη/ 24-1
βοῶπις πότνια Ἥρη/ 14-0

εἰ μὴ ἐπὶ φρεσὶ θῆκ' 'Αγαμέμνονι πότνια Ἥρη	Θ 218 (cf. B11)
εἴην ἤματα πάντα, τέκοι δέ με πότνια Ἥρη	Ν 826
ἐν νηυσὶ γλαφυρῇσι· σάωσε δὲ πότνια Ἥρη	δ 513
ὣς ἔφατ' εὐχόμενος, νεμέσησε δὲ πότνια Ἥρη	Θ 198

ὣς κραιπνῶς μεμαυῖα διέπτατο πότνια Ἥρη		Ο 83
ἣ μὲν ἄρ' ὣς εἰποῦσα καθέζετο πότνια Ἥρη		Ο 100
ἣ μὲν ἄρ' ὣς εἰποῦσα πάλιν κίε πότνια Ἥρη		Ο 149
τὴν δὲ δολοφρονέουσα προσηύδα πότνια Ἥρη		Ξ 197
τὸν δὲ δολοφρονέουσα προσηύδα πότνια Ἥρη		Ξ 300, 329, Τ 106
ὄψεαι, αἴ κ' ἐθέλησθα, βοῶπις πότνια Ἥρη		Θ 471
Ἠέλιον ἀκάμαντα βοῶπις πότνια Ἥρη		Σ 239
τὸν δ' αὖτε προσέειπε βοῶπις πότνια Ἥρη		Ξ 263
ὣς φάτο, μείδησεν δὲ βοῶπις πότνια Ἥρη		Ξ 222 (cf. B11)
ὣς φάτο, ῥίγησεν δὲ βοῶπις πότνια Ἥρη		Ο 34
ὣς ἔφατ', ἔδεισεν δὲ βοῶπις πότνια Ἥρη		Α 568
μερμήριξε δ' ἔπειτα βοῶπις πότνια Ἥρη		Ξ 159
εἰ μὲν δὴ σύ γ' ἔπειτα βοῶπις πότνια Ἥρη		Ο 49
ἔπρηξας καὶ ἔπειτα βοῶπις πότνια Ἥρη		Σ 357
τὸν δ' ἠμείβετ' ἔπειτα βοῶπις πότνια Ἥρη		Α 551, Δ 50, Π 439, Σ 360, Υ 309 (cf. B11)

B22. πρέσβα 4-0, 1-1 (Ἄτη 1-0; Εὐρυδίκη 0-1)

  πρέσβα θεά 4-0

  / Ἥρη πρέσβα θεὰ θυγάτηρ μεγάλοιο Κρόνοιο/ 4-0

  Ἥρη, πρέσβα θεά, θυγάτηρ μεγάλοιο Κρόνοιο Ε 721, Θ 383

  Ἥρη, πρέσβα θεά, θύγατερ μεγάλοιο Κρόνοιο Ξ 194, 243

B23. πρεσβυτάτη 1-0, 4-1

  καί με πρεσβυτάτην τέκετο Κρόνος ἀγκυλομήτης Δ 59+

B24. τοκεύς 1-0 (Ζεύς 1-0)

  οὔ τί μοι αἴτιος ἄλλος,/ θ 311f.
  ἀλλὰ τοκῆε δύω, τὼ μὴ γείνασθαι ὄφελλον

B25. φίλη 4-0 (Θέτις 5-0)

  φίλης ἀλόχοιο 1-0

  / μητρὶ φίλῃ 2-0, 2-1 (=Θέτις; Ἀλθαίη, Πηνελόπεια 0-1)

  / μητρὶ φίλῃ...λευκωλένῳ Ἥρῃ/ 1-0

  φίλη τε καὶ αἰδοίη 1-0 (cf. 25B3, 36B3)

  ὅττι οἱ ὧκ' ἐπέεσσι φίλης ἀλόχοιο πιθέσθην Ο 156
  αἰεί κέ σφι φίλη τε καὶ αἰδοίη καλεοίμην Ξ 210
  μητρὶ φίλῃ ἐν χειρὶ τίθει, καί μιν προσέειπε Α 585+
  μητρὶ φίλῃ ἐπὶ ἦρα φέρων, λευκωλένῳ Ἥρῃ Α 572 (cf. 27B38)

B26. χρυσόθρονος 3-0, 1-11 (=Ἄρτεμις 1-1, Ἠώς 0-10)

  χρυσόθρονος Ἥρη/ 1-0, χρυσοθρόνου Ἥρης/ 1-0

  / Ἥρη...χρυσόθρονος 1-0

  ἔνθα καθεῦδ' ἀναβάς, παρὰ δὲ χρυσόθρονος Ἥρη Α 611
  Ἴδης ἐν κορυφῇσι παρὰ χρυσοθρόνου Ἥρης Ο 5
  Ἥρη δ' εἰσεῖδε χρυσόθρονος ὀφθαλμοῖσι Ξ 153

C1. πῶς δὴ ἔγωγ', ἤ φημι θεάων ἔμμεν ἀρίστη Σ 364+

31. Ἥφαιστος 40-19

A1. αἶητος 1-0
πέλωρ αἴητον 1-0
ἦ, καὶ ἀπ' ἀκμοθέτοιο πέλωρ αἴητον ἀνέστη   Σ 410

A2. ἀμφιγυήεις 8-3
περικλυτὸς ἀμφιγυήεις/ 6-3
περικλυτὸς ἀμφιγυήεις/ Ἥφαιστος 1-0
κλυτὸς ἀμφιγυήεις/ 1-0
πάϊς ἀμφιγυήεις/ 1-0
Ἥφαιστος...πάϊς ἀμφιγυήεις/ 1-0
χρύσεον· Ἥφαιστος δέ κ' ἐμὸς πάϊς ἀμφιγυήεις   Ξ 239
αὐτὰρ ἐπεὶ πάνθ' ὅπλα κάμε κλυτὸς ἀμφιγυήεις   Σ 614
καλή, τὴν ὤπυιε περικλυτὸς ἀμφιγυήεις   Σ 383
ἐν δὲ νομὸν ποίησε περικλυτὸς ἀμφιγυήεις   Σ 587
ἐν δὲ χορὸν ποίκιλλε περικλυτὸς ἀμφιγυήεις   Σ 590
ἀγχίμολον δέ σφ' ἦλθε περικλυτὸς ἀμφιγυήεις   θ 300
τὸν δ' αὖτε προσέειπε περικλυτὸς ἀμφιγυήεις   θ 349
τὸν δ' ἡμείβετ' ἔπειτα περικλυτὸς ἀμφιγυήεις   θ 357
τὴν δ' ἡμείβετ' ἔπειτα περικλυτὸς ἀμφιγυήεις   Σ 393, 462
ἧχι ἑκάστῳ δῶμα περικλυτὸς ἀμφιγυήεις/   A 607f.
Ἥφαιστος ποίησεν...

A3. κλυτοεργός 0-1
/ Ἥφαιστον κλυτοεργόν 0-1
Ἥφαιστον κλυτοεργὸν ὅπως λύσειεν Ἄρηα   θ 345

A4. κλυτοτέχνης 3-1
Ἥφαιστος κλυτοτέχνης 1-0, Ἥφαιστον κλυτοτέχνην 2-1
τοῖσιν δ' Ἥφαιστος κλυτοτέχνης ἦρχ' ἀγορεύειν   A 571
εἶμι παρ' Ἥφαιστον κλυτοτέχνην, αἴ κ' ἐθέλησιν   Σ 143
κέκλετο Ἥφαιστον κλυτοτέχνην εἶπέ τε μῦθον   Σ 391
ὡς ἴδεν Ἥφαιστον κλυτοτέχνην νόσφι κιόντα   θ 286+

A5. κυλλοποδίων 3-0
κυλλοπόδιον ἐμὸν τέκος 1-0
χάλκεον, ὅν ῥ' αὐτὸς ποίησατο κυλλοποδίων   Σ 371
ἦσαν, ἐπεὶ πέντε πτύχας ἤλασε κυλλοποδίων   Υ 270
ὄρσεο, κυλλοπόδιον, ἐμὸν τέκος· ἄντα σέθεν γάρ   Φ 331+

B1. ἀγακλεής 1-0, 3-0
Ἥφαιστε, σχέο, τέκνον ἀγακλεές· οὐ γὰρ ἔοικεν   Φ 379+

B2. ἀθάνατος 1-0**
/ ἀθάνατον θεόν 1-0, 1-1 ('Αθήνη 0-1, Ἑρμείας 1-0)
...οὐ γὰρ ἔοικεν/   Φ 379f.+
ἀθάνατον θεὸν ὧδε βροτῶν ἕνεκα στυφελίζειν   (cf. 25B2)

B3. ἄναξ 2-1**
Ἡφαίστοιο ἄνακτος/ 2-0, / Ἡφαίστοιο ἄνακτος 0-1

τεύχεα καλά φέρουσα παρ' Ἡφαίστοιο ἄνακτος　　　Σ 137
...' Ἀθηναίης ἀγελείης/　　　Ο 213f.
"Ἥρης Ἑρμείῳ τε καὶ Ἡφαίστοιο ἄνακτος
...πολλὰ δ' ἔδωκε, λέχος δ' ᾔσχυνε καὶ εὐνήν/　　　θ 269f.
Ἡφαίστοιο ἄνακτος...

B4. βλεμεαίνων 1-0, 5-0
σθένεϊ βλεμεαίνων/ 1-0, 5-0 ("Ἕκτωρ 2-0)
/ "Ἥφαιστος...σθένεϊ βλεμεαίνων/ 1-0
"Ἥφαιστος δ' ἅμα τοῖσι κίε σθένεϊ βλεμεαίνων　　　Υ 36

B5. βραδύς 0-1, 1-1
"Ἥφαιστος...βραδύς 0-1
ὡς καὶ νῦν "Ἥφαιστος ἐὼν βραδὺς εἷλεν Ἄρηα　　　θ 330

B6. ἠπεδανός 0-1, 1-0
οὕνεχ' ὁ μὲν καλός τε καὶ ἀρτίπος, αὐτὰρ ἐγώ γε/　　　θ 310f.
ἠπεδανὸς γενόμην...

B7. θεός 7-0**
/ ἀθάνατον θεόν 1-0, 1-1 ('Ἀθήνη 0-1, Ἑρμείας 1-0)
ῥῆξε σάκος· χρυσὸς γὰρ ἐρύκακε, δῶρα θεοῖο　　　Υ 268, Φ 165
τέρπετο δ' ἐν χείρεσσιν ἔχων θεοῦ ἀγλαὰ δῶρα　　　Τ 18
μῆτερ ἐμή, τὰ μὲν ὅπλα θεὸς πόρεν οἷ' ἐπιεικές　　　Τ 21
βλημένου, οὐδ' ἐπέρησε· θεοῦ δ' ἠρύκακε δῶρα　　　Φ 594
δύσετο δῶρα θεοῦ, τά οἱ "Ἥφαιστος κάμε τεύχων　　　Τ 368
ἀθάνατον θεὸν ὧδε βροτῶν ἕνεκα στυφελίζειν　　　Φ 380+ (cf. **25B2**)

B8. κλυτός 1-0 ('Ἀμφιτρίτη 0-1, Ποσειδάων 6-3)
κλυτὸς ἀμφιγυήεις/ 1-0
αὐτὰρ ἐπεὶ πάνθ' ὅπλα κάμε κλυτὸς ἀμφιγυήεις　　　Σ 614

B9. πάϊς 1-0 (Ζεύς 12-1, Μοῦσα 0-1)
πάϊς ἀμφιγυήεις/ 1-0
"Ἥφαιστος...πάϊς ἀμφιγυήεις/ 1-0
χρύσεον· "Ἥφαιστος δέ κ' ἐμὸς πάϊς ἀμφιγυήεις　　　Ξ 239

B10. πέλωρ 1-0, 0-2 (Κύκλωψ, Σκύλλη)
πέλωρ αἴητον 1-0
ἦ, καὶ ἀπ' ἀκμοθέτοιο πέλωρ αἴητον ἀνέστη　　　Σ 410

B11. περικλυτός 6-5, 6-7
περικλυτὸς ἀμφιγυήεις/ 6-3
περικλυτὸς ἀμφιγυήεις/ "Ἥφαιστος 1-0
περικλυτοῦ Ἡφαίστοιο/ 0-2
　　　καλή, τὴν ὤπυιε περικλυτὸς ἀμφιγυήεις　　　Σ 383
　　　ἐν δὲ νομὸν ποίησε περικλυτὸς ἀμφιγυήεις　　　Σ 587
　　　ἐν δὲ χορὸν ποίκιλλε περικλυτὸς ἀμφιγυήεις　　　Σ 590
　　　ἀγχίμολον δέ σφ' ἦλθε περικλυτὸς ἀμφιγυήεις　　　θ 300
　　　τὸν δ' ἠμείβετ' ἔπειτα περικλυτὸς ἀμφιγυήεις　　　θ 357
　　　τὴν δ' ἠμείβετ' ἔπειτα περικλυτὸς ἀμφιγυήεις　　　Σ 393, 462

ἧχι ἑκάστῳ δῶμα περικλυτὸς ἀμφιγυήεις/   Α 607f.
"Ἥφαιστος ποίησεν...
βῆ δ' ἴμεναι πρὸς δῶμα περικλυτοῦ Ἡφαίστοιο   θ 287+
φάσκ' ἔμεναι, ἔργον δὲ περικλυτοῦ Ἡφαίστοιο   ω 75

B12. πολύμητις 1-0, 18-68 (= Ὀδυσσεύς)
πολυμήτιος Ἡφαίστοιο/ 1-0
πνοίῃ τειρόμενοι πολυμήτιος Ἡφαίστοιο   Φ 355

B13. πολύφρων 1-2, 1-6 (Ὀδυσσεύς 0-5)
πολύφρονος Ἡφαίστοιο/ 0-2
/ Ἡφαίστοιο...πολύφρονος 1-0
τεχνήεντες ἔχυντο πολύφρονος Ἡφαίστοιο   θ 297
τέχνας εἰσορόωσι πολύφρονος Ἡφαίστοιο   θ 327
Ἡφαίστοιο βίηφι πολύφρονος· αὐτὰρ ὅ γ' Ἥρην   Φ 367

B14. τέκνον 1-0 (Ἀθήνη 1-3, Ἀφροδίτη 2-0)
τέκνον ἀγακλεές 1-0
/ Ἥφαιστε...τέκνον ἀγακλεές 1-0
"Ἥφαιστε, σχέο, τέκνον ἀγακλεές· οὐ γὰρ ἔοικεν   Φ 379+

B15. τέκος 1-0 (Ἀθήνη 11-2, Ἀπόλλων 1-0, Ἄρτεμις 1-0, Ἀφροδίτη 2-0)
κυλλοπόδιον ἐμὸν τέκος 1-0
ὄρσεο, κυλλοπόδιον, ἐμὸν τέκος· ἄντα σέθεν γάρ   Φ 331+

B16. υἱός 5-0**
φίλος υἱός 4-0 (Φόβος 1-0)
φίλος υἱὸς... / Ἥφαιστος 2-0
φίλον υἱόν/ 2-0
Ἥφαιστον...φίλον υἱόν/ 2-0
αὐτίκα δ' Ἥφαιστον προσεφώνεεν, ὃν φίλον υἱόν·   Φ 330+
αὐτίκ' ἄρ' Ἥφαιστον προσεφώνεεν, ὃν φίλον υἱόν·   Φ 378+
βῆ δ' ἴμεν ἐς θάλαμον, τόν οἱ φίλος υἱὸς ἔτευξεν/   Ξ 166f.
"Ἥφαιστος...
ἔστιν τοι θάλαμος, τόν τοι φίλος υἱὸς ἔτευξεν/   Ξ 338f.
"Ἥφαιστος...
Ἥρη, τίπτε σὸς υἱὸς ἐμὸν ῥόον ἔχραε κήδειν   Φ 369

B17. φίλος 4-0**
φίλος υἱός 4-0 (Φόβος 1-0)
φίλος υἱὸς... / Ἥφαιστος 2-0
φίλον υἱόν/ 2-0
Ἥφαιστον...φίλον υἱόν/ 2-0
αὐτίκα δ' Ἥφαιστον προσεφώνεεν, ὃν φίλον υἱόν·   Φ 330+
αὐτίκ' ἄρ' Ἥφαιστον προσεφώνεεν, ὃν φίλον υἱόν·   Φ 378+
βῆ δ' ἴμεν ἐς θάλαμον, τόν οἱ φίλος υἱὸς ἔτευξεν/   Ξ 166f.
"Ἥφαιστος...
ἔστιν τοι θάλαμος, τόν τοι φίλος υἱὸς ἔτευξεν/   Ξ 338f.
"Ἥφαιστος...

B18. χαλκεύς 1-0, 3-2
    χαλκεὺς / Ἥφαιστος 1-0
    δεινὴν ἀμφιδάσειαν ἀριπρεπέ', ἥν ἄρα χαλκεὺς/   Ο 309f. (sc. αἰγίς)
    Ἥφαιστος Διὶ δῶκε φορήμεναι...

B19. χωλός 1-2, 2-0 (cf. χωλεύων 3-0: Σ 411=Υ 37, Σ 417)
    χωλὸν ἐόντα 1-1
    κρύψαι χωλὸν ἐόντα· τότ' ἂν πάθον ἄλγεα θυμῷ   Σ 397
    ὡς ἐμὲ χωλὸν ἐόντα Διὸς θυγάτηρ Ἀφροδίτη   θ 308
    χωλὸς ἐὼν τέχνῃσι· τὸ καὶ μοιχάγρι' ὀφέλλει   θ 332

32. Ἠώς 17-50 (pers.)
A1. εὔθρονος 1-5
    εὔθρονον Ἠῶ 1-3
        εὔθρονον Ἠῶ δῖαν/ 0-1
    Ἠὼς...εὔθρονος 0-2
    οὐκ ἄν τις τούτων γε εὔθρονον Ἠῶ ἵκοιτο   ρ 497
    ἑσταότες παρ' ὄχεσφιν εὔθρονον Ἠῶ μίμνον   Θ 565
    ἦν περ γάρ κ' ἐθέλωσιν εὔθρονον Ἠῶ μίμνειν   σ 318
    ἄεσα καί τ' ἀνέμεινα εὔθρονον Ἠῶ δῖαν   τ 342
    αὐτίκα δ' Ἠὼς ἦλθεν εὔθρονος, ἥ μιν ἔγειρε   ζ 48
    αἶψα γὰρ Ἠὼς ἦλθεν εὔθρονος· οἱ δ' ἐπὶ χέρσου   ο 495

A2. ἠριγένεια 3-25
    ἠριγένεια...ῥοδοδάκτυλος Ἠώς/ 2-20
    Ἠοῦς ἠριγενείης/ 1-2
    Ἠὼς/ἠριγένεια 0-1
    χρυσόθρονον ἠριγένειαν/ 0-1
    ἠριγένεια.../...χρυσόθρονος 0-1
        ὥς κεν παννύχιοι μέσφ' Ἠοῦς ἠριγενείης   Θ 508
        νῆσόν τ' Αἰαίην, ὅθι τ' Ἠοῦς ἠριγενείης   μ 3
        ἔρχεται ἀγγέλλων φάος Ἠοῦς ἠριγενείης   ν 94
        αὐτίκ' ἀπ' Ὠκεανοῦ χρυσόθρονον ἠριγένειαν   ψ 347
        ...ἀλλὰ καὶ Ἠώς/   δ 194f.
        ἔσσεται ἠριγένεια· νεμεσσῶμαί γε μὲν οὐδέν
        οὐδὲ σέ γ' ἠριγένεια παρ' Ὠκεανοῖο ῥοάων/   χ 197f.
        λήσει ἐπερχομένη χρυσόθρονος...
        ἦμος δ' ἠριγένεια φάνη ῥοδοδάκτυλος Ἠώς   Α 477, Ω 788, β 1,
                                                                                                                             γ 404, 491, δ 306,
                                                                                                                             431, 576, ε 228,
                                                                                                                             θ 1, ι 152+, 170,
                                                                                                                            307+, 437+, 560,
                                                                                                                             κ 187, μ 8+, 316,
                                                                                                                             ν 18, ο 189, ρ 1,
                                                                                                                             τ 428

A3. κροκόπεπλος 4-0
    / Ἠὼς...κροκόπεπλος 3-0
    κροκόπεπλος...Ἠώς/ 1-0

Ἠὼς μὲν κροκόπεπλος ἐκίδνατο πᾶσαν ἐπ' αἶαν Θ 1, Ω 695
Ἠὼς δὲ κροκόπεπλος ἀπ' Ὠκεανοιο ῥοάων Τ 1
ὄν τε μέτα κροκόπεπλος ὑπεὶρ ἄλα κίδναται Ἠώς Ψ 227

A4. ῥοδοδάκτυλος 5-22
ῥοδοδάκτυλος Ἠώς/ 5-22
ἠριγένεια...ῥοδοδάκτυλος Ἠώς/ 2-20
καλὴ ῥοδοδάκτυλος Ἠώς/ 1-0
ὣς μὲν ὅτ' Ὠρίων' ἔλετο ῥοδοδάκτυλος Ἠώς ε 121
μυρομένοισι δὲ τοῖσι φάνη ῥοδοδάκτυλος Ἠώς Ψ 109
καί νύ κ' ὀδυρομένοισι φάνη ῥοδοδάκτυλος Ἠώς ψ 241
ἀλλ' ὅτε δὴ δεκάτη ἐφάνη ῥοδοδάκτυλος Ἠώς Ζ 175 (cf. B6)
αὐτὰρ ἐπεί κε φανῇ καλὴ ῥοδοδάκτυλος Ἠώς Ι 707
ἦμος δ' ἠριγένεια φάνη ῥοδοδάκτυλος Ἠώς Α 477, Ω 788, β 1,
γ 404, 491, δ 306,
431, 576, ε 228,
θ 1, ι 152+, 170,
307+, 437+, 560,
κ 187, μ 8+, 316,
ν 18, ο 189, ρ 1,
τ 428

B1. δῖα 4-8**
Ἠῶ δῖαν 4-8
Ἠῶ δῖαν/ 3-6
εὔθρονον Ἠῶ δῖαν/ 0-1
ἀρᾶται δὲ τάχιστα φανήμεναι Ἠῶ δῖαν Ι 240
ἄστυδε νῦν ἰέναι, μὴ μίμνειν Ἠῶ δῖαν Σ 255
νηῒ θοῇ πλείοντες ἐμίμνομεν Ἠῶ δῖαν π 368
ἐγγύθεν Ἀρήνης, ὅθι μείναμεν Ἠῶ δῖαν Λ 723
ἔνθα δ' ἀποβρίξαντες ἐμείναμεν Ἠῶ δῖαν ι 151+, μ 7+
ὣς τότε μὲν στενάχοντες ἐμείναμεν Ἠῶ δῖαν ι 306+, 436+
ἄεσα καί τ' ἀνέμεινα εὔθρονον Ἠῶ δῖαν τ 342
ἔνθ' ἄρα καὶ τότ' ἔλεκτο καὶ Ἠῶ δῖαν ἔμιμνεν τ 50
ἔνθ' ὁ γέρων κατέλεκτο καὶ Ἠῶ δῖαν ἔμιμνεν Ι 662
καί κεν ἐς Ἠῶ δῖαν ἀνασχοίμην, ὅτε μοι σύ λ 375

B2. ἐϋπλόκαμος 0-3, 6-17**
ἐϋπλόκαμος...Ἠώς/ 0-3
ἀλλ' ὅτε δὴ τρίτον ἦμαρ ἐϋπλόκαμος τέλεσ' Ἠώς ε 390, ι 76, κ 144

B3. θεά 1-0**
/ Ἠώς...θεά 1-0
Ἠὼς μέν ῥα θεὰ προσεβήσετο μακρὸν Ὄλυμπον B 48

B4. καλή 1-0 (Ἀμφιτρίτη 0-1, Ἀφροδίτη 0-1, Χάρις 1-0)
καλὴ ῥοδοδάκτυλος Ἠώς/ 1-0
αὐτὰρ ἐπεί κε φανῇ καλὴ ῥοδοδάκτυλος Ἠώς Ι 707

B5. φαεινή 0-1
    'Ηοῦς...φαεινῆς 0-1
        τόν ρ' 'Ηοῦς ἔκτεινε φαεινῆς ἀγλαὸς υἱός   δ 188

B6. φαεσίμβροτος 1-0, 0-2 ('Ήέλιος)
    φαεσίμβροτος 'Ηώς/ 1-0
        ἀλλ' ὅτε δὴ δεκάτη ἐφάνη φαεσίμβροτος 'Ηώς   Ω 785 (cf. A4)

B7. χρυσόθρονος 0-10, 4-1 (="Αρτεμις 1-1, "Ηρη 3-0)
    χρυσόθρονος 'Ηώς/ 0-1, χρυσόθρονος...'Ηώς/ 0-5
    χρυσόθρονον 'Ηῶ 0-1
    'Ηῶ.../...χρυσόθρονον 0-1
    χρυσόθρονον ἠριγένειαν/ 0-1
    ἠριγένεια.../...χρυσόθρονος 0-1
        κείμην ἀσπασίως, φάε δὲ χρυσόθρονος 'Ηώς   ξ 502
        ὥς κ' εὖ θαλπιόων χρυσόθρονον 'Ηῶ ἵκηται   τ 319
        ἀλλ' ἦ τοι Κλεῖτον χρυσόθρονος ἥρπασεν 'Ηώς   ο 250
        ὣς ἔφατ', αὐτίκα δὲ χρυσόθρονος ἤλυθεν 'Ηώς   κ 541, μ 142, ο 56,
                                                          υ 91
                                ...'Ηῶ δ' αὖτε/   ψ 243f.
        ῥύσατ' ἐπ' 'Ωκεανῷ χρυσόθρονον, οὐδ' ἔα ἵππους
        αὐτίκ' ἀπ' 'Ωκεανοῦ χρυσόθρονον ἠριγένειαν   ψ 347
        οὐδέ σέ γ' ἠριγένεια παρ' 'Ωκεανοῖο ῥοάων/   χ 197f.
        λήσει ἐπερχομένη χρυσόθρονος...

33. Θάνατος 4-0 (pers.)
    B1. διδυμάων 2-0, 2-0
    /"Υπνῳ καὶ Θανάτῳ διδυμάοσιν 2-0
        "Υπνῳ καὶ Θανάτῳ διδυμάοσιν, οἵ ῥά μιν ὦκα   Π 672, 682

34. Θέμις 3-1 (pers.)
    B1. θεά 1-0**
        θεὰ Θέμι 1-0
            μή με, θεὰ Θέμι, ταῦτα διείρεο· οἶσθα καὶ αὐτή   O 93
    B2. καλλιπάρῃος 1-0, 13-2 (Λητώ 1-0)
        Θέμιστι...καλλιπαρῄῳ/ 1-0
            ἡ δ' ἄλλους μὲν ἔασε, Θέμιστι δὲ καλλιπαρῄῳ   O 87
    C1. λίσσομαι ἠμὲν Ζηνὸς 'Ολυμπίου ἠδὲ Θέμιστος,/   β 68f.
        ἥ τ' ἀνδρῶν ἀγορὰς ἠμὲν λύει ἠδὲ καθίζει

35. Θεοί, Θεαί
    A1. ἀγνῶτες 0-1
        οὐ...ἀγνῶτες 0-1
            οὐ γάρ τ' ἀγνῶτες θεοὶ ἀλλήλοισι πέλονται/   ε 79f. (cf. B3)
            ἀθάνατοι...
    A2. αἰειγενέται 8-4
        θεῶν αἰειγενετάων/ 5-2

θεοῖς αἰειγενέτῃσιν/ 2-1
ἀθανάτοισι θεοῖς αἰειγενέτῃσιν/ 0-1
ἐπουρανίοισι θεοῖς αἰειγενέτῃσιν/ 1-0

ὥς γὰρ ἐγὼ ὄπ' ἄκουσα θεῶν αἰειγενετάων	Η 53
ἄλλον μέν κεν ἔγωγε θεῶν αἰειγενετάων	Ξ 244
ἄλλος δ' ἄλλῳ ἔρεζε θεῶν αἰειγενετάων	Β 400
πῶς κ' ἔοι, εἴ τις νῶϊ θεῶν αἰειγενετάων	Ξ 333
μή τις ἀπ' Οὐλύμποιο θεῶν αἰειγενετάων	Π 93
μαῖα φίλη, χαλεπόν σε θεῶν αἰειγενετάων	ψ 81
ὦ πάτερ, ἦ μάλα τίς σε θεῶν αἰειγενετάων	ω 373
ἥρως, ἀλλ' ἄγε καὶ σὺ θεοῖς αἰειγενέτῃσιν	Υ 104
ἔκχεον, ἠδ' εὔχοντο θεοῖς αἰειγενέτῃσιν	Γ 296
ἦ ῥα καὶ ἄργματα θῦσε θεοῖς αἰειγενέτῃσι	ξ 446
λεῖβον δ' ἀθανάτοισι θεοῖς αἰειγενέτῃσιν	β 432
δώῃ ἐπουρανίοισι θεοῖς αἰειγενέτῃσι	Ζ 527

A3. ἀναίμονες 1-0

τοὔνεκ' ἀναίμονές εἰσι καὶ ἀθάνατοι καλέονται	Ε 342

A4. δωτῆρες 0-1
θεοὶ δωτῆρες ἐάων/ 0-1 (cf. 25A4)

ἔσταν δ' ἐν προθύροισι θεοὶ δωτῆρες ἐάων	θ 325

A5. ἐπουράνιος 3-1
ἐπουράνιος θεός 0-1
θεοῖσιν ἐπουρανίοισιν 2-0
ἐπουρανίοισι θεοῖς αἰειγενέτῃσιν/ 1-0

οὐλόμεν', εἰ δή πού τις ἐπουράνιος θεός ἐστι	ρ 484
οὐκ ἄν ἔγωγε θεοῖσιν ἐπουρανίοισι μαχοίμην	Ζ 129+
δὴν ἦν, ὅς ῥα θεοῖσιν ἐπουρανίοισιν ἔριζεν	Ζ 131
δώῃ ἐπουρανίοισι θεοῖς αἰειγενέτῃσι	Ζ 527

A6. ζηλήμονες 0-1
/ σχέτλιοί...ζηλήμονες 0-1

σχέτλιοί ἐστε, θεοί, ζηλήμονες ἔξοχον ἄλλων	ε 118 (cf. B4)

A7. Οὐρανίωνες 8-3
θεοὶ Οὐρανίωνες/ 3-3

αὐτὰρ ἐπεί τοι πῆμα τόδ' ἤγαγον Οὐρανίωνες	Ω 547
καί κεν δὴ πάλαι ἦσθα ἐνέρτερος Οὐρανιώνων	Ε 898
ἄλλος δ' οὔ τίς μοι τόσον αἴτιος Οὐρανιώνων	Φ 275
τίς νύ σε τοιάδ' ἔρεξε, φίλον τέκος, Οὐρανιώνων	Ε 373, Φ 509
ὄχθησαν δ' ἀνὰ δῶμα Διὸς θεοὶ Οὐρανίωνες	Α 570
Πηλεΐδεω Ἀχιλῆος, ἅ οἱ θεοὶ Οὐρανίωνες	Ρ 195
πομπὴ καὶ φίλα δῶρα, τά μοι θεοὶ Οὐρανίωνες	ν 41
τοὺς δ' ἄρα τῇ δεκάτῃ θάψαν θεοὶ Οὐρανίωνες	Ω 612
κήδε' ἐπεί μοι πολλὰ δόσαν θεοὶ Οὐρανίωνες	η 242, ι 15

A8. Τιτῆνες 1-0

τοὺς ὑποταρταρίους, οἳ Τιτῆνες καλέονται	Ξ 279

A9. ὑποταρτάριοι 1-0
   τοὺς ὑποταρταρίους, οἳ Τιτῆνες καλέονται   Ξ 279

B1. ἀθάνατοι 88-76
   ἀθάνατοι...θεοί 0-1
   ἀθάνατοι θεοὶ ἄλλοι/ 4-4, θεοὶ ἄλλοι/ἀθάνατοι 1-0
   'Ολύμπια δώματ' ἔχοντες/ἀθάνατοι 3-0
   ἀθανάτων...θεῶν 1-0, /ἀθανάτων...θεῶν 1-2
   θεῶν.../ἀθανάτων 1-0
   ἀθανάτοισι θεοῖσιν/ 8-8, ἀθανάτοισιν...θεοῖσιν/ 1-0
   ἀθανάτοισι θεοῖς 3-1
   ἀθανάτοισι θεοῖς αἰειγενέτῃσιν/ 0-1
   / ἀθανάτοισι θεοῖσι 1-3
   θεοὶ.../ἀθάνατοι 0-1
   θεοὶ μάκαρες.../ἀθάνατοι 1-0
   θεοῖσι...ἀθανάτοισιν/ 1-2, θεοῖσι...ἀθανάτοισιν 0-1
   θεοῖσιν/ἀθανάτοις (ἀθανατοῖσιν) 0-2

τῷ ὅ γε οἰνοποτάζει ἐφήμενος	ἀθάνατος ὥς	ζ 309
ἄφθιτον ἀστερόεντα, μεταπρεπέ'	ἀθανάτοισι	Σ 370
δηϊοτῆτα φέρων· μάλα γὰρ φίλοι	ἀθανάτοισιν	ζ 203
Πηλέϊ, ὃς περὶ κῆρι φίλος γένετ'	ἀθανάτοισι	Ω 61
ὅς σεῦ ἅμα κρείσσων καὶ φίλτερος	ἀθανάτοισιν	Υ 334
ἄλλος δ' αὖ εἶδος μὲν ἀλίγκιος	ἀθανάτοισιν	θ 174
Μαίων Αἱμονίδης, ἐπιείκελος	ἀθανάτοισιν	Δ 394
Κτήσιος 'Ορμενίδης, ἐπιείκελος	ἀθανάτοισιν	ο 414
Ἴφιτος Εὐρυτίδης, ἐπιείκελος	ἀθανάτοισι	φ 14
Ἴφιτον Εὐρυτίδην, ἐπιείκελον	ἀθανάτοισιν	φ 37
Θησέα τ' Αἰγείδην, ἐπιείκελον	ἀθανάτοισιν	Α 265
ἠΐθεόν τ' 'Ακάμαντ' ἐπιείκελον	ἀθανάτοισιν	Λ 60
ταῦτα δὲ καὶ μετὰ πᾶσιν ἀκούσεαι	ἀθανάτοισιν	Ο 96
αὐτός τ' ἐσθλὸς ἐών· ἀλλ' ὤφελεν	ἀθανάτοισιν/	Ψ 546f.
εὔχεσθαι...		
σπεῖσαι, ἐπεὶ καὶ τοῦτον οἴομαι	ἀθανάτοισιν/	γ 47f.
εὔχεσθαι...		
Ἶρίν θ', ἥ τε θεοῖσι μετάγγελος	ἀθανάτοισι	Ο 144
ἱκόμεθ', οἵ ῥα θεοῖσι πεποιθότες	ἀθανάτοισι	ι 107
καὶ πόνος· οὐδὲ θεοῖσιν ὑπείξεαι	ἀθανάτοισιν	μ 117
ὄφρα Ποσειδάωνι καὶ ἄλλοις	ἀθανάτοισι	γ 333
ὥς σπείσῃς Διὶ πατρὶ καὶ ἄλλοις	ἀθανάτοισι	Ζ 259
ἀρήσῃ Διὶ πατρὶ καὶ ἄλλοις	ἀθανάτοισι	Ν 818
Ζηνὶ φόως ἐρέουσα καὶ ἄλλοις	ἀθανάτοισιν	Β 49
θήλεον· ἔνθα κ' ἔπειτα καὶ	ἀθάνατός περ ἐπελθών	ε 73
εἴξας ἄνδρα φέριστον ὃν	ἀθάνατοί περ ἔτεισαν	Ι 110
τοὔνεκ' ἀναίμονές εἰσι καὶ	ἀθάνατοι καλέονται	Ε 342
Ζεῦ κύδιστε μέγιστε καὶ	ἀθάνατοι θεοὶ ἄλλοι	Γ 298
Ζεὺς μέν που τό γε οἶδε καὶ	ἀθάνατοι θεοὶ ἄλλοι	Γ 308

Repertory

Ζεὺς γάρ που τό γε οἶδε καὶ	ἀθάνατοι θεοὶ ἄλλοι	ξ 119
Ζεὺς τό γ' ἀλεξήσειε καὶ	ἀθάνατοι θεοὶ ἄλλοι	γ 346
Ζεύς τοι δοίη, ξεῖνε, καὶ	ἀθάνατοι θεοὶ ἄλλοι	ξ 53, σ 112
Ζεὺς ἐθέλῃ τελέσαι ἠδ'	ἀθάνατοι θεοὶ ἄλλοι	Σ 116, Χ 366
ἄνδρες ἐσέρχονται, ἀλλ'	ἀθανάτων ὁδός ἐστιν	ν 112
ὄφρ' ἐς Ὄλυμπον ἵκωμαι, ἵν'	ἀθανάτων ἕδος ἐστίν	Ε 360
ἂψ ἐς Ὄλυμπον ἵκεσθον, ἵν'	ἀθανάτων ἕδος ἐστίν	Θ 456
τοῦ ὅ γ' ἐπιμνησθεὶς ἔπε'	ἀθανάτοισι μετηύδα	α 31
οὔ τίς τοι θεός εἰμι· τί μ'	ἀθανάτοισι ἐΐσκεις	π 187
αὐτὰρ ἐμοὶ τάδε πάντα καὶ	ἀθανάτοισι μελήσει	ρ 601
ἐννῆμαρ δὴ νεῖκος ἐν	ἀθανάτοισιν ὄρωρεν	Ω 107
τοῦτο γὰρ ἐξ ἐμέθεν γε μετ'	ἀθανάτοισι μέγιστον	Α 525
ἶσον ἐμοὶ φρονέουσα μετ'	ἀθανάτοισι καθίζοις	Ο 50
Ζεῦ πάτερ, εἴ ποτε δή σε μετ'	ἀθανάτοισιν ὄνησα	Α 503
ὅττι μάλ' οὐ δηναιὸς ὃς	ἀθανάτοισι μάχηται	Ε 407
ἀλλ' ἤδη Δαναοί γε καὶ	ἀθανάτοισι μάχονται	Ε 380
καί κεν ἐγὼν ἐπέεσσι καὶ	ἀθανάτοισι μαχοίμην	Υ 367
οἰκία δὲ θνητοῖσι καὶ	ἀθανάτοισι φανείη	Υ 64
οὐρανὸν ἐς πολύχαλκον, ἵν'	ἀθανάτοισι φαείνοι	γ 2
Ἠέλι', ἦ τοι μὲν σὺ μετ'	ἀθανάτοισι φάεινε	μ 385
πόντον ἐπιπλαγχθείς, δέμας	ἀθανάτοισιν ὁμοῖος	θ 14
ἔκ ῥ' ἀσαμίνθου βῆ δέμας	ἀθανάτοισιν ὁμοῖος	γ 468
ἔκ δ' ἀσαμίνθου βῆ δέμας	ἀθανάτοισιν ὁμοῖος	ψ 163
κάλλεος εἵνεκα οἷο, ἵν'	ἀθανάτοισι μετείη	Υ 235, ο 251
ὃς πᾶσι θνητοῖσι καὶ	ἀθανάτοισιν ἀνάσσει	Μ 242
κέκλημαι, σὺ δὲ πᾶσι μετ'	ἀθανάτοισιν ἀνάσσεις	Δ 61, Σ 366
οἰμώξας δὲ θεοῖσι μετ'	ἀθανάτοισι γεγώνευν	μ 370+
τὼ μὲν ἄρ' ὣς εἰπόντε μετ'	ἀθανάτους ἀπεβήτην	Φ 298
μαργαίνειν ἀνέηκεν ἐπ'	ἀθανάτοισι θεοῖσι	Ε 882
ὣς ἔφατ', ἐν δὲ γέλως ὦρτ'	ἀθανάτοισι θεοῖσιν	θ 343
ἄνδρεσσιν φορέειν, ἀλλ'	ἀθανάτοισι θεοῖσιν	Κ 441
αἰδοῖός μέν τ' ἐστὶ καὶ	ἀθανάτοισι θεοῖσιν	ε 447
ἀνδράσι τε κρατέουσι καὶ	ἀθανάτοισι θεοῖσι	π 265
ἡ δὲ καὶ αὔτως μ' αἰεὶ ἐν	ἀθανάτοισι θεοῖσι	Α 520
νίκης πείρατ' ἔχονται ἐν	ἀθανάτοισι θεοῖσιν	Η 102
οὐδ' ὄθεται· φησὶν γὰρ ἐν	ἀθανάτοισι θεοῖσι	Ο 107
εὐχομένου, ὡς τὸ πρὶν ἐν	ἀθανάτοισι θεοῖσιν	Φ 476
ἀλλὰ μάλα πρόφρασσα μετ'	ἀθανάτοισι θεοῖσιν	Φ 500
τίσειν αἴσιμα πάντα μετ'	ἀθανάτοισι θεοῖσι	θ 348
πῶς ἂν ἐγώ σε δέοιμι μετ'	ἀθανάτοισι θεοῖσι	θ 352
εἴδωλον· αὐτὸς δὲ μετ'	ἀθανάτοισι θεοῖσι	λ 602
Ζεῦ πάτερ, οὐκέτ' ἐγώ γε μετ'	ἀθανάτοισι θεοῖσι	ν 128
ἦ ῥα καὶ Αἰνείας φίλος	ἀθανάτοισι θεοῖσιν	Υ 347
Αἴολος Ἱπποτάδης, φίλος	ἀθανάτοισι θεοῖσι	κ 2
φράσσαντ' ἀθάνατοι θάνατον καὶ κῆρα μέλαιναν		γ 242
ὤλεσαν ἀθάνατοι, ὅτε Ἴλιον εἰσανέβαινον		σ 252, τ 125

κλαίομεν	ἀθάνατοί τε θεοὶ θνητοί τ' ἄνθρωποι	ω 64
υἱέες	ἀθανάτων, τοῖσιν κότον αἰνὸν ἐνήσεις	Π 449
ἔργ' ἔμεν	ἀθανάτων, μηδὲ βροτὸν ἄνδρα τελέσσαι	Τ 22
λήθετ' ἄρ'	ἀθανάτων· φρεσὶ γὰρ κέχρητ' ἀγαθῇσιν	ξ 421
οὐ γάρ ὅ γ'	ἀθανάτων τινα ἔλπετο ὃν κατὰ θυμόν	Ν 8
τὸν δέ τις	ἀθανάτων βλάψε φρένας ἔνδον ἐΐσας	ξ 178
εἰ δέ τις	ἀθανάτων γε κατ' οὐρανοῦ εἰλήλουθας	Ζ 128+
εἰ δέ τις	ἀθανάτων γε κατ' οὐρανοῦ εἰλήλουθεν	η 199
ἀλλά τις	ἀθανάτων παῦσεν χόλον, ὅς ῥ' ἐνὶ θυμῷ	Ι 459
ἀλλά τις	ἀθανάτων κτεῖνε μνηστῆρας ἀγαυούς	ψ 63
ὅς τίς μ'	ἀθανάτων πεδάᾳ καὶ ἔδησε κελεύθου	δ 380, 469
	...ἀλλά τις ἄγχι/	Ε 185f.
ἕστηκ'	ἀθανάτων, νεφέλῃ εἰλυμένος ὤμους	
φὰν δέ τιν'	ἀθανάτων ἐξ οὐρανοῦ ἀστερόεντος	Ζ 108
πάντων	ἀθανάτων ἐπιδωσόμεθ'· ἀλλὰ καὶ αὖτις	Κ 463
καὶ σθένος,	ἀθανάτων δὲ θεῶν ἄπο ἔργα ἴσασιν	Σ 420
ἐξ ἧς	ἀθανάτοισιν ἔρις καὶ νεῖκος ἐφῆπται	Φ 513
αὐτίκα δ'	ἀθανάτοισι μετηύδα χωόμενος κῆρ	μ 376+
ἔρρ', ἐπεὶ	ἀθανάτοισιν ἀπεχθόμενος τόδ' ἱκάνεις	κ 75+
καὶ τότ' ἄρ'	ἀθανάτοισι μετηύδα Φοῖβος 'Απόλλων	Ω 32
οἴη ἐν	ἀθανάτοισιν ἀεικέα λοιγὸν ἀμῦναι	Α 398+
ὅς τις ἔτ'	ἀθανάτοισι νόον καὶ μῆτιν ἐνίψει	Η 447
πὰρ Διὸς	ἀθανάτοισι χόλος καὶ μῆνις ἐτύχθη	Ο 122
πολλά κεν	ἀθανάτοισι φίλας ἀνὰ χεῖρας ἀείραι	Η 130
ἠρῶ	ἀθανάτοισι γενειήσαντα ἰδέσθαι	σ 176
ἵσταντ'	ἀθανάτοις ἐναλίγκιοι, οἵ ῥ' ὑπ' ἀπήνης	η 5
μίσγεσθ'	ἀθανάτοισιν, ἔχω δ' ἄχε' ἄκριτα θυμῷ	Ω 91
οἵ ῥα καὶ	ἀθανάτοισιν ἐρίζεσκον περὶ τόξων	θ 225
οἵ ῥα καὶ	ἀθανάτοισιν ἀπειλήτην ἐν Ὀλύμπῳ	λ 313
ἔρδομεν	ἀθανάτοισι τελήσσας ἑκατόμβας	Β 306
ἔρδον δ'	ἀθανάτοισι τελήσσας ἑκατόμβας	Θ 548
ῥέξομεν	ἀθανάτοισι, τοὶ οὐρανὸν εὐρὺν ἔχουσιν	μ 344
πᾶσι μετ'	ἀθανάτοισιν, ἐγὼ καὶ Παλλὰς 'Αθήνη	Υ 314
ὄρνυθ', ἵν'	ἀθανάτοισι φόως φέροι ἠδὲ βροτοῖσιν	Λ 2, Τ 2, ε 2
θνητὰς	ἀθανάτῃσι δέμας καὶ εἶδος ἐρίζειν	ε 213
κοιμᾶτ'	ἀθανάτῃσι φυὴν καὶ εἶδος ὁμοίη	ζ 16
ὑμῖν	ἀθανάτῃσι, διαπραθέειν τόδε ἄστυ	Η 32 (sc. Ἀθήνη & Ἥρῃ)
δαμνᾷ	ἀθανάτους ἠδὲ θνητοὺς ἀνθρώπους	Ξ 199
αὐτίκα δ'	ἀθανάτοισι θεοῖς μετὰ μῦθον ἔειπεν	Υ 292
ὡς ἴδεν	ἀθανάτοισι θεοῖς ἐναλίγκιον ἄντην	ω 371
μή τι σύ γ'	ἀθανάτοισι θεοῖς ἀντικρὺ μάχεσθαι	Ε 130 (cf. Β11)
λεῖβον δ'	ἀθανάτοισι θεοῖς αἰειγενέτῃσιν	β 432
ἦν, ἐπεὶ	ἀθανάτοισιν ἀπήχθετο πᾶσι θεοῖσιν	Ζ 140+
αἰνῶς	ἀθανάτῃσι θεῇς εἰς ὦπα ἔοικεν	Γ 158
ἀθάνατοι δέ τε σῆμα πολυσκάρθμοιο Μυρίνης		Β 814

ἀθάνατοι θνητοῖσιν ἐπὶ ζείδωρον ἄρουραν	τ 593
ἀθάνατοι τιμῶσι παλαιοτέρους ἀνθρώπους	Ψ 788
ἀθάνατοι πέμψουσιν, ὅθι ξανθὸς Ῥαδάμανθυς	δ 564
ἀθάνατοι χαρίεσσαν ἐχέφρονι Πηνελοπείῃ	ω 198
ἀθάνατοι βάλλουσι καὶ ὡς τελέεσθαι ὀΐω	α 201, ο 173
...δίδοσαν δέ μοι οὖρον/	δ 585f.
ἀθάνατοι, τοί μ᾽ ὦκα φίλην ἐς πατρίδ᾽ ἔπεμψαν	
...ἔδοσαν δέ μοι οὖρον/	ρ 148f.
ἀθάνατοι, τοί μ᾽ ὦκα φίλην ἐς πατρίδ᾽ ἔπεμψαν	
...εἴ μιν ἅπαντες/	Φ 266f.
ἀθάνατοι φοβέουσι, τοὶ οὐρανὸν εὐρὺν ἔχουσι	
...ἔνθα περ ἄλλοι/	Ν 524f.
ἀθάνατοι θεοὶ ἦσαν ἐεργόμενοι πολέμοιο	
...ἐπὶ δ᾽ ἕψονται θεοὶ ἄλλοι/	Δ 63f.
ἀθάνατοι· σὺ δὲ θᾶσσον Ἀθηναίῃ ἐπιτεῖλαι	
... θεοὶ μάκαρες λελάθοντο/	Δ 127f.
ἀθάνατοι, πρώτη δὲ Διὸς θυγάτηρ ἀγελείη	
οὐ γάρ τ᾽ ἀγνῶτες θεοὶ ἀλλήλοισι πέλονται/	ε 79f.
ἀθάνατοι...	
...οὐ γὰρ ἔτ᾽ ἀμφὶς Ὀλύμπια δώματ᾽ ἔχοντες/	Β 13f., 30f., 67f.
ἀθάνατοι φράζονται, ἐπέγναμψεν γὰρ ἅπαντας	
ἀθανάτων ὅς τίς σε φυλάσσει τε ῥύεταί τε	ο 35
οὐδ᾽ οἶδε Κρονίδης ὑψίζυγος οὐδέ τις ἄλλος/	Σ 185f. (cf. C4)
ἀθανάτων...	
...οὔτε τιν᾽ ἄλλον/	Ο 72f.
ἀθανάτων Δαναοῖσιν ἀμυνέμεν ἐνθάδ᾽ ἐάσω	
μήτε σύ γ᾽ Ἄρηα τό γε δείδιθι μήτε τιν᾽ ἄλλον/	Ε 827f.
ἀθανάτων...	
σκύζεσθαί οἱ εἰπὲ θεούς, ἐμὲ δ᾽ ἔξοχα πάντων/	Ω 113f.
ἀθανάτων κεχολῶσθαι...	
σκύζεσθαι σοί φησι θεούς, ἑὲ δ᾽ ἔξοχα πάντων/	Ω 134f.
ἀθανάτων κεχολῶσθαι...	
...ἵνα εἰδῇ ὅ μιν φιλέουσιν ἄριστοι/	Υ 122f.
ἀθανάτων, οἱ δ᾽ αὖτ᾽ ἀνεμώλιοι οἳ τὸ πάρος περ	
τέξεις ἀγλαὰ τέκνα, ἐπεὶ οὐκ ἀποφώλιοι εὐναί/	λ 249f.
ἀθανάτων...	
...μή τίς μοι ὑφαίνῃσιν δόλον αὖτε/	ε 356f.
ἀθανάτων, ὅ τέ με σχεδίης ἀποβῆναι ἀνώγει	
ἀθανάτων τε θεῶν χαμαὶ ἐρχομένων τ᾽ ἀνθρώπων	Ε 442
...οὐ μὲν γάρ τι δυνήσεται ἀντία πάντων/	α 78f.
ἀθανάτων ἀέκητι θεῶν ἐριδαινέμεν οἶος	
ἀθανάτων ἀέκητι θεῶν τάδε μήσατο ἔργα	ω 444
...θεῶν δ᾽ ἀέκητι τέτυκτο/	Μ 8f.
ἀθανάτων· τὸ καὶ οὔ τι πολὺν χρόνον ἔμπεδον ἦεν	
ὦ τέκος, ἦ ῥ᾽ ἀγαθὸν καὶ ἐναίσιμα δῶρα διδοῦναι/	Ω 425f. (cf. C2)
ἀθανάτοις...	

Αἰθιόπων ἐς γαῖαν, ὅθι ῥέζουσ' ἑκατόμβας/   ψ 206f.
ἀθανάτοις...
  ...ἵνα σπένδησθα θεοῖσιν/   δ 591f.
ἀθανάτοις ἐμέθεν μεμνημένος ἤματα πάντα
  ...ἀλλά νυ μέλλω/   δ 377f.
ἀθανάτους ἀλιτέσθαι, οἳ οὐρανὸν εὐρὺν ἔχουσιν
  ...οὐ γὰρ ἐγώ γε/   η 208f.
ἀθανάτοισιν ἔοικα, τοὶ οὐρανὸν εὐρὺν ἔχουσιν
  ...ῥέξῃς θ' ἱερὰς ἑκατόμβας/   δ 478f.
ἀθανάτοισι θεοῖσι, τοὶ οὐρανὸν εὐρὺν ἔχουσι
  ...ἔρδειν θ' ἱερὰς ἑκατόμβας/   λ 132ff., ψ 279ff.
ἀθανάτοισι θεοῖσι, τοὶ οὐρανὸν εὐρὺν ἔχουσι,/
πᾶσι μάλ' ἐξείης...
ἵκετο δ' αἰπὺν Ὀλύμπον, ὁμηγερέεσσι δ' ἐπῆλθεν/   Ο 84f.
ἀθανάτοισι θεοῖσι Διὸς δόμῳ...
  ...περὶ δ' ἱρὰ θεοῖσιν/   α 66f.
ἀθανάτοισιν ἔδωκε, τοὶ οὐρανὸν εὐρὺν ἔχουσιν

B2. ἄνακτες 0-1**
 θεῶν...ἀνάκτων/ 0-1
  νῆα διαρραίουσι, θεῶν ἀέκητι ἀνάκτων   μ 290

B3. ἀρίγνωτοι 1-0, 1-5
  ῥεῖ' ἔγνων ἀπιόντος· ἀρίγνωτοι δὲ θεοί περ   N 72 (cf. **A1**)

B4. δηλήμονες 1-0, 0-3 (=Ἔχετος)
 / σχέτλιοί...δηλήμονες 1-0
  σχέτλιοί ἐστε, θεοί, δηλήμονες· οὔ νύ ποθ' ἡμῖν   Ω 33+ (cf. **A6**)

B5. ἔνερθε 1-0
 ἔνερθε θεοὶ Κρόνον ἀμφὶς ἐόντες/ 1-0 (cf. B6)
  μάρτυροι ὦσ' οἱ ἔνερθε θεοὶ Κρόνον ἀμφὶς ἐόντες   Ξ 274

B6. ἐνέρτεροι 1-0, 1-0 (cf. B5)
 ἐνέρτεροί...θεοὶ Κρόνον ἀμφὶς ἐόντες/ 1-0
  οἵ περ ἐνέρτεροί εἰσι θεοὶ Κρόνον ἀμφὶς ἐόντες   Ο 225

B7. ἐόντες 6-10 (Ζεύς 1-0)
 θεοὶ αἰὲν ἐόντες/ 4-4
  μάκαρες θεοὶ αἰὲν ἐόντες/ 1-4
 θεούς...αἰὲν ἐόντας/ 0-4, θεῶν...αἰὲν ἐόντων/ 0-2
 θεοὶ Κρόνον ἀμφὶς ἐόντες/ 2-0
  εἰ δέ μιν αἰχμητὴν ἔθεσαν θεοὶ αἰὲν ἐόντες   Α 290
  καὶ τότε δὴ πρὸς Ὄλυμπον ἴσαν θεοὶ αἰὲν ἐόντες   Α 494
  οἱ δ' ἄλλοι πρὸς Ὄλυμπον ἴσαν θεοὶ αἰὲν ἐόντες   Φ 518
  αὐτὰρ ἐπεὶ κατέπαυσα θεῶν χόλον αἰὲν ἐόντων   δ 583
  οὐ γάρ τ' αἶψα θεῶν τρέπεται νόος αἰὲν ἐόντων   γ 147
  δῶκεν, ἐπεί ῥα θεοὺς νεμεσίζετο αἰὲν ἐόντας   α 263
  ἀμβρότῳ, οἷα θεοὺς ἐπενήνοθεν αἰὲν ἐόντας   θ 365
  κείρετ'· ἐγὼ δὲ θεοὺς ἐπιβώσομαι αἰὲν ἐόντας   α 378, β 143

ἧαθ' ὁμηγερέες μάκαρες θεοὶ αἰὲν ἐόντες	Ω 99
Ζεῦ πάτερ ἠδ' ἄλλοι μάκαρες θεοὶ αἰὲν ἐόντες	ε 7, θ 306, μ 371+, 377+
μάρτυροι ὦσ' οἱ ἔνερθε θεοὶ Κρόνον ἀμφὶς ἐόντες	Ξ 274
οἵ περ ἐνέρτεροί εἰσι θεοὶ Κρόνον ἀμφὶς ἐόντες	Ο 225

B8. **ἐπίσκοποι** 1-0, 3-1
   ἐπίσκοποι ἁρμονιάων/ 1-0

ἀλλ' ἄγε δεῦρο θεοὺς ἐπιδώμεθα· τοὶ γὰρ ἄριστοι/ μάρτυροι ἔσσονται καὶ ἐπίσκοποι ἁρμονιάων	Χ 254f.

B9. **ἔχοντες** 6-3
   Ὀλύμπια δώματ' ἔχοντες/ 6-3 (cf. 49B1)

πολλοὶ γὰρ δὴ τλῆμεν 'Ολύμπια δώματ' ἔχοντες	Ε 383
μὴ νῦν μοι νεμεσήσετ', 'Ολύμπια δώματ' ἔχοντες	Ο 115
ὥς ἔμ' ἀϊστώσειαν 'Ολύμπια δώματ' ἔχοντες	υ 79
κῆρ ἀτέραμνον ἔθηκαν 'Ολύμπια δώματ' ἔχοντες	ψ 167
ὑμῖν μὲν θεοὶ δοῖεν 'Ολύμπια δώματ' ἔχοντες	Α 18
...οὐ γὰρ ἔτ' ἀμφὶς 'Ολύμπια δώματ' ἔχοντες/ ἀθάνατοι φράζονται, ἐπέγναμψεν γὰρ ἅπαντας	Β 13f., 30f., 67f.
οὐ μὲν γάρ τις ὅδ' ἄλλος 'Ολύμπια δώματ' ἐχόντων	γ 377

B10. **ζώοντες** 1-2
   θεοὶ ῥεῖα ζώοντες/ 1-2

οὐ μέν σ' οὐδὲ ἐῶσι θεοὶ ῥεῖα ζώοντες	δ 805
τόφρα οἱ ἠγάασθε θεοὶ ῥεῖα ζώοντες	ε 122
τῷ μὲν ἔπειτ' ὀδύσαντο θεοὶ ῥεῖα ζώοντες	Ζ 138

B11. **θηλύτεραι** 0-1, 1-5 (comp.)

θηλύτεραι δὲ θεαὶ μένον αἰδοῖ οἴκοι ἑκάστη	θ 324

B12. **μάκαρες** 15-20, 3-1
   μακάρεσσι θεοῖσι/ 4-3, **μακάρεσσι θεοῖς** 2-0
   θεοὶ μάκαρες 3-3
   θεοὶ μάκαρες.../ἀθάνατοι 1-0
   μάκαρες θεοί 5-6
   μάκαρες θεοὶ αἰὲν ἐόντες/ 1-4
   θεῶν μακάρων 1-3
   θεοῖσιν...μακάρεσσιν/ 0-1, **θεοῖσιν/...μακάρεσσι** 0-2
   θεοῖς μακάρεσσι 0-1

ἄνδρα τὸν ὅς κε θεοῖσιν ἀπέχθηται μακάρεσσιν	κ 74+
οἶδα δὲ νῦν ὅτε τοὺς μὲν ὁμῶς μακάρεσσι θεοῖσι	Ξ 72
εἰ μὲν δὴ νῦν τοῦτο φίλον μακάρεσσι θεοῖσι	α 82
ἰχώρ, οἷός πέρ τε ῥέει μακάρεσσι θεοῖσιν	Ε 340
ἄσβεστος δ' ἄρ' ἐνῶρτο γέλως μακάρεσσι θεοῖσιν	Α 599, θ 326+
ὅρκος δεινότατός τε πέλει μακάρεσσι θεοῖσιν	Ο 38, ε 186
ἡδεῖαν· τῆς δ' οὔ τι θεοὶ μάκαρες δατέοντο	Θ 550
σοὶ δ' οὔ πω μάλα πάγχυ θεοὶ μάκαρες κοτέουσιν	Ξ 143
Πλαγκτὰς δ' ἦ τοι τάς γε θεοὶ μάκαρες καλέουσι	μ 61

οὐ μὲν σχέτλια ἔργα θεοὶ μάκαρες φιλέουσιν ξ 83
ἀλλ' ὅτε δὴ καὶ λυγρὰ θεοὶ μάκαρες τελέσωσι σ 134
οὐδὲ σέθεν, Μενέλαε, θεοὶ μάκαρες λελάθοντο/ Δ 127f.
ἀθάνατοι...
ἀλλὰ κέλεσθαί μιν μακάρων μέγαν ὅρκον ὀμόσσαι κ 299
ὥς τοὺς ἀμφοτέρους μάκαρες θεοὶ ὀτρύνοντες Υ 54
ἔργον ἀέξουσιν μάκαρες θεοὶ ᾧ ἐπιμίμνω ο 372
τὸν δ' ἐλεαίρεσκον μάκαρες θεοὶ εἰσορόωντες Ω 23
τὸν καὶ ὑπέδεισαν μάκαρες θεοὶ οὐδ' ἔτ' ἔδησαν Α 406
ὥς τοι κήδονται μάκαρες θεοὶ υἷος ἑῆος Ω 422
τῷ ἔνι τέρπονται μάκαρες θεοὶ ἤματα πάντα ζ 46
ἧαθ' ὁμηγερέες μάκαρες θεοὶ αἰὲν ἐόντες Ω 99
Ζεῦ πάτερ ἠδ' ἄλλοι μάκαρες θεοὶ αἰὲν ἐόντες ε 7, θ 306, μ 371+,
377+

οὐδὲ θεῶν μακάρων· περὶ γὰρ δολόεντα τέτυκτο θ 281
οὐδὲ θεῶν μακάρων, ἐπεὶ ἦ πολὺ φέρτεροί εἰμεν ι 276
πρός τε θεῶν μακάρων πρός τε θνητῶν ἀνθρώπων Α 339
οὔτε θεῶν μακάρων οὔτε θνητῶν ἀνθρώπων ι 521
οὐδ' ἂν ἐγὼ μακάρεσσι θεοῖς ἐθέλοιμι μάχεσθαι Ζ 141+
οὔ μ' εἴας μακάρεσσι θεοῖς ἀντικρὺ μάχεσθαι Ε 819 (cf. Β1)
πάγχυ θεοῖς μακάρεσσι γονὴν Ἀρκεισιάδαο δ 755
...οἱ δὲ θεοῖσιν/ ν 54f.
ἔσπεισαν μακάρεσσι, τοὶ οὐρανὸν εὐρὺν ἔχουσιν
...οἱ δὲ θεοῖσι/ σ 425f.
λείψαντες μακάρεσσι πίον μελιηδέα οἶνον

B13. μάρτυροι 2-2, 4-1 (Ζεύς 0-1)
ἄριστοι/μάρτυροι 1-0
θεοί...μάρτυροι 0-1
/ μάρτυροι...θεοὶ Κρόνον ἀμφὶς ἐόντες/ 1-0
/ μάρτυροι...θεοὶ τοὶ Ὄλυμπον ἔχουσιν/ 0-1
μῦθον πέφραδε πᾶσι, θεοὶ δ' ἐπὶ μάρτυροι ἔστων α 273
μάρτυροι ὦσ' οἱ ἔνερθε θεοὶ Κρόνον ἀμφὶς ἐόντες Ξ 274
...θεοὺς ἐπιδώμεθα· τοὶ γὰρ ἄριστοι/ Χ 254f.
μάρτυροι ἔσσονται καὶ ἐπίσκοποι ἁρμονιάων
μάρτυροι ἀμφοτέροισι θεοί, τοὶ Ὄλυμπον ἔχουσιν ξ 394

B14. Ὀλύμπιοι 2-0, 30-12 (Ζεύς 19-9, Ἶρις 1-0)
ὁππότε μιν ξυνδῆσαι Ὀλύμπιοι ἤθελον ἄλλοι Α 399+
αὐτὰρ ἐπεὶ μεθ' ὅμιλον Ὀλύμπιοι ἤλυθον ἀνδρῶν Υ 47

B15. σχέτλιοι 1-1 (Ζεύς 3-1)
σχέτλιοι...δηλήμονες 1-0
σχέτλιοί...ζηλήμονες 0-1
σχέτλιοί ἐστε, θεοί, δηλήμονες· οὔ νύ ποθ' ἡμῖν Ω 33+
σχέτλιοί ἐστε, θεοί, ζηλήμονες ἔξοχον ἄλλων ε 118

C1. ...θεοὺς ἐπιδώμεθα· τοὶ γὰρ ἄριστοι/ Χ 254f.
μάρτυροι ἔσσονται καὶ ἐπίσκοποι ἁρμονιάων

C2. ...θεοὶ τοὶ Ὄλυμπον ἔχουσιν/ 4-6
    ἀγλαΐην γὰρ ἐμοί γε θεοί, τοὶ Ὄλυμπον ἔχουσιν   σ 180
    μάρτυροι ἀμφοτέροισι θεοί, τοὶ Ὄλυμπον ἔχουσιν   ξ 394
    ἔχθιστος δέ μοί ἐσσι θεῶν, οἳ Ὄλυμπον ἔχουσιν   Ε 890
    Αἶαν, ἐπεί τις νῶϊ θεῶν, οἳ Ὄλυμπον ἔχουσι   Ν 68
    λήθετ' ἐνὶ μεγάροισι θεῶν, οἳ Ὄλυμπον ἔχουσι   Ω 427
    οὐ πάντων ἀέκητι θεῶν, οἳ Ὄλυμπον ἔχουσι   ζ 240
    ὠκύτατόν περ ἐόντα θεῶν, οἳ Ὄλυμπον ἔχουσι   θ 331
    αὕτη τοι δίκη ἐστὶ θεῶν, οἳ Ὄλυμπον ἔχουσιν   τ 43
    ἠρώμην πάντεσσι θεοῖς, οἳ Ὄλυμπον ἔχουσιν   μ 337
    ὃς τόξοισιν ἔκηδε θεούς, οἳ Ὄλυμπον ἔχουσι   Ε 404

C3. ...οἳ οὐρανὸν εὐρὺν ἔχουσιν/ 2-16
    εἰ μέν τις θεός ἐσσι, τοὶ οὐρανὸν εὐρὺν ἔχουσιν   ζ 150
    ἢ μάλα τις θεός ἐσσι, τοὶ οὐρανὸν εὐρὺν ἔχουσιν   π 183
    ἢ μάλα τις θεὸς ἔνδον, οἳ οὐρανὸν εὐρὺν ἔχουσι   τ 40
    αἴ κε θεοί γ' ἐθέλωσι, τοὶ οὐρανὸν εὐρὺν ἔχουσιν   ε 169 (cf. C5)
    ῥηΐδιον δὲ θεοῖσι, τοὶ οὐρανὸν εὐρὺν ἔχουσιν   π 211
    οὔτε θεοὺς δείσαντες, οἳ οὐρανὸν εὐρὺν ἔχουσιν   χ 39
    ῥέξομεν ἀθανάτοισι, τοὶ οὐρανὸν εὐρὺν ἔχουσιν   μ 344
    ἀθάνατοι φοβέουσι, τοὶ οὐρανὸν εὐρὺν ἔχουσι   Φ 267
    ἀθανάτους ἀλιτέσθαι, οἳ οὐρανὸν εὐρὺν ἔχουσιν   δ 378
    ἀθανάτοισιν ἔδωκε, τοὶ οὐρανὸν εὐρὺν ἔχουσιν   α 67
    ἀθανάτοισι θεοῖσι, τοὶ οὐρανὸν εὐρὺν ἔχουσι   δ 479, λ 133, ψ 280
    ἀθανάτοισιν ἔοικα, τοὶ οὐρανὸν εὐρὺν ἔχουσιν   η 209
    νῦν δὲ θεοῖσιν ἔοικε, τοὶ οὐρανὸν εὐρὺν ἔχουσιν   ζ 243
    νῦν δὲ θεοῖσιν ἔοικας, οἳ οὐρανὸν εὐρὺν ἔχουσι   π 200
    δῶρα θεοῖσι δίδωσι, τοὶ οὐρανὸν εὐρὺν ἔχουσιν   Υ 299
    ...οἱ δὲ θεοῖσιν/
    ἔσπεισαν μακάρεσσι, τοὶ οὐρανὸν εὐρὺν ἔχουσιν   ν 54f.

C4.   ...οὐδέ τις ἄλλος/   Σ 185f. (cf. 27A14)
    ἀθανάτων, οἳ Ὄλυμπον ἀγάννιφον ἀμφινέμονται

C5.
    αἴ κε θεοί γ' ἐθέλωσι, τοὶ οὐρανὸν εὐρὺν ἔχουσιν/   ε 169f.
    οἵ μευ φέρτεροί εἰσι νοῆσαί τε κρῆναί τε

36. Θέτις 42-2

A1. ἀργυρόπεζα 12-1
    Θέτις ἀργυρόπεζα/ 9-0, Θέτιν ἀργυρόπεζαν/ 1-0
    θεὰ Θέτις ἀργυρόπεζα/ 7-0
    / ἀργυρόπεζα Θέτις 2-1
    / ἀργυρόπεζα Θέτις θυγάτηρ ἁλίοιο γέροντος/ 2-0
    θεά.../ἀργυρόπεζα Θέτις 0-1
        καλῆς δαιδαλέης, τήν οἱ Θέτις ἀργυρόπεζα   Π 222
        Ἡφαίστου δ' ἵκανε δόμον Θέτις ἀργυρόπεζα   Σ 369
        ἐς Πηλῆ' ἱκέτευσε καὶ ἐς Θέτιν ἀργυρόπεζαν   Π 574

ἡ δ' αὖτ' Οὐλυμπόνδε θεὰ Θέτις ἀργυρόπεζα   Σ 146
μήτηρ γάρ τέ μέ φησι θεὰ Θέτις ἀργυρόπεζα   I 410
τόφρα οἱ ἐγγύθεν ἦλθε θεὰ Θέτις ἀργυρόπεζα   Σ 381
ὣς ἔφατ', οὐδ' ἀπίθησε θεὰ Θέτις ἀργυρόπεζα   Ω 120
τὴν δ' ἠμείβετ' ἔπειτα θεὰ Θέτις ἀργυρόπεζα   Ω 89
τὸν δ' ἠμείβετ' ἔπειτα θεὰ Θέτις ἀργυρόπεζα   Σ 127, T 28
οἵ' ἐπὶ σοὶ κατέθηκε θεὰ περικαλλέ' ἄεθλα/   ω 91f.
ἀργυρόπεζα Θέτις...
ἀργυρόπεζα Θέτις, θυγάτηρ ἁλίοιο γέροντος   A 538, 556

A2. δυσαριστοτόκεια 1-0
ὤ μοι ἐγὼ δειλή, ὤ μοι δυσαριστοτόκεια   Σ 54

B1. ἄγγελος 2-0**
ἄγγελος.../μήτηρ 1-0
ἀλλ' ἐμέθεν ξύνες ὦκα, Διὸς δέ τοι ἄγγελός εἰμι   Ω 133 (cf. 39B1, 55B1)
...Διόθεν δέ μοι ἄγγελος ἦλθε/   Ω 561f.
μήτηρ, ἥ μ' ἔτεκεν, θυγάτηρ ἁλίοιο γέροντος

B2. ἀθανάτη 2-0 ('Αθήνη 1-1, "Ηρη 1-0, Κίρκη 0-1; Νηρηίδες 1-2)
ἀθανάτη...μήτηρ/ 2-0 (cf. 27B3, 42B1)
ἄλλῳ γ' ἢ 'Αχιλῆϊ, τὸν ἀθανάτη τέκε μήτηρ   K 404, P 78

B3. αἰδοίη 3-0, 12-30 ("Ηρη 2-0)
δεινή τε καὶ αἰδοίη θεός 1-0
αἰδοίη τε φίλη τε 2-0 (cf. 25B3, 30B2)
ἦ ῥά νύ μοι δεινή τε καὶ αἰδοίη θεὸς ἔνδον   Σ 394
τίπτε, Θέτι τανύπεπλε, ἱκάνεις ἡμέτερον δῶ,/   Σ 385f., 424f.
αἰδοίη τε φίλη τε...

B4. ἄκοιτις 1-0, 10-12 ("Ηρη 1-0, cf. B15)
θεὰν...ἄκοιτιν/ 1-0
καί οἱ θνητῷ ἐόντι θεὰν ποίησαν ἄκοιτιν   Ω 537

B5. ἁλοσύδνη 1-0, 0-1 ('Αμφιτρίτη)
Θέτιδος καλλιπλοκάμου ἁλοσύδνης/ 1-0
μητρὸς δ' ἐκ Θέτιδος καλλιπλοκάμου ἁλοσύδνης   Υ 207

B6. ἀτιμοτάτη 1-0
ἀτιμοτάτη θεός 1-0
ὅσσον ἐγὼ μετὰ πᾶσιν ἀτιμοτάτη θεός εἰμι   A 516

B7. δειλή 1-0
ὤ μοι ἐγὼ δειλή, ὤ μοι δυσαριστοτόκεια   Σ 54

B8. δεινή 1-0**
δεινή...θεός 1-0, 3-7 ('Αθήνη 3-1, Καλυψώ 0-3, Κίρκη 0-3)
δεινή τε καὶ αἰδοίη θεός 1-0
ἦ ῥά νύ μοι δεινή τε καὶ αἰδοίη θεὸς ἔνδον   Σ 394

Repertory

B9. δῖα 2-0**
δῖα θεάων/ 2-0, 5-26**
μύρονθ'· ἡ δ' ἐν τοῖσι παρίστατο δῖα θεάων   Τ 6
ὥς ἄρα φωνήσασα κάλυμμ' ἕλε δῖα θεάων   Ω 93

B10. ἠΰκομος 3-0, 15-3 ('Αθήνη 3-0, "Ηρη 1-0, Καλυψώ 0-2, Λητώ 2-1)
μητέρος ἠϋκόμοιο/ 1-0
Θέτιδος...ἠϋκόμοιο/ 2-0
καί μιν ὑπὲρ πατρὸς καὶ μητέρος ἠϋκόμοιο   Ω 466
οὐ μὰν οὐδ' 'Αχιλεύς, Θέτιδος πάϊς ἠϋκόμοιο   Δ 512
τίς δ' οἶδ' εἰ κ' 'Αχιλεύς, Θέτιδος πάϊς ἠϋκόμοιο   Π 860

B11. θεά 15-1,** θεός 3-0**
θεὰ Θέτις ἀργυρόπεζα/ 7-0
θεά.../ἀργυρόπεζα Θέτις 0-1
θεὰ Θέτι 1-0
θεά...μήτηρ/ 2-0
θεάν...ἄκοιτιν 1-0
ἀτιμοτάτη θεός 1-0
δεινή...θεός 1-0, 3-7 ('Αθήνη 3-1, Καλυψώ 0-3, Κίρκη 0-3)
δεινή τε καὶ αἰδοίη θεός 1-0
χερείονος...θεοῦ 1-0
ὅσσον ἐγὼ μετὰ πᾶσιν ἀτιμοτάτη θεός εἰμι   Α 516
ἦ ῥά νύ μοι δεινή τε καὶ αἰδοίη θεὸς ἔνδον   Σ 394
ἐκγεγάμεν, κεῖνος δὲ χερείονος ἐκ θεοῦ ἐστιν   Υ 106
ἀλλὰ σὺ τόν γ' ἐλθοῦσα, θεά, ὑπελύσαο δεσμῶν   Α 401
ὣς ἄρα φωνήσασα θεὰ κατὰ τεύχε' ἔθηκε   Τ 12
αὐτὰρ 'Αχιλλεύς ἐστι θεᾶς γόνος, ἥν ἐγὼ αὐτή   Ω 59+
ἤλυθες Οὔλυμπόνδε, θεὰ Θέτι, κηδομένη περ   Ω 104
ἡ δ' αὖτ' Οὔλυμπόνδε θεὰ Θέτις ἀργυρόπεζα   Σ 146
μήτηρ γάρ τέ μέ φησι θεὰ Θέτις ἀργυρόπεζα   Ι 410
τόφρα οἱ ἐγγύθεν ἦλθε θεὰ Θέτις ἀργυρόπεζα   Σ 381
ὣς ἔφατ', οὐδ' ἀπίθησε θεὰ Θέτις ἀργυρόπεζα   Ω 120
τὴν δ' ἠμείβετ' ἔπειτα θεὰ Θέτις ἀργυρόπεζα   Ω 89
τὸν δ' ἠμείβετ' ἔπειτα θεὰ Θέτις ἀργυρόπεζα   Σ 127, Τ 28
οἵ' ἐπὶ σοὶ κατέθηκε θεὰ περικαλλέ' ἄεθλα,/   ω 91f.
ἀργυρόπεζα Θέτις...
καί οἱ θνητῷ ἐόντι θεὰν ποίησαν ἄκοιτιν   Ω 537 (cf. B15)
εἰ δὲ σὺ καρτερός ἐσσι, θεὰ δέ σε γείνατο μήτηρ   Α 280
πατρὸς δ' εἴμ' ἀγαθοῖο, θεὰ δέ με γείνατο μήτηρ   Φ 109
ὅν πέρ φασι θεᾶς ἐξ ἔμμεναι· ἀλλ' ὅδε λίην   Ζ 100

B12. θυγάτηρ 3-0**
θυγάτηρ ἁλίοιο γέροντος/ 3-0
/ ἀργυρόπεζα Θέτις, θυγάτηρ ἁλίοιο γέροντος/ 2-0
...Διόθεν δέ μοι ἄγγελος ἦλθε/   Ω 561f.
μήτηρ, ἥ μ' ἔτεκεν, θυγάτηρ ἁλίοιο γέροντος
ἀργυρόπεζα Θέτις, θυγάτηρ ἁλίοιο γέροντος   Α 538, 556

B13. καλλιπλόκαμος 2-0, 2-2 (Δημήτηρ 1-0, Κίρκη 0-2; 'Αριάδνη 1-0)
Θέτιδος καλλιπλοκάμου 1-0, Θέτι καλλιπλοκάμῳ 1-0
/ μητρὸς...Θέτιδος καλλιπλοκάμου ἀλοσύδνης/ 1-0
μητρὸς δ' ἐκ Θέτιδος καλλιπλοκάμου ἀλοσύδνης   Υ 207
πάντα Θέτι καλλιπλοκάμῳ ζωάγρια τίνειν   Σ 407

B14. μήτηρ 31-3**
πότνια μήτηρ/ 8-1, 14-12 (Νέαιρα 0-1)
ἀθανάτη...μήτηρ/ 2-0
θεά...μήτηρ/ 2-0
μητέρος ἠϋκόμοιο/ 1-0
Θέτις μήτηρ 1-0
φίλη μήτηρ 1-0
μητρὶ φίλῃ 1-0, 3-1 (="Ηρη 2-0; 'Αλθαίη 1-0, Πηνελόπεια 0-1)
/ μήτηρ...φίλη 1-0
μῆτερ ἐμή 2-0, 2-13 ("Ηρη 1-0; Πηνελόπεια 0-10)

σχέτλιε Πηλέος υἱέ, χόλῳ ἄρα σ' ἔτρεφε μήτηρ	Π 203
γιγνομένῳ ἐπένησε λίνῳ, ὅτε μιν τέκε μήτηρ	Υ 128
ἄλλῳ γ' ἢ 'Αχιλῆϊ, τὸν ἀθανάτη τέκε μήτηρ	Κ 404, Ρ 78
τεύχεσιν ἀμφ' 'Αχιλῆος· ἔθηκε δὲ πότνια μήτηρ	λ 546
σμερδαλέον δ' ᾤμωξεν· ἄκουσε δὲ πότνια μήτηρ	Σ 35
ὣς φάτο δάκρυ χέων, τοῦ δ' ἔκλυε πότνια μήτηρ	Α 357
χρύσεος ἀμφιφορεύς, τόν τοι πόρε πότνια μήτηρ	Ψ 92
τῷ δὲ βαρὺ στενάχοντι παρίστατο πότνια μήτηρ	Σ 70
ἡ δὲ μάλ' ἄγχ' αὐτοῖο καθέζετο πότνια μήτηρ	Ω 126
καί τινά οἱ πὰρ Ζηνὸς ἐπέφραδε πότνια μήτηρ	Λ 795
καί τινά τοι πὰρ Ζηνὸς ἐπέφραδε πότνια μήτηρ	Π 37
οὔτε τί μοι πὰρ Ζηνὸς ἐπέφραδε πότνια μήτηρ	Π 51
εἰ δὲ σὺ καρτερός ἐσσι, θεά δέ σε γείνατο μήτηρ	Α 280
πατρὸς δ' εἴμ' ἀγαθοῖο, θεά δέ με γείνατο μήτηρ	Φ 109
ὣς οἵ γ' ἐν νηῶν ἀγύρει μήτηρ τε καὶ υἱός	Ω 141
νόσφι φίλου πατρὸς καὶ μητέρος· ἀλλὰ καὶ ἔμπης	Τ 422
καί μιν ὑπὲρ πατρὸς καὶ μητέρος ἠϋκόμοιο	Ω 466
ὥς ποτέ μοι μήτηρ διεπέφραδε, καί μοι ἔειπε	Σ 9
ἀλλὰ φίλη μήτηρ, ἤ με ψεύδεσσιν ἔθελγεν	Φ 276
οὐδὲ Θέτις μήτηρ· γλαυκή δέ σε τίκτε θάλασσα	Π 34
οὐδὲ Θέτις μήτηρ, ἀλλ' αὐτοῦ γαῖα καθέξει	Σ 332
αὐτίκα μητέρα ἣν ἔπεα πτερόεντα προσηύδα	Τ 20+
πολλὰ δὲ μητρὶ φίλῃ ἠρήσατο χεῖρας ὀρεγνύς	Α 351+
μήτηρ παρμέμβλωκεν ὁμῶς νύκτας τε καὶ ἦμαρ	Ω 73
μήτηρ δ' ἐξ ἁλὸς ἦλθε σὺν ἀθανάτῃς ἁλίῃσιν	ω 47
μήτηρ ἐξ ἁλὸς ἦδε σὺν ἀθανάτῃς ἁλίῃσιν	ω 55
μήτηρ δ' οὔ με φίλη πρίν γ' εἴα θωρήσσεσθαι	Σ 189
μήτηρ γάρ τέ μέ φησι θεά Θέτις ἀργυρόπεζα	Ι 410
...Διόθεν δέ μοι ἄγγελος ἦλθε/	Ω 561f.
μήτηρ, ἥ μ' ἔτεκεν, θυγάτηρ ἁλίοιο γέροντος	

μῆτερ, ἐπεί μ' ἔτεκές γε μινυνθάδιόν περ ἐόντα A 352+
μῆτερ ἐμή, τὰ μὲν ἄρ μοι 'Ολύμπιος ἐξετέλεσσεν Σ 79
μῆτερ ἐμή, τὰ μὲν ὅπλα θεὸς πόρεν οἷ' ἐπιεικές Τ 21+
μητρὸς 'Αχιλλῆος θῆκε προπάροιθεν ἀείρας Σ 615

Β15. παράκοιτις 1-0, 7-9 ("Ηρη 4-0, Λητώ 0-1, cf. Β4)
θρέψα τε καὶ ἀτίτηλα καὶ ἀνδρὶ πόρον παράκοιτιν Ω 60 (cf. Β11)

Β16. πότνια 8-1**
πότνια μήτηρ/ 8-1, 14-12 (Νέαιρα 0-1)
ὣς φάτο δάκρυ χέων, τοῦ δ' ἔκλυε πότνια μήτηρ A 357
χρύσεος ἀμφιφορεύς, τόν τοι πόρε πότνια μήτηρ Ψ 92
τῷ δὲ βαρὺ στενάχοντι παρίστατο πότνια μήτηρ Σ 70
ἡ δὲ μάλ' ἄγχ' αὐτοῖο καθέζετο πότνια μήτηρ Ω 126
τεύχεσιν ἀμφ' 'Αχιλῆος· ἔθηκε δὲ πότνια μήτηρ λ 546
σμερδαλέον δ' ᾤμωξεν· ἄκουσε δὲ πότνια μήτηρ Σ 35
καί τινά οἱ πὰρ Ζηνὸς ἐπέφραδε πότνια μήτηρ Λ 795
καί τινά τοι πὰρ Ζηνὸς ἐπέφραδε πότνια μήτηρ Π 37
οὔτε τί μοι πὰρ Ζηνὸς ἐπέφραδε πότνια μήτηρ Π 51

Β17. τανύπεπλος 2-0, 1-4 (Λαμπετίη 0-1; 'Ελένη 1-2)
Θέτι τανύπεπλε 2-0
τίπτε, Θέτι τανύπεπλε, ἱκάνεις ἡμέτερον δῶ,/ Σ 385f., 424f.
αἰδοίη τε φίλη τε...

Β18. φίλη 5-0 ("Ηρη 4-0)
φίλη μήτηρ 1-0
μητρὶ φίλῃ 1-0, 3-1 (="Ηρη 2-0; 'Αλθαίη 1-0, Πηνελόπεια 0-1)
/ μήτηρ...φίλη 1-0
αἰδοίη τε φίλη τε 2-0 (cf. 25Β3, 30Β2)
τίπτε, Θέτι τανύπεπλε, ἱκάνεις ἡμέτερον δῶ,/ Σ 385f., 424f.
αἰδοίη τε φίλη τε...
μήτηρ δ' οὔ με φίλη πρίν γ' εἴα θωρήσσεσθαι Σ 189
πολλὰ δὲ μητρὶ φίλῃ ἠρήσατο χεῖρας ὀρεγνύς A 351+
ἀλλὰ φίλη μήτηρ, ἥ με ψεύδεσσιν ἔθελγεν Φ 276

Β19. χέουσα 3-0
κατὰ δάκρυ χέουσα/ 3-0, 3-0 ('Ανδρομάχη 2-0, 'Ελένη 1-0)
Θέτις κατὰ δάκρυ χέουσα/ 3-0
τὸν δ' αὖτε προσέειπε Θέτις κατὰ δάκρυ χέουσα Σ 94
τὸν δ' ἡμείβετ' ἔπειτα Θέτις κατὰ δάκρυ χέουσα A 413, Σ 428

Β20. χερείων 1-0
χερείονος...θεοῦ 1-0
ἐκγεγάμεν, κεῖνος δὲ χερείονος ἐκ θεοῦ ἐστιν Υ 106

37. Θόωσα 0-1
Β1. θυγάτηρ 0-1**
νύμφη/Φόρκυνος θυγάτηρ 0-1
...Θόωσα δέ μιν τέκε νύμφη,/ α 71f.
Φόρκυνος θυγάτηρ, ἁλὸς ἀτρυγέτοιο μέδοντος

B2. **νύμφη** 0-1, 9-30 (Καλυψώ 0-13, Κίρκη 0-1, Λαμπετίη 0-1; Νύμφαι 6-15)
νύμφη/Φόρκυνος θυγάτηρ 0-1
πᾶσιν Κυκλώπεσσι· Θόωσα δέ μιν τέκε νύμφη,/ α 71f.
Φόρκυνος θυγάτηρ...

38. Ἰνώ 0-2

A1. **Λευκοθέη** 0-1
καλλίσφυρος Ἰνώ/Λευκοθέη 0-1
...Κάδμου θυγάτηρ, καλλίσφυρος Ἰνώ,/ ε 333f. (cf. C1)
Λευκοθέη, ἣ πρὶν μὲν ἔην βροτὸς αὐδήεσσα

B1. **θεά** 0-1,** **θεός** 0-1**
καὶ τότε δὴ κρήδεμνον ἀπὸ ἕο λῦσε θεοῖο ε 459
ὣς ἄρα φωνήσασα θεὰ κρήδεμνον ἔδωκεν ε 351

B2. **θυγάτηρ** 0-1**
Κάδμου θυγάτηρ 0-1
Κάδμου θυγάτηρ καλλίσφυρος Ἰνώ/Λευκοθέη 0-1
τὸν δὲ ἴδεν Κάδμου θυγάτηρ, καλλίσφυρος Ἰνώ,/ ε 333f.
Λευκοθέη...

B3. **καλλίσφυρος** 0-1, 3-1 (="Ηβη 0-1; Μαρπήσση 2-0, Δανάη 1-0)
καλλίσφυρος Ἰνώ/ 0-1
καλλίσφυρος Ἰνώ/Λευκοθέη 0-1
τὸν δὲ ἴδεν Κάδμου θυγάτηρ, καλλίσφυρος Ἰνώ,/ ε 333f.
• Λευκοθέη...

C1. Λευκοθέη, ἣ πρὶν μὲν ἔην βροτὸς αὐδήεσσα,/ ε 334f.
νῦν δ᾽ ἁλὸς ἐν πελάγεσσι θεῶν ἒξ ἔμμορε τιμῆς

39. Ἴρις 39-0 (pers.)

A1. **ἀελλόπος** 3-0
Ἴρις ἀελλόπος 3-0
ὣς ἔφατ᾽, ὦρτο δὲ Ἴρις ἀελλόπος ἀγγελέουσα Θ 409, Ω 77, 159

A2. **μετάγγελος** 2-0
θεοῖσι μετάγγελος ἀθανάτοισι/ 1-0
Ἴρις/...μετάγγελος 1-0
Ἴρίν θ᾽, ἥ τε θεοῖσι μετάγγελος ἀθανάτοισι Ο 144
...ὦκα δὲ Ἴρις/ Ψ 198f.
ἀράων ἀΐουσα μετάγγελος ἦλθ᾽ ἀνέμοισιν

A3. **ποδήνεμος** 10-0
ποδήνεμος ὠκέα Ἴρις/ 9-0
ποδήνεμος ὠκέα Ἴρις/ἄγγελος 1-0
Ἴρις...ποδήνεμος 1-0
βῆ δ᾽ ἰέναι, πρόσθεν δὲ ποδήνεμος ὠκέα Ἴρις Ω 95
τὸν δ᾽ ἠμείβετ᾽ ἔπειτα ποδήνεμος ὠκέα Ἴρις Ο 200
Τρωσὶν δ᾽ ἄγγελος ἦλθε ποδήνεμος ὠκέα Ἴρις Β 786
ἔνθ᾽ ἵππους ἔστησε ποδήνεμος ὠκέα Ἴρις Ε 368

ὣς ἔφατ', οὐδ' ἀπίθησε ποδήνεμος ὠκέα Ἶρις   Λ 195, Ο 168
τὸν δ' αὖτε προσέειπε ποδήνεμος ὠκέα Ἶρις   Σ 183+, 196
εἰ μὴ Πηλεΐωνι ποδήνεμος ὠκέα Ἶρις/   Σ 166f.
ἄγγελος...
τὴν μὲν ἄρ' Ἶρις ἑλοῦσα ποδήνεμος ἐξάγ' ὁμίλου   Ε 353

A4. χρυσόπτερος 2-0
  Ἶριν...χρυσόπτερον 2-0
  Ἶριν δ' ὄτρυνε χρυσόπτερον ἀγγελέουσαν   Θ 398+, Λ 185+
                                                    (cf. B5)
B1. ἄγγελος 8-0**
  / Ἶρις...ἄγγελος 1-0
  Ὀλύμπιος ἄγγελος 1-0
  Διὸς ἄγγελος 1-0, 1-0 (Ὄσσα)
  Διὸς...ἄγγελος 1-0, 2-0 (Ὄνειρος)
  ποδήνεμος ὠκέα Ἶρις/ἄγγελος 1-0
  ἀλλ' ἀγαθὰ φρονέουσα· Διὸς δέ τοι ἀγγελός εἰμι   Ω 173 (cf. 36B1,
                                                    55B1)
  Ἶρις δ' αὖθ' Ἑλένη λευκωλένῳ ἄγγελος ἦλθεν   Γ 121
  δαιμονίη, Διόθεν μοι Ὀλύμπιος ἄγγελος ἦλθε   Ω 194
  Ἶρι θεά, τίς γάρ σε θεῶν ἐμοὶ ἄγγελον ἧκε   Σ 182+
  ἐσθλὸν καὶ τὸ τέτυκται, ὅτ' ἄγγελος αἴσιμα εἰδῇ   Ο 207+
  στῆ δὲ παρὰ Πρίαμον Διὸς ἄγγελος, ἠδὲ προσηύδα   Ω 169
  Τρωσὶν δ' ἄγγελος ἦλθε ποδήνεμος ὠκέα Ἶρις   Β 786
  ...ποδήνεμος ὠκέα Ἶρις/   Σ 166f.
  ἄγγελος ἦλθε θέουσ' ἀπ' Ὀλύμπου θωρήσσεσθαι

B2. θεά 3-0,** θεός 1-0**
  / Ἶρι θεά 2-0
  ὣς ἔφαθ', Ἕκτωρ δ' οὔ τι θεᾶς ἔπος ἠγνοίησεν   Β 807
  νῦν δ' αὐτὸς γὰρ ἄκουσα θεοῦ καὶ ἐσέδρακον ἄντην   Ω 223
  Ἶρι θεά, τίς γάρ σε θεῶν ἐμοὶ ἄγγελον ἧκε   Σ 182+
  Ἶρι θεά, μάλα τοῦτο ἔπος κατὰ μοῖραν ἔειπες   Ο 206+

B3. μεμαυῖα 1-0 (Ἀθήνη 4-2, Ἔρις 2-0, Ἥρη 3-0)
  μεμαυῖα...ὠκέα Ἶρις/ 1-0
  ὣς κραιπνῶς μεμαυῖα διέπτατο ὠκέα Ἶρις   Ο 172

B4. Ὀλύμπιος 1-0 (Ζεύς 19-9, θεοί 2-0)
  Ὀλύμπιος ἄγγελος 1-0
  δαιμονίη, Διόθεν μοι Ὀλύμπιος ἄγγελος ἦλθε   Ω 194

B5. ταχεῖα 4-0
  Ἶρι ταχεῖα 4-0
  βάσκ' ἴθι, Ἶρι ταχεῖα, λιποῦσ' ἕδος Οὐλύμποιο   Ω 144 (cf. 55B3)
  βάσκ' ἴθι, Ἶρι ταχεῖα, πάλιν τρέπε μηδ' ἔα ἄντην   Θ 399+
  βάσκ' ἴθι, Ἶρι ταχεῖα, τὸν Ἕκτορι μῦθον ἐνίσπες   Λ 186+
  βάσκ' ἴθι, Ἶρι ταχεῖα, Ποσειδάωνι ἄνακτι   Ο 158

B6. ὠκέα 19-0, 0-1 (fem. sg.: Λαμπετίη)
   ὠκέα *Ἶρις/ 19-0
   πόδας ὠκέα *Ἶρις/ 9-0
   ποδήνεμος ὠκέα *Ἶρις/ 9-0
   ποδήνεμος ὠκέα *Ἶρις/ἄγγελος 1-0
   μεμαυῖα...ὠκέα *Ἶρις/ 1-0
   ὣς κραιπνῶς μεμαυῖα διέπτατο ὠκέα *Ἶρις   Ο 172
   τῷ μιν ἐεισαμένη προσέφη πόδας ὠκέα *Ἶρις   Β 795
   ἀγχοῦ δ' ἱσταμένη προσέφη πόδας ὠκέα *Ἶρις   Β 790, Γ 129, Λ 199,
                                                    Ω 87
   ἡ μὲν ἄρ' ὣς εἰποῦσ' ἀπέβη πόδας ὠκέα *Ἶρις   Θ 425, Λ 210, Σ 202,
                                                    Ω 188
   βῆ δ' ἰέναι, πρόσθεν δὲ ποδήνεμος ὠκέα *Ἶρις Ω 95
   τὸν δ' ἠμείβετ' ἔπειτα ποδήνεμος ὠκέα *Ἶρις   Ο 200
   Τρωσὶν δ' ἄγγελος ἦλθε ποδήνεμος ὠκέα *Ἶρις   Β 786
   ἔνθ' ἵππους ἔστησε ποδήνεμος ὠκέα *Ἶρις   Ε 368
   ὣς ἔφατ', οὐδ' ἀπίθησε ποδήνεμος ὠκέα *Ἶρις   Λ 195, Ο 168
   τὸν δ' αὖτε προσέειπε ποδήνεμος ὠκέα *Ἶρις   Σ 183+, 196
   εἰ μὴ Πηλείωνι ποδήνεμος ὠκέα *Ἶρις/   Σ 166f.
   ἄγγελος...

C1. *Ἶρίν θ', ἥ τε θεοῖσι μετάγγελος ἀθανάτοισι   Ο 144

40. Ἰωκή 1-0 (pers.)
B1. κρυόεσσα 1-0, 1-0 (φόβος)
   κρυόεσσα Ἰωκή/ 1-0
   ἐν δ' Ἔρις, ἐν δ' Ἀλκή, ἐν δὲ κρυόεσσα Ἰωκή   Ε 740 (cf. Σ 535)

41. Καλυψώ 0-24
B1. ἀγήρως 0-1, 4-4
   ἀθάνατος καὶ ἀγήρως 0-1
   ἡ μὲν γὰρ βροτός ἐστι, σὺ δ' ἀθάνατος καὶ ἀγήρως   ε 218

B2. ἀθάνατος 0-1**
   ἀθάνατος καὶ ἀγήρως 0-1
   ἡ μὲν γὰρ βροτός ἐστι, σὺ δ' ἀθάνατος καὶ ἀγήρως   ε 218

B3. αὐδήεσσα 0-1, 0-3 (=Κίρκη)
   ἐϋπλόκαμος δεινὴ θεὸς αὐδήεσσα/ 0-1, 0-3 (=Κίρκη)
                  ...ἔνθα Καλυψώ/   μ 448f. (cf. **42B3**)
   ναίει ἐϋπλόκαμος, δεινὴ θεὸς αὐδήεσσα

B4. δεινή 0-3**
   δεινὴ θεός 0-3, 4-4 (='Aθήνη 3-1, Θέτις 1-0, Κίρκη 0-3)
   ἐϋπλόκαμος δεινὴ θεός 0-3, 0-4 (='Aθήνη 0-1, Κίρκη 0-3)
   ἐϋπλόκαμος δεινὴ θεὸς αὐδήεσσα/ 0-1, 0-3 (=Κίρκη)
        ...Ἄτλαντος θυγάτηρ, δολόεσσα Καλυψώ,/   η 245f.
   ναίει ἐϋπλόκαμος, δεινὴ θεός· οὐδέ τις αὐτῇ

Repertory

...ἔνθα Καλυψώ/	η 254f.
ναίει ἐϋπλόκαμος, δεινὴ θεός, ἥ με λαβοῦσα	
...ἔνθα Καλυψώ/	μ 448f. (cf. 42B4)
ναίει ἐϋπλόκαμος, δεινὴ θεὸς αὐδήεσσα	

B5. δῖα 0-16**
δῖα Καλυψώ/ 0-3
δῖα θεάων/ 0-13, 7-13**
Καλυψὼ δῖα θεάων/ 0-11 (cf. 18B1)

τῷ δ' ἄρα πέμπτῳ πέμπ' ἀπὸ νήσου δῖα Καλυψώ	ε 263
εἵματα γάρ ῥ' ἐβάρυνε, τά οἱ πόρε δῖα Καλυψώ	ε 321
εἵματα δ' ἐξαπέδυνε, τά οἱ πόρε δῖα Καλυψώ	ε 372
ἀγχοῦ δ' ἱσταμένη προσεφώνεε δῖα θεάων	ε 159
ὣς ἄρα φωνήσασ' ἡγήσατο δῖα θεάων	ε 192+
ἡ μὲν ἔβη πρὸς δῶμα Καλυψώ, δῖα θεάων	ε 242
ἠγνοίησεν ἰδοῦσα Καλυψώ, δῖα θεάων	ε 78
Ἑρμείαν δ' ἐρέεινε Καλυψώ, δῖα θεάων	ε 85
τὴν γὰρ δή μιν ἄνωγε Καλυψώ, δῖα θεάων	ε 276
τοῖς ἄρα μύθων ἦρχε Καλυψώ, δῖα θεάων	ε 202
ἦ μέν μ' αὐτόθ' ἔρυκε Καλυψώ, δῖα θεάων	ι 29
νύμφη πότνι' ἔρυκε Καλυψώ, δῖα θεάων	α 14
ὣς φάτο, ῥίγησεν δὲ Καλυψώ, δῖα θεάων	ε 116
ὣς φάτο, μείδησεν δὲ Καλυψώ, δῖα θεάων	ε 180
τόφρα ἔνεικε τέρετρα Καλυψώ, δῖα θεάων	ε 246
τόφρα δὲ φαρέ' ἔνεικε Καλυψώ, δῖα θεάων	ε 258

B6. δολόεσσα 0-1, 0-2 (Κίρκη 0-1)
δολόεσσα Καλυψώ/ 0-1

ἔνθα μὲν Ἄτλαντος θυγάτηρ, δολόεσσα Καλυψώ,/	η 245f.
ναίει ἐϋπλόκαμος, δεινὴ θεός...	

B7. ἐϋπλόκαμος 0-6, 6-14**
/ νύμφῃ ἐϋπλοκάμῳ 0-2, νύμφη/...ἐϋπλόκαμος 0-1 (Λαμπετίη 0-1)
Καλυψώ/...ἐϋπλόκαμος 0-3
ἐϋπλόκαμος δεινὴ θεός 0-3, 0-4 (=Ἀθήνη 0-1, Κίρκη 0-3)
ἐϋπλόκαμος δεινὴ θεὸς αὐδήεσσα/ 0-1, 0-3 (=Κίρκη)

νύμφη ἐϋπλοκάμῳ εἴπῃ νημερτέα βουλήν	α 86
νύμφη ἐϋπλοκάμῳ εἰπεῖν νημερτέα βουλήν	ε 30
...τῷ ἔνι νύμφη/	ε 57f.
ναῖεν ἐϋπλόκαμος· τὴν δ' ἔνδοθι τέτμεν ἐοῦσαν	
...Ἄτλαντος θυγάτηρ, δολόεσσα Καλυψώ,/	η 245f.
ναίει ἐϋπλόκαμος, δεινὴ θεός· οὐδέ τις αὐτῇ	
...ἔνθα Καλυψώ/	η 254f.
ναίει ἐϋπλόκαμος, δεινὴ θεός, ἥ με λαβοῦσα	
...ἔνθα Καλυψώ/	μ 448f. (cf. 42B7)
ναίει ἐϋπλόκαμος, δεινὴ θεὸς αὐδήεσσα	

B8. ἠΰκομος 0-2, 18-1 (Ἀθήνη 3-0, Ἥρη 1-0, Θέτις 3-0, Λητώ 2-1)
Καλυψοῦς ἠϋκόμοιο/ 0-2

ἐπεὶ δὴ λίπε δῶμα Καλυψοῦς ἠυκόμοιο θ 452
ταῦτα δ' ἐγὼν ἤκουσα Καλυψοῦς ἠυκόμοιο μ 389

B9. θεά 0-8,** θεός 0-5**
δεινὴ θεός 0-3, 4-4 (='Αθήνη 3-1, Κίρκη 0-3, Θέτις 1-0)
ἐϋπλόκαμος δεινὴ θεός 0-3, 0-4 (='Αθήνη 0-1, Κίρκη 0-3)
ἐϋπλόκαμος δεινὴ θεὸς αὐδήεσσα/ 0-1, 0-3 (=Κίρκη)
πότνα θεά 0-1, 0-2 ('Αθήνη, "Αρτεμις)
καρπαλίμως· ὁ δ' ἔπειτα μετ' ἴχνια βαῖνε θεοῖο ε 193+ (cf. 1B15)
ἷξον δὲ σπεῖος γλαφυρὸν θεὸς ἠδὲ καὶ ἀνήρ ε 194+
..."Ατλαντος θυγάτηρ, δολόεσσα Καλυψώ,/ η 245f.
ναίει ἐϋπλόκαμος, δεινὴ θεός· οὐδέ τις αὐτῇ
...ἔνθα Καλυψὼ/ η 254f.
ναίει ἐϋπλόκαμος, δεινὴ θεός, ἥ με λαβοῦσα
...ἔνθα Καλυψὼ/ μ 448f. (cf. 42B8)
ναίει ἐϋπλόκαμος, δεινὴ θεὸς αὐδήεσσα
εἰ μή μοι τλαίης γε, θεά, μέγαν ὅρκον ὀμόσσαι ε 178
δείδω μὴ δὴ πάντα θεὰ νημερτέα εἶπεν ε 300
εἰρωτᾷς μ' ἐλθόντα θεὰ θεόν· αὐτὰρ ἐγώ τοι ε 97
ἐν δέ οἱ ἀσκὸν ἔθηκε θεὰ μέλανος οἴνοιο ε 265
ὣς ἄρα φωνήσασα θεά παρέθηκε τράπεζαν ε 92
νῆσος δενδρήεσσα, θεὰ δ' ἐν δώματα ναίει/ α 51f.
"Ατλαντος θυγάτηρ ὀλοόφρονος...
ἄλλο τι δὴ σύ, θεά, τόδε μήδεαι οὐδέ τι πομπήν ε 173
πότνα θεά, μή μοι τόδε χώεο· οἶδα καὶ αὐτός ε 215

B10. θυγάτηρ 0-3**
"Ατλαντος θυγάτηρ 0-1, /"Ατλαντος θυγάτηρ 0-1
ἔνθα μὲν "Ατλαντος θυγάτηρ, δολόεσσα Καλυψώ,/ η 245f.
ναίει ἐϋπλόκαμος δεινὴ θεός...
...θεὰ δ' ἐν δώματα ναίει/ α 51f.
"Ατλαντος θυγάτηρ ὀλοόφρονος, ὅς τε θαλάσσης
τοῦ θυγάτηρ δύστηνον ὀδυρόμενον κατερύκει α 55

B11. νύμφη 0-13, 9-19 (Θόωσα 0-1, Κίρκη 0-1, Λαμπετίη 0-1; Νύμφαι 6-15)
πότνια νύμφη/ 0-1
/ νύμφη πότνια 0-1
/ νύμφη ἐϋπλοκάμῳ 0-2, νύμφη/...ἐϋπλόκαμος 0-1
νύμφην...Καλυψώ/ 0-1, /νύμφης...Καλυψοῦς 0-3
ἤϊεν, ὄφρα μέγα σπέος ἵκετο, τῷ ἔνι νύμφη/ ε 57f.
ναῖεν ἐϋπλόκαμος...
νόστον ὀδυρομένῳ, ἐπεὶ οὐκέτι ἥνδανε νύμφη ε 153
αὐτὴ δ' ἀργύφεον φᾶρος μέγα ἕννυτο νύμφη ε 230 (cf. 42B10)
μνησαμένη· μέλε γάρ οἱ ἐὼν ἐν δώμασι νύμφης ε 6
ἦ δ' ἐπ' 'Οδυσσῆα μεγαλήτορα πότνια νύμφη ε 149
ὥς θ' ἵκετ' 'Ωγυγίην νῆσον νύμφην τε Καλυψώ ψ 333
Ἑρμείας, νύμφη δ' ἐτίθει πάρα πᾶσαν ἐδωδήν ε 196
νύμφη πότνι' ἔρυκε, Καλυψώ, δῖα θεάων α 14

νύμφης ἐν μεγάροισι Καλυψοῦς, ἥ μιν ἀνάγκη   δ 557, ε 14, ρ 143
νύμφη ἐϋπλοκάμῳ εἴπῃ νημερτέα βουλήν   α 86
νύμφη ἐϋπλοκάμῳ εἰπεῖν νημερτέα βουλήν   ε 30

B12. πότνια 0-2, 49-18,** πότνα 0-1, 0-2 ('Αθήνη, ῎Αρτεμις)
    πότνια νύμφη/ 0-1
    / νύμφη πότνια 0-1
    / πότνα θεά 0-1, 0-2 ('Αθήνη, ῎Αρτεμις)
    ἡ δ' ἐπ' 'Οδυσσῆα μεγαλήτορα πότνια νύμφη   ε 149
    νύμφη πότνι' ἔρυκε, Καλυψώ, δῖα θεάων   α 14
    πότνα θεά, μή μοι τόδε χώεο· οἶδα καὶ αὐτός   ε 215

42. Κίρκη 0-46

A1. αὐτοκασιγνήτη 0-1 (cf. 57B4)
    αὐτοκασιγνήτη ὀλοόφρονος Αἰήταο/ 0-1
    Κίρκη ἐϋπλόκαμος, δεινὴ θεὸς αὐδήεσσα,/   κ 136f.
    αὐτοκασιγνήτη ὀλοόφρονος Αἰήταο

B1. ἀθανάτη 0-1 ('Αθήνη 1-1, ῞Ηρη 1-0, Θέτις 2-0; Νηρηίδες 1-2)
    ἀθανάτη...Κίρκη/ 0-1 (cf. 27B3, 36B2)
    ἐσθίετε βρώμην, τὴν ἀθανάτη πόρε Κίρκη   μ 302

B2. Αἰαίη 0-3, 0-3
    / Κίρκης Αἰαίης 0-2
    / Αἰαίη δολόεσσα 0-1
    Κίρκης τ' Αἰαίης, οἵ μοι μάλα πόλλ' ἐπέτελλον   μ 268, 273
    ...Κίρκη κατερήτυεν ἐν μεγάροισιν/   ι 31f.
    Αἰαίη δολόεσσα, λιλαιομένη πόσιν εἶναι

B3. αὐδήεσσα 0-3, 0-1 (Καλυψώ)
    ἐϋπλόκαμος δεινὴ θεὸς αὐδήεσσα/ 0-3, 0-1 (Καλυψώ)
    / Κίρκη ἐϋπλόκαμος δεινὴ θεὸς αὐδήεσσα/ 0-3
    Κίρκη ἐϋπλόκαμος, δεινὴ θεὸς αὐδήεσσα   λ 8, μ 150 (cf. 41B3)
    Κίρκη ἐϋπλόκαμος, δεινὴ θεὸς αὐδήεσσα,/   κ 136f.
    αὐτοκασιγνήτη ὀλοόφρονος Αἰήταο

B4. δεινή 0-3**
    δεινὴ θεός 0-3, 4-4 (='Αθήνη 3-1, Θέτις 1-0, Καλυψώ 0-3)
    ἐϋπλόκαμος δεινὴ θεός 0-3, 0-4 (='Αθήνη 0-1, Καλυψώ 0-3)
    ἐϋπλόκαμος δεινὴ θεὸς αὐδήεσσα/ 0-3, 0-1 (Καλυψώ)
    / Κίρκη ἐϋπλόκαμος δεινὴ θεὸς αὐδήεσσα/ 0-3
    Κίρκη ἐϋπλόκαμος, δεινὴ θεὸς αὐδήεσσα   λ 8, μ 150 (cf. 41B4)
    Κίρκη ἐϋπλόκαμος, δεινὴ θεὸς αὐδήεσσα,/   κ 136f.
    αὐτοκασιγνήτη ὀλοόφρονος Αἰήτάο

B5. δῖα 0-8**
    δῖα θεάων/ 0-8, 7-18**
    Κίρκη...δῖα θεάων/ 0-1
    ἡ μὲν ἔπειτ' ἀνὰ νῆσον ἀπέστιχε δῖα θεάων   μ 143

ἣ δ' ἐν μέσσῳ στᾶσα μετηύδα δῖα θεάων   μ 20
ἣ δέ μευ ἄγχι στᾶσα προσηύδα δῖα θεάων   κ 400+, 455
ὣς ἐφάμην, ἣ δ' αὐτίκ' ἀμείβετο δῖα θεάων   κ 487, 503, μ 115
θέσφαθ' ἅ μοι Κίρκη μυθήσατο, δῖα θεάων   μ 155

B6. δολόεσσα 0-1, 0-2 (Καλυψώ 0-1)
/ **Αἰαίη δολόεσσα** 0-1
...Κίρκη κατερήτυεν ἐν μεγάροισιν/   ι 31f.
Αἰαίη δολόεσσα, λιλαιομένη πόσιν εἶναι

B7. ἐϋπλόκαμος 0-3, 6-17**
/ **Κίρκη ἐϋπλόκαμος** 0-3
ἐϋπλόκαμος δεινὴ θεός 0-3, 0-4 (='Αθήνη 0-1, Καλυψώ 0-3)
ἐϋπλόκαμος δεινὴ θεὸς αὐδήεσσα/ 0-3, 0-1 (Καλυψώ)
/ **Κίρκη ἐϋπλόκαμος δεινὴ θεὸς αὐδήεσσα/** 0-3
Κίρκη ἐϋπλόκαμος, δεινὴ θεὸς αὐδήεσσα   λ 8, μ 150 (cf. 41B7)
Κίρκη ἐϋπλόκαμος, δεινὴ θεὸς αὐδήεσσα,/   κ 136f.
αὐτοκασιγνήτη ὀλοόφρονος Αἰήταο

B8. θεά 0-5,** θεός 0-4**
δεινὴ θεός 0-3, 4-4 (='Αθήνη 3-1, Καλυψώ 0-3, Θέτις 1-0)
ἐϋπλόκαμος δεινὴ θεός 0-3, 0-4 (='Αθήνη 0-1, Καλυψώ 0-3)
ἐϋπλόκαμος δεινὴ θεὸς αὐδήεσσα/ 0-3, 0-1 (Καλυψώ)
/ **Κίρκη ἐϋπλόκαμος δεινὴ θεὸς αὐδήεσσα/** 0-3
θεᾶς καλλιπλοκάμοιο/ 0-2
ἔνθα σὺ μηκέτ' ἔπειτ' ἀπανήνασθαι θεοῦ εὐνήν   κ 297
Κίρκη ἐϋπλόκαμος, δεινὴ θεὸς αὐδήεσσα   λ 8, μ 150 (cf. 41B9)
Κίρκη ἐϋπλόκαμος, δεινὴ θεὸς αὐδήεσσα,/   κ 136f.
αὐτοκασιγνήτη ὀλοόφρονος Αἰήτάο
ἔσταν δ' ἐν προθύροισι θεᾶς καλλιπλοκάμοιο   κ 220
ἔστην δ' εἰνὶ θύρῃσι θεᾶς καλλιπλοκάμοιο   κ 310+
ἔνθα στὰς ἐβόησα, θεὰ δέ μευ ἔκλυεν αὐδῆς   κ 311+
γούνων ἐλλιτάνευσα, θεὰ δέ μευ ἔκλυεν αὐδῆς   κ 481 (cf. ξ 89,
                                                          1B15)
σμερδαλέον κονάβιζε· θεὰ δ' ἐλέαιρε καὶ αὐτή   κ 399+

B9. καλλιπλόκαμος 0-2, 3-2 (Δημήτηρ 1-0, Θέτις 2-0; 'Αριάδνη 1-0)
θεᾶς καλλιπλοκάμοιο/ 0-2
ἔσταν δ' ἐν προθύροισι θεᾶς καλλιπλοκάμοιο   κ 220
ἔστην δ' εἰνὶ θύρῃσι θεᾶς καλλιπλοκάμοιο   κ 310+

B10. νύμφη 0-1, 9-31 (Θόωσα 0-1, Καλυψώ 0-13, Λαμπετίη 0-1; Νύμφαι 6-15)
αὐτὴ δ' ἀργύφεον φᾶρος μέγα ἕννυτο νύμφη   κ 543 (cf. 41B11)

B11. πολυφάρμακος 0-1, 1-0 (ἰητροί)
Κίρκης...πολυφαρμάκου/ 0-1
Κίρκης ἵξεσθαι πολυφαρμάκου ἐς μέγα δῶμα   κ 276

B12. πότνια 0-4**
πότνια Κίρκη/ 0-4

ποικίλον, ὅν ποτέ μιν δέδαε πρεσὶ πότνια Κίρκη θ 448
πάρμακον οὐλόμενον, τό σφιν πόρε πότνια Κίρκη κ 394
ἀλλ' ἴομεν· δὴ γάρ μοι ἐπέφραδε πότνια Κίρκη κ 549
καὶ τότε δή με ἔπεσσι προσηύδα πότνια Κίρκη μ 36

43. Κλῶθες 0-1
Β1. βαρεῖαι 0-1, 26-9
  Κλῶθές...βαρεῖαι/ 0-1
  πείσεται ἄσσα οἱ αἶσα κατὰ Κλῶθές τε βαρεῖαι/ η 197f. (cf. Υ 127f.,
  γεινομένῳ νήσαντο λίνῳ... Ω 209f.)

44. Κρόνος 23-1
Α1. ἀγκυλομήτης 8-1
  Κρόνος ἀγκυλομήτης/ 1-0
  Κρόνου πάϊς ἀγκυλομήτεω/ 7-1
  καί με πρεσβυτάτην τέκετο Κρόνος ἀγκυλομήτης Δ 59
  τοὺς δὲ ἰδὼν ἐλέησε Κρόνου πάϊς ἀγκυλομήτεω Π 431
  οἶον δ' ἀστέρα ἧκε Κρόνου πάϊς ἀγκυλομήτεω Δ 75
  ὅττι ῥά οἱ τέρας ἧκε Κρόνου πάϊς ἀγκυλομήτεω φ 415
  λᾶαν γάρ μιν ἔθηκε Κρόνου πάϊς ἀγκυλομήτεω Β 319
  τόν οἱ ἐλαφρὸν ἔθηκε Κρόνου πάϊς ἀγκυλομήτεω Μ 450
  σοὶ δὲ διάνδιχα δῶκε Κρόνου πάϊς ἀγκυλομήτεω Ι 37
  εἷς βασιλεύς, ᾧ δῶκε Κρόνου πάϊς ἀγκυλομήτεω Β 205
  νῦν δ' ὅτε πέρ μοι ἔδωκε Κρόνου πάϊς ἀγκυλομήτεω Σ 293+

Β1. μέγας 4-0 ('Απόλλων 3-0, Ζεύς 15-13, Ποσειδάων 1-0)
  μεγάλοιο Κρόνοιο/ 4-0
  "Ηρη, πρέσβα θεά, θυγάτηρ μεγάλοιο Κρόνοιο Ε 721, Θ 383
  "Ηρη, πρέσβα θεά, θύγατερ μεγάλοιο Κρόνοιο Ξ 194, 243

45. Λαμπετίη 0-2 (& Φαέθουσα 0-1)
Α1. ἐπιποιμένες 0-1
  θεαί...ἐπιποιμένες 0-1
  ...θεαὶ δ' ἐπιποιμένες εἰσί,/ μ 131f. (cf. C1)
  νύμφαι ἐϋπλόκαμοι, Φαέθουσά τε Λαμπετίη τε

Β1. ἄγγελος 0-1**
  / ὠκέα...ἄγγελος 0-1
  ὠκέα δ' Ἠελίῳ Ὑπερίονι ἄγγελος ἦλθε/ μ 374f.
  Λαμπετίη τανύπεπλος...

Β2. ἐϋπλόκαμοι 0-1, 6-19**
  / νύμφαι ἐϋπλόκαμοι 0-1
  ...θεαὶ δ' ἐπιποιμένες εἰσί,/ μ 131f.
  νύμφαι ἐϋπλόκαμοι, Φαέθουσά τε Λαμπετίη τε

Β3. θεαί 0-1**
  θεαί...ἐπιποιμένες 0-1
  ...θεαὶ δ' ἐπιποιμένες εἰσί,/ μ 131f.
  νύμφαι ἐϋπλόκαμοι, Φαέθουσά τε Λαμπετίη τε

B4. νύμφαι 0-1 (Θόωσα 0-1, Καλυψώ 0-13, Κίρκη 0-1; Νύμφαι 6-15)
/ νύμφαι ἐϋπλόκαμοι 0-1
...θεαὶ δ' ἐπιποιμένες εἰσί,/ μ 131f.
νύμφαι ἐϋπλόκαμοι, Φαέθουσά τε Λαμπετίη τε

B5. τανύπεπλος 0-1, 3-3 (Θέτις 2-0; Ἑλένη 1-2)
/ Λαμπετίη τανύπεπλος 0-1
ὠκέα δ' Ἠελίῳ Ὑπερίονι ἄγγελος ἦλθε/ μ 374f.
Λαμπετίη τανύπεπλος...

B6. ὠκέα 0-1, 19-0 (fem. sg.: = ᾽Ἶρις)
/ ὠκέα...ἄγγελος 0-1
ὠκέα δ' Ἠελίῳ Ὑπερίονι ἄγγελος ἦλθε/ μ 374f.
Λαμπετίη τανύπεπλος...

C1. ...θεαὶ δ' ἐπιποιμένες εἰσί,/ μ 131ff.
νύμφαι ἐϋπλόκαμοι, Φαέθουσά τε Λαμπετίη τε,/
ἃς τέκεν Ἠελίῳ Ὑπερίονι δῖα Νέαιρα

46. Λητώ 12-3
B1. ἐρικυδής 1-0, 4-6 (Γαῖα 0-1)
Λητοῦς ἐρικυδέος 1-0
οὐδ' ὁπότε Λητοῦς ἐρικυδέος, οὐδὲ σεῦ αὐτῆς Ξ 327

B2. ἠΰκομος 2-1, 16-2 (Ἀθήνη 3-0, ῎Ηρη 1-0, Θέτις 3-0, Καλυψώ 0-2)
ἠΰκομος...Λητώ/ 2-1
Ἀπόλλωνι ἄνακτι, τὸν ἠΰκομος τέκε Λητώ Α 36
ἀλλὰ θεῶν ὤριστος, ὃν ἠΰκομος τέκε Λητώ Τ 413
ἀλλ' ὄλεσεν Διὸς υἱός, ὃν ἠΰκομος τέκε Λητώ λ 318

B3. καλλιπάρῃος 1-0, 13-2 (Θέμις 1-0)
Λητοῖ...καλλιπαρῄῳ/ 1-0
οὕνεκ' ἄρα Λητοῖ ἰσάσκετο καλλιπαρῄῳ Ω 607

B4. κυδρή 0-1, 1-1 (῎Ηρη 1-0)
κυδρὴν παράκοιτιν/ 0-1, 1-1 (῎Ηρη 1-0)
Διὸς κυδρὴν παράκοιτιν/ 0-1, 1-0 (῎Ηρη)
/ Λητώ...Διὸς κυδρὴν παράκοιτιν/ 0-1
Λητὼ γὰρ ἕλκησε, Διὸς κυδρὴν παράκοιτιν λ 580

B5. παράκοιτις 0-1, 8-8 (῎Ηρη 4-0, Θέτις 1-0)
κυδρὴν παράκοιτιν/ 0-1, 1-1 (῎Ηρη 1-0)
Διὸς κυδρὴν παράκοιτιν/ 0-1, 1-0 (῎Ηρη)
/ Λητώ...Διὸς κυδρὴν παράκοιτιν/ 0-1
Λητὼ γὰρ ἕλκησε, Διὸς κυδρὴν παράκοιτιν λ 580

47. Λιταί 1-0 (pers.)
A1. παραβλῶπες 1-0
παραβλῶπές...ὀφθαλμώ/ 1-0
...Λιταί εἰσι Διὸς κοῦραι μεγάλοιο,/ Ι 502f. (cf. C1)
χωλαί τε ρυσαί τε παραβλῶπές τ' ὀφθαλμώ

A2. ῥυσαί 1-0
/ χωλαί τε ῥυσαί τε 1-0
...Λιταί εἰσι Διὸς κοῦραι μεγάλοιο,/   Ι 502f. (cf. C1)
χωλαί τε ῥυσαί τε παραβλῶπές τ' ὀφθαλμώ

Β1. κοῦραι 3-0 (Μοῦσαι 1-0, Νύμφαι 1-4)
Διὸς κοῦραι 2-0, 5-3 (=' Αθήνη 3-2, "Αρτεμις 1-1, 'Αφροδίτη 1-0)
Διὸς κοῦραι μεγάλοιο/ 1-0, 4-3 (=' Αθήνη 3-2, "Αρτεμις 1-1)
Λιταί...Διὸς κοῦραι μεγάλοιο/ 1-0
Διὸς κούρησιν 1-0
κούρας Διός 1-0, 5-16 (Μοῦσαι 1-0, Νύμφαι 1-4; ' Αθήνη 2-12; Ἑλένη 1-0)
...Λιταί εἰσι Διὸς κοῦραι μεγάλοιο,/   Ι 502f. (cf. C1)
χωλαί τε ῥυσαί τε παραβλῶπές τ' ὀφθαλμώ
ἀλλ', 'Αχιλεῦ, πόρε καὶ σὺ Διὸς κούρησιν ἕπεσθαι   Ι 513
ὅς μέν τ' αἰδέσεται κούρας Διὸς ἆσσον ἰούσας   Ι 508

Β2. χωλαί 1-0, 2-2 ("Ήφαιστος 1-2)
/ χωλαί τε ῥυσαί τε 1-0
...Λιταί εἰσι Διὸς κοῦραι μεγάλοιο,/   Ι 502f. (cf. C1)
χωλαί τε ῥυσαί τε παραβλῶπές τ' ὀφθαλμώ

C1.
...Λιταί εἰσι Διὸς κοῦραι μεγάλοιο,/   Ι 502-504, 507
χωλαί τε ῥυσαί τε παραβλῶπές τ' ὀφθαλμώ,/   (cf. 10C1)
αἵ ῥά τε καὶ μετόπισθ' "Ατης ἀλέγουσι κιοῦσαι,/
...αἳ δ' ἐξακέονται ὀπίσσω

48. Μοῖρα 4-0 (pers.)
Β1. κραταιή 2-0
Μοῖρα κραταιή/ 2-0 (+ 7-0 sine ut vid. pers.)
αἴτιοι, ἀλλὰ θεός τε μέγας καὶ Μοῖρα κραταιή   Τ 410
...τῷ δ' ὥς ποθι Μοῖρα κραταιὴ/   Ω 209f. (cf. Υ 127f.,
γιγνομένῳ ἐπένησε λίνῳ, ὅτε μιν τέκον αὐτή   η 197f.)

49. Μοῦσα 1-6, Μοῦσαι 8-1
Α1. 'Ολυμπιάδες 1-0
'Ολυμπιάδες Μοῦσαι 1-0
εἰ μὴ 'Ολυμπιάδες Μοῦσαι, Διὸς αἰγιόχοιο/   Β 491f.
θυγατέρες...

Β1. ἔχουσαι 4-0 (Εἰλείθυιαι 1-0; 'Ερινύς 1-0, "Ερις 1-0)
Μοῦσαι 'Ολύμπια δώματ' ἔχουσαι/ 4-0 (cf. 35Β9)
"Εσπετε νῦν μοι, Μοῦσαι 'Ολύμπια δώματ' ἔχουσαι   Β 484+, Λ 218,
  Ξ 508, Π 112

Β2. θεά 1-1**
θεὰ θύγατερ Διός 0-1
τῶν ἀμόθεν γε, θεά, θύγατερ Διός, εἰπὲ καὶ ἡμῖν   α 10
...Μοῦσαι 'Ολύμπια δώματ' ἔχουσαι,/   Β 484f.
ὑμεῖς γὰρ θεαί ἐστε, πάρεστέ τε, ἴστε τε πάντα

B3. θυγάτηρ 1-1**
     θύγατερ Διός 0-1, 1-3 ('Αθήνη 1-2, "Αρτεμις 0-1)
     θεὰ θύγατερ Διός 0-1
     Διὸς αἰγιόχοιο/θυγατέρες 1-0 (cf. 1B16)
     τῶν ἁμόθεν γε, θεά, θύγατερ Διός, εἰπὲ καὶ ἡμῖν   α 10
     εἰ μὴ 'Ολυμπιάδες Μοῦσαι, Διὸς αἰγιόχοιο/   Β 491f.
     θυγατέρες...
B4. κοῦραι 1-0 (Λιταί 3-0, Νύμφαι 1-4)
     κοῦραι Διός 1-0, 5-16 (=Λιταί 1-0, Νύμφαι 1-4; 'Αθήνη 2-12; 'Ελένη 1-0)
     κοῦραι Διὸς αἰγιόχοιο/ 1-0, 4-9 (Νύμφαι 1-2; 'Αθήνη 2-7; 'Ελένη 1-0)
     / Μοῦσαι...κοῦραι Διὸς αἰγιόχοιο/ 1-0
     Μοῦσαι ἀείδοιεν, κοῦραι Διὸς αἰγιόχοιο   Β 598
B5. λίγεια 0-1, 9-12
     Μοῦσα λίγεια/ 0-1
     'Αργείων· τοῖον γὰρ ὑπώροε Μοῦσα λίγεια   ω 62
B6. πάϊς 0-1 (Ζεύς 12-1, "Ηφαιστος 1-0)
     Μοῦσ'...Διὸς πάϊς 0-1
     ἢ σέ γε Μοῦσ' ἐδίδαξε Διὸς πάϊς, ἢ σέ γ' 'Απόλλων   θ 488

50. Νέαιρα 0-1
B1. δῖα 0-1**
     δῖα Νέαιρα/ 0-1
     ἅς τέκεν 'Ηελίῳ 'Υπερίονι δῖα Νέαιρα   μ 133
B2. μήτηρ 0-1 ('Αφροδίτη 3-0, Διώνη 1-0, "Ηρη 8-0, Θέτις 31-3, Τηθύς 2-0)
     πότνια μήτηρ/ 0-1, 22-12 (Θέτις 8-1)
     τὰς μὲν ἄρα θρέψασα τεκοῦσά τε πότνια μήτηρ   μ 134
B3. πότνια 0-1**
     πότνια μήτηρ/ 0-1, 22-12 (Θέτις 8-1)
     τὰς μὲν ἄρα θρέψασα τεκοῦσά τε πότνια μήτηρ   μ 134

51. Νηρεύς 0-0
B1. ἅλιος 5-1, 4-12 (Πρωτεύς 0-6, Φόρκυς 0-2)
     ἁλίοιο γέροντος/ 4-1, 0-3 (Πρωτεύς 0-1, Φόρκυς 0-2)
     γέρονθ' ἅλιον 1-0, 0-5 (Πρωτεύς 0-5)
     ἡ μὲν γὰρ Διός ἐσθ', ἡ δ' ἐξ ἁλίοιο γέροντος   Υ 107
     μήτηρ, ἥ μ' ἔτεκεν, θυγάτηρ ἁλίοιο γέροντος   Ω 562
     ἀργυρόπεζα Θέτις, θυγάτηρ ἁλίοιο γέροντος   Α 538, 556
     ἀμφὶ δέ σ' ἔστησαν κοῦραι ἁλίοιο γέροντος   ω 58
     ὀψόμεναί τε γέρονθ' ἅλιον καὶ δώματα πατρός   Σ 141
B2. γέρων 7-1 (Πρωτεύς 0-14, Φόρκυς 0-2)
     ἁλίοιο γέροντος/ 4-1, 0-3 (Πρωτεύς 0-1, Φόρκυς 0-2)
     γέρονθ' ἅλιον 1-0, 0-5 (Πρωτεύς 0-5)
     πατρὶ γέροντι/ 2-0
     ἡ μὲν γὰρ Διός ἐσθ', ἡ δ' ἐξ ἁλίοιο γέροντος   Υ 107
     μήτηρ, ἥ μ' ἔτεκεν, θυγάτηρ ἁλίοιο γέροντος   Ω 562

```
ἀργυρόπεζα Θέτις, θυγάτηρ ἁλίοιο γέροντος      Α 538, 556
ἀμφὶ δέ σ' ἔστησαν κοῦραι ἁλίοιο γέροντος      ω 58
ἡμένη ἐν βένθεσσιν ἁλὸς παρὰ πατρὶ γέροντι    Α 358, Σ 36
ὀψόμεναί τε γέρονθ' ἄλιον καὶ δώματα πατρός   Σ 141
```

B3. πατήρ 4-0 (Ζεύς 90-32, Ποσειδάων 1-3, Πρωτεύς 0-1)
πατρὶ γέροντι/ 2-0
```
ὀψόμεναί τε γέρονθ' ἄλιον καὶ δώματα πατρός   Σ 141
ἡμένη ἐν βένθεσσιν ἁλὸς παρὰ πατρὶ γέροντι    Α 358, Σ 36
πολλάκι γάρ σεο πατρὸς ἐνὶ μεγάροισιν ἄκουσα   Α 396
```

52. Νηρηίδες 3-0

B1. ἀθάναται 1-2 ('Αθήνη 1-1, "Ηρη 1-0, Θέτις 2-0, Κίρκη 0-1)
ἀθανάτης ἁλίησιν/ 1-2
```
αἴθ' ὄφελες σὺ μὲν αὖθι μετ' ἀθανάτης ἁλίησιν   Σ 86
μήτηρ δ' ἐξ ἁλὸς ἦλθε σὺν ἀθανάτης ἁλίησιν      ω 47
μήτηρ ἐξ ἁλὸς ἤδε σὺν ἀθανάτης ἁλίησιν          ω 55
```

B2. ἅλιαι 4-2, 5-11
ἀθανάτης ἁλίησιν/ 1-2
ἅλιαι θεαί 1-0
ἁλίησι κασιγνήτῃσι 1-0
```
αἴθ' ὄφελες σὺ μὲν αὖθι μετ' ἀθανάτης ἁλίησιν   Σ 86
μήτηρ δ' ἐξ ἁλὸς ἦλθε σὺν ἀθανάτης ἁλίησιν      ω 47
μήτηρ ἐξ ἁλὸς ἤδε σὺν ἀθανάτης ἁλίησιν          ω 55
ἧαθ' ὁμηγερέες ἅλιαι θεαί· ἡ δ' ἐνὶ μέσσης      Ω 84
ἐκ μέν μ' ἀλλάων ἁλιάων ἀνδρὶ δάμασσεν          Σ 432
καὶ στρεφθεῖσ' ἁλίῃσι κασιγνήτῃσι μετηύδα       Σ 139
```

B3. θεαί 1-0**
ἅλιαι θεαί 1-0
```
ἧαθ' ὁμηγερέες ἅλιαι θεαί· ἡ δ' ἐνὶ μέσσης      Ω 84
```

B4. κασίγνηται 2-0, 7-1 ("Αρτεμις 2-0, "Ερις 1-0, "Ηρη 2-0)
ἁλίῃσι κασιγνήτῃσι 1-0
κασίγνηται Νηρηίδες 1-0
```
καὶ στρεφθεῖσ' ἁλίῃσι κασιγνήτῃσι μετηύδα       Σ 139
κλῦτε, κασίγνηται Νηρηίδες, ὄφρ' ἐΰ πᾶσαι       Σ 52
```

53. Νύμφη 6-15, Νύμφαι 3-16

A1. ἀγρονόμοι 0-1
νύμφαι κοῦραι Διὸς αἰγιόχοιο/ἀγρονόμοι 0-1
```
...νύμφαι, κοῦραι Διὸς αἰγιόχοιο,/              ζ 105f.
ἀγρονόμοι παίζουσι· γέγηθε δέ τε φρένα Λητώ
```

A2. κρηναῖαι 0-1
/ νύμφαι κρηναῖαι 0-1
/ νύμφαι κρηναῖαι κοῦραι Διός 0-1
```
νύμφαι κρηναῖαι, κοῦραι Διός, εἴ ποτ' Ὀδυσσεύς   ρ 240
```

A3. **νηϊάδες 0-3**
/ **νύμφαι νηϊάδες 0-1**
/ **νύμφαι νηϊάδες κοῦραι Διός 0-1**
ἱρὸν νυμφάων αἳ νηϊάδες καλέονται   ν 104, 348
νύμφαι νηϊάδες, κοῦραι Διός, οὔ ποτ᾽ ἐγώ γε   ν 356

A4. **νηΐς 3-0**
νύμφη...νηΐς 2-0
νύμφη...νηΐς ἀμύμων/ 1-0
νύμφη/νηΐς 1-0
Ἠνοπίδην, ὃν ἄρα νύμφη τέκε νηῒς ἀμύμων   Ξ 444
ὃν νύμφη τέκε νηῒς Ὀτρυντῆϊ πτολιπόρθῳ   Υ 384
...μετ᾽ Αἴσηπον καὶ Πήδασον, οὕς ποτε νύμφη/   Ζ 21f.
νηῒς Ἀβαρβαρέη τέκ᾽ ἀμύμονι Βουκολίωνι

A5. **ὀρεστιάδες 1-0**
/ **νύμφαι ὀρεστιάδες 1-0**
/ **νύμφαι ὀρεστιάδες κοῦραι Διὸς αἰγιόχοιο/ 1-0**
νύμφαι ὀρεστιάδες, κοῦραι Διὸς αἰγιόχοιο   Ζ 420

B1. **ἀμύμων 1-0**
νύμφη...νηῒς ἀμύμων/ 1-0
Ἠνοπίδην, ὃν ἄρα νύμφη τέκε νηῒς ἀμύμων   Ξ 444

B2. **θεαί 1-0****
θεάων.../νυμφάων 1-0
...ὅθι φασὶ θεάων ἔμμεναι εὐνάς/   Ω 615f.
νυμφάων, αἵ τ᾽ ἀμφ᾽ Ἀχελώϊον ἐρρώσαντο

B3. **κοῦραι 1-4** (Λιταί 3-0, Μοῦσαι 1-0)
κοῦραι Διός 1-4, 5-12 (=Λιταί 1-0, Μοῦσαι 1-0; Ἀθήνη 2-12; Ἑλένη 1-0)
/ **νύμφαι κρηναῖαι κοῦραι Διός 0-1**
/ **νύμφαι νηϊάδες κοῦραι Διός 0-1**
κοῦραι Διὸς αἰγιόχοιο 1-2, 4-7 (=Μοῦσαι 1-0; Ἀθήνη 2-7; Ἑλένη 1-0)
νύμφαι κοῦραι Διὸς αἰγιόχοιο/ 1-2
/ **νύμφαι ὀρεστιάδες κοῦραι Διὸς αἰγιόχοιο/ 1-0**
νύμφαι κρηναῖαι, κοῦραι Διός, εἴ ποτ᾽ Ὀδυσσεύς   ρ 240
νύμφαι νηϊάδες, κοῦραι Διός, οὔ ποτ᾽ ἐγώ γε   ν 356
ὦρσαν δὲ νύμφαι, κοῦραι Διὸς αἰγιόχοιο   ι 154
νύμφαι ὀρεστιάδες, κοῦραι Διὸς αἰγιόχοιο   Ζ 420
τῇ δέ θ᾽ ἅμα νύμφαι, κοῦραι Διὸς αἰγιόχοιο,/   ζ 105f.
ἀγρόνομοι παίζουσι...

C1.   οὔτ᾽ ἄρα νυμφάων, αἵ τ᾽ ἄλσεα καλὰ νέμονται/   Υ 8f.
     καὶ πηγὰς ποταμῶν καὶ πίσεα ποιήεντα

C2.   νυμφάων, αἳ ἔχουσ᾽ ὀρέων αἰπεινὰ κάρηνα/   ζ 123f.
     καὶ πηγὰς ποταμῶν καὶ πίσεα ποιήεντα

54. Νύξ 2-0 (pers.)
A1. **δμήτειρα 1-0** (cf. **62A2**)

Νὺξ δμήτειρα θεῶν...καὶ ἀνδρῶν 1-0
εἰ μὴ Νὺξ δμήτειρα θεῶν ἐσάωσε καὶ ἀνδρῶν   Ξ 259
B1. θοή 1-0
 Νυκτὶ θοῇ 1-0
 ἄζετο γὰρ μὴ Νυκτὶ θοῇ ἀποθύμια ἔρδοι   Ξ 261

55. Ὄνειρος 5-0 (pers.), 3-15
B1. ἄγγελος 2-0**
 Διὸς...ἄγγελος 2-0 (Ἶρις 1-0)
 νῦν δ' ἐμέθεν ξύνες ὦκα· Διὸς δέ τοι ἄγγελός εἰμι   B 26, 63 (cf. 36B1, 39B1)
B2. θεῖος 2-1
 θεῖος Ὄνειρος/ 1-0, θεῖος...Ὄνειρος/ 1-1
 τῷ μιν ἐεισάμενος προσεφώνεε θεῖος Ὄνειρος   B 22
 κλῦτε, φίλοι· θεῖός μοι ἐνύπνιον ἦλθεν Ὄνειρος   B 56, ξ 495
B3. οὖλος 2-0, 5-0 (Ἄρης 2-0)
 οὖλον Ὄνειρον/ 1-0, οὖλε Ὄνειρε 1-0
 πέμψαι ἐπ' Ἀτρεΐδῃ Ἀγαμέμνονι οὖλον Ὄνειρον   B 6
 βάσκ' ἴθι, οὖλε Ὄνειρε, θοὰς ἐπὶ νῆας Ἀχαιῶν   B 8 (cf. 39B5)

56. Περσεφόνεια 2-11
A1. ἐπαινή 2-4
 ἐπαινὴ Περσεφόνεια/ 1-0, ἐπαινὴν Περσεφόνειαν/ 1-0
 ἐπαινῆς Περσεφονείης/ 0-2, ἐπαινῇ Περσεφονείῃ/ 0-2
 Ζεύς τε καταχθόνιος καὶ ἐπαινὴ Περσεφόνεια   I 457+
 εἰς Ἀίδαο δόμους καὶ ἐπαινῆς Περσεφονείης   κ 491, 564
 ἰφθίμῳ τ' Ἀίδῃ καὶ ἐπαινῇ Περσεφονείῃ   κ 534+, λ 47+
 κικλήσκουσ' Ἀίδην καὶ ἐπαινὴν Περσεφόνειαν   I 569
B1. ἀγαυή 0-3, 21-24 (Τιθωνός 1-1)
 ἀγαυὴ Περσεφόνεια/ 0-3
 εἴ τί μοι εἴδωλον τόδ' ἀγαυὴ Περσεφόνεια   λ 213
 ἤλυθον, ὄτρυνεν γὰρ ἀγαυὴ Περσεφόνεια   λ 226
 ἐξ Ἄϊδος πέμψειεν ἀγαυὴ Περσεφόνεια   λ 635
B2. ἁγνή 0-1, 0-4 (Ἄρτεμις 0-3; ἑορτή sc. Ἀπόλλωνος)
 / ἁγνὴ Περσεφόνεια 0-1
 ἁγνὴ Περσεφόνεια γυναικῶν θηλυτεράων   λ 386
B3. θεός 1-2**
 ...ἐπεύξασθαι δὲ θεοῖσιν,/   κ 533f., λ 46f.
 ἰφθίμῳ τ' Ἀΐδῃ καὶ ἐπαινῇ Περσεφονείῃ
 ...θεοὶ δ' ἐτέλειον ἐπαράς,/   I 456f.
 Ζεύς τε καταχθόνιος καὶ ἐπαινὴ Περσεφόνεια
B4. θυγάτηρ 0-1**
 Διὸς θυγάτηρ 0-1, 14-5 (Ἀθήνη 4-3, Ἄτη 1-0, Ἀφροδίτη 9-1)
 Περσεφόνεια Διὸς θυγάτηρ 0-1
 οὔ τί σε Περσεφόνεια, Διὸς θυγάτηρ, ἀπαφίσκει   λ 217

57. Ποσειδάων 43-42

A1. γαιήοχος 12-6
  γαιήοχος ἐννοσίγαιος/ 4-1
  Ποσειδάων γαιήοχος ἐννοσίγαιος/ 1-0
  γαιήοχον ἐννοσίγαιον/ 1-0, γαιηόχῳ ἐννοσιγαίῳ/ 2-0
  γαιήοχε κυανοχαῖτα/ 2-1
  Ποσείδαον γαιήοχε κυανοχαῖτα/ 0-1
  Ποσειδάων γαιήοχος 2-5
  Ποσειδάων γαιήοχος ἐννοσίγαιος/ 1-0
  Ποσείδαον γαιήοχε κυανοχαῖτα/ 0-1

τόφρα δὲ τοὺς ὄπιθεν	γαιήοχος ὦρσεν Ἀχαιούς	Ν 83+
ὥς ῥα κελευτιόων	γαιήοχος ὦρσεν Ἀχαιούς	Ν 125
ἤδη μὲν γάρ τοι	γαιήοχος ἐννοσίγαιος	Ο 222
ἔπλετο· τοῖος γὰρ	γαιήοχος ἐννοσίγαιος	Ν 677
ἦ, καὶ σκηπανίῳ	γαιήοχος ἐννοσίγαιος	Ν 59
τῷ δ ἄρα εἰσάμενος	γαιήοχος ἐννοσίγαιος	λ 241
πολλὰ μάλ' εὐχομένῳ	γαιηόχῳ ἐννοσιγαίῳ	Ι 183
ἀγγελίην ἐρέων	γαιηόχῳ ἐννοσιγαίῳ	Ξ 355
ἵππων ἁψάμενος	γαιήοχον ἐννοσίγαιον	Ψ 584
ἀλλὰ Ποσειδάων	γαιήοχος ἐννοσίγαιος	Ν 43
οὕτω γὰρ δή τοι,	γαιήοχε κυανοχαῖτα	Ο 201
ἀγγελίην τινά τοι,	γαιήοχε κυανοχαῖτα	Ο 174+
κλῦθι, Ποσείδαον	γαιήοχε κυανοχαῖτα	ι 528+
κλῦθι, Ποσείδαον	γαιήοχε, μηδὲ μεγήρῃς	γ 55+
μή με, Ποσείδαον	γαιήοχε, ταῦτα κέλευε	θ 350
ἀλλὰ Ποσειδάων	γαιήοχος ἀσκελὲς αἰέν	α 68
ἠδὲ Ποσειδάων	γαιήοχος ἠδ' ἐριούνης/	Υ 33f.
Ἑρμείας...		
ἦλθε Ποσειδάων	γαιήοχος, ἦλθ' ἐριούνης/	θ 322f. (cf. **6A4**)
Ἑρμείας...		

A2. Ἑλικώνιος 1-0 (Ἑλίκη 2-0)
  Ἑλικώνιον...ἄνακτα/ 1-0
  ἤρυγεν ἑλκόμενος Ἑλικώνιον ἀμφὶ ἄνακτα   Υ 404+

A3. ἐννοσίγαιος 20-6
  κλυτὸς ἐννοσίγαιος/ 5-2, κλυτὸν ἐννοσίγαιον/ 1-1
  γαιήοχος ἐννοσίγαιος/ 7-1
  γαιήοχον ἐννοσίγαιον/ 1-0, γαιηόχῳ ἐννοσιγαίῳ/ 2-0
  Ποσειδάων γαιήοχος ἐννοσίγαιος/ 1-0
  ἐννοσίγαι' εὐρυσθενές 2-1

ὣς εἰπὼν λίπε λαὸν Ἀχαιϊκὸν ἐννοσίγαιος	Ο 218
ἦρατ', ἐπεί ῥ' ἔκλινε μάχην κλυτὸς ἐννοσίγαιος	Ξ 510
εἰ δέ κεν εὐπλοίην δώῃ κλυτὸς ἐννοσίγαιος	Ι 362
οὐδ' ἀλαοσκοπιὴν εἶχε κλυτὸς ἐννοσίγαιος	Ξ 135 (cf. **A4**)
τῷ δὲ καὶ ἵππους μὲν λῦσε κλυτὸς ἐννοσίγαιος	Θ 440
ῥαιομένου, ὅτε μ' ἔρραιε κλυτὸς ἐννοσίγαιος	ζ 326

οἶδα γὰρ ὥς μοι ὀδώδυσται κλυτὸς ἐννοσίγαιος	ε 423	
τὴν δὲ μέγ' ὀχθήσας προσέφη κλυτὸς ἐννοσίγαιος	Ο 184 (cf. A4)	
ἀγχοῦ δ' ἱσταμένη προσέφη κλυτὸν ἐννοσίγαιον	Ο 173+	
πομπήν τ' ὀτρύνω δόμεναι κλυτὸν ἐννοσίγαιον	ι 518+	
ἤδη μὲν γάρ τοι γαιήοχος ἐννοσίγαιος	Ο 222	
ἔπλετο· τοῖος γὰρ γαιήοχος ἐννοσίγαιος	Ν 677	
ἦ, καὶ σκηπανίῳ γαιήοχος ἐννοσίγαιος	Ν 59	
τῷ δ ἄρα εἰσάμενος γαιήοχος ἐννοσίγαιος	λ 241	
πολλὰ μάλ' εὐχομένῳ γαιηόχῳ ἐννοσιγαίῳ	Ι 183	
ἀγγελίην ἐρέων γαιηόχῳ ἐννοσιγαίῳ	Ξ 355	
ἵππων ἀψάμενος γαιήοχον ἐννοσίγαιον	Ψ 584	
ἀλλὰ Ποσειδάων γαιήοχος ἐννοσίγαιος	Ν 43	
αὐτὸς δ' ἐννοσίγαιος ἔχων χείρεσσι τρίαιναν	Μ 27	
λήσειν ἐννοσίγαιον, ὅ τοι κότον ἔνθετο θυμῷ	λ 102+	
ἔγνως, ἐννοσίγαιε, ἐμὴν ἐν στήθεσι βουλήν	Υ 20	
ὦ πόποι, ἐννοσίγαι᾽ εὐρυσθενές, οὐδέ νυ σοί περ	Θ 201+	
ὦ πόποι, ἐννοσίγαι᾽ εὐρυσθενές, οἷον ἔειπες	Η 455, ν 140	
ἐννοσίγαι᾽, αὐτὸς σὺ μετὰ φρεσὶ σῇσι νόησον	Υ 310	
ἐννοσίγαι᾽, οὐκ ἄν με σαόφρονα μυθήσαιο	Φ 462	

A4. ἐνοσίχθων 23-18
Ποσειδάων ἐνοσίχθων/ 14-10
κρείων ἐνοσίχθων/ 6-2
πατὴρ εὐρὺ κρείων ἐνοσίχθων/ 1-0
ἐνοσίχθονι κυανοχαίτῃ/ 0-1

κούρων ἑλκόντων· γάνυται δέ τε τοῖς ἐνοσίχθων	Υ 405+	
λαῖτμα μέγ' ἐκπερόωσιν, ἐπεί σφισι δῶκ' ἐνοσίχθων	η 35	
ῥίμφα διωκομένη· τῆς δὲ σχεδὸν ἦλθ' ἐνοσίχθων	ν 162	
ὡς οὐκ ὀφθαλμόν γ' ἰήσεται οὐδ' ἐνοσίχθων	ι 525+	
ὥς οἱ μὲν Διὸς ἔνδον ἀγηγέρατ'· οὐδ' ἐνοσίχθων	Υ 13	
αὐτοὶ δ' αὖ οἰκόνδε πάλιν κίον· οὐδ' ἐνοσίχθων	ν 125	
οὐ γάρ κεν ῥύσαιτό σ' ὑπὲκ κακοῦ, οὐδ' ἐνοσίχθων	μ 107	
οὐ γὰρ ἔφαν φεύξασθαι ὑπὲκ κακοῦ· ἀλλ' ἐνοσίχθων	Ν 89	
νηχέμεναι μεμαώς· ἴδε δὲ κρείων ἐνοσίχθων	ε 375	
τόσσην ἐκ στήθεσφιν ὄπα κρείων ἐνοσίχθων	Ξ 150	
οὐδ' ἀλαοσκοπιὴν εἶχε κρείων ἐνοσίχθων	Ν 10 (cf. A3)	
τὸν δ' ἐξ Αἰθιόπων ἀνιὼν κρείων ἐνοσίχθων	ε 282	
ἀντιάαν· τὸν δὲ προσέφη κρείων ἐνοσίχθων	Ν 215	
αὐτὰρ Ἀπόλλωνα προσέφη κρείων ἐνοσίχθων	Φ 435	
τὴν δὲ μέγ' ὀχθήσας προσέφη κρείων ἐνοσίχθων	Θ 208 (cf. A3)	
εἰ μή σφωε πατὴρ εὐρὺ κρείων ἐνοσίχθων	Λ 751	
Ἀντιλόχου· πέρι γάρ ῥα Ποσειδάων ἐνοσίχθων	Ν 554	
βάν ῥ' ἴμεν· ἦρχε δ' ἄρα σφι Ποσειδάων ἐνοσίχθων	Ξ 384	
κάμμορε, τίπτε τοι ὧδε Ποσειδάων ἐνοσίχθων	ε 339	
ὦρσε δ' ἐπὶ μέγα κῦμα Ποσειδάων ἐνοσίχθων	ε 366	

Ναυσίθοον μὲν πρῶτα Ποσειδάων ἐνοσίχθων η 56
ἐκ τοῦ δὴ 'Οδυσῆα Ποσειδάων ἐνοσίχθων α 74
μὴ δι' ἐμὴν ἰότητα Ποσειδάων ἐνοσίχθων Ο 41
αὐτὰρ ἐγώ τοί εἰμι Ποσειδάων ἐνοσίχθων λ 252
τῷ δὲ μάλ' ἐγγύθεν ἦλθε Ποσειδάων ἐνοσίχθων Υ 330
ὣς ἀπὸ τῶν ἤϊξε Ποσειδάων ἐνοσίχθων Ν 65
πολλῇ, τήν μοι ἐπῶρσε Ποσειδάων ἐνοσίχθων η 271
νέα μέν μοι κατέαξε Ποσειδάων ἐνοσίχθων ι 283
ἔνθ' ἵππους ἔστησε Ποσειδάων ἐνοσίχθων Ν 34
εἰ μὴ ἄρ' ὀξὺ νόησε Ποσειδάων ἐνοσίχθων Υ 291
γαῖαν ἀναρρήξειε Ποσειδάων ἐνοσίχθων Υ 63
τὸν δ' αὖτε προσέειπε Ποσειδάων ἐνοσίχθων θ 354
τὴν δ' αὖτε προσέειπε Ποσειδάων ἐνοσίχθων Ο 205
τὴν δ' ἠμείβετ' ἔπειτα Ποσειδάων ἐνοσίχθων Υ 132
τὸν δ' ἠμείβετ' ἔπειτα Ποσειδάων ἐνοσίχθων Ν 231, ν 146
τοῖσι δὲ μύθων ἦρχε Ποσειδάων ἐνοσίχθων Η 445, Φ 287
αὐτὰρ ἐπεὶ τό γ' ἄκουσε Ποσειδάων ἐνοσίχθων Υ 318, ν 159
ταύρους παμμέλανας ἐνοσίχθονι κυανοχαίτῃ γ 6

A5. εὐρυσθενής 2-1
ἐννοσίγαι' εὐρυσθενές 2-1
ὢ πόποι, ἐννοσίγαι' εὐρυσθενές, οὐδέ νυ σοί περ Θ 201+
ὢ πόποι, ἐννοσίγαι' εὐρυσθενές, οἷον ἔειπες Η 455, ν 140

A6. ὁμότιμος 1-0
εἴ μ' ὁμότιμον ἐόντα βίῃ ἀέκοντα καθέξει Ο 186+

A7. πατροκασίγνητος 1-2
Ποσειδάωνι.../πατροκασιγνήτῳ 0-1
...αἴδετο γάρ ρα/ Φ 468f.
πατροκασιγνήτοιο μιγήμεναι ἐν παλάμῃσι
...αἴδετο γάρ ρα/ ζ 329f.
πατροκασίγνητον· ὁ δ' ἐπιζαφελῶς μενέαινεν
...Ποσειδάωνι μάχεσθαι/ ν 341f.
πατροκασιγνήτῳ, ὅς τοι κότον ἔνθετο θυμῷ

B1. ἀδελφεός 1-0 ('Αΐδης 1-0, Ζεύς 1-0)
τρεῖς γάρ τ' ἐκ Κρόνου εἰμὲν ἀδελφεοί, οὓς τέκετο 'Ρέα Ο 187+

B2. ἄναξ 7-7**
Ποσειδάωνι ἄνακτι/ 2-7
πατρὶ Ποσειδάωνι ἄνακτι/ 0-1
Ποσειδάωνα ἄνακτα 1-0, Ποσειδάωνος ἄνακτος 1-0
'Ελικώνιον...ἄνακτα/ 1-0
πάντοθεν ἐκ κευθμῶν, οὐδ' ἠγνοίησεν ἄνακτα Ν 28
ἤτοι μὲν γὰρ ἔναντα Ποσειδάωνος ἄνακτος Υ 67
'Αργείους, μετὰ δέ σφι Ποσειδάωνα ἄνακτα Ο 8
ὣς ἐφάμην, ὁ δ' ἔπειτα Ποσειδάωνι ἄνακτι ι 526+

βάσκ' ἴθι, Ἶρι ταχεῖα, Ποσειδάωνι ἄνακτι   Ο 158
ἔλθῃ, καὶ εἴπῃσι Ποσειδάωνι ἄνακτι   Ο 57
ῥέξας ἱερὰ καλὰ Ποσειδάωνι ἄνακτι   λ 130
ἔρξανθ' ἱερὰ καλὰ Ποσειδάωνι ἄνακτι   ψ 277
ὣς οἱ μέν ῥ' εὔχοντο Ποσειδάωνι ἄνακτι   ν 185
αὐτίκα δ' εὔχετο πολλὰ Ποσειδάωνι ἄνακτι   γ 54+
εὔχεο νῦν, ὦ ξεῖνε, Ποσειδάωνι ἄνακτι   γ 43
ἀλλὰ σύ γ' εὔχεο πατρὶ Ποσειδάωνι ἄνακτι   ι 412
ἤρυγεν ἑλκόμενος Ἑλικώνιον ἀμφὶ ἄνακτα   Υ 404+
νοστήσαντα ἄνακτα· ὁ δ' ἐς στρατὸν ᾤχετ' Ἀχαιῶν   Ν 38

B3. ἄριστος 1-1 ('Αθήνη* 1-0, Ἀπόλλων 1-0, Ζεύς 5-1)
/ **πρεσβύτατον καὶ ἄριστον** 0-1
   ἄριστοι/ἀθανάτων 1-0
δευέσθω, ἵνα εἰδῇ ὅ μιν φιλέουσιν ἄριστοι/   Υ 122f. (& Ἀθήνη,
ἀθανάτων...   "Ηρη)
πρεσβύτατον καὶ ἄριστον ἀτιμίῃσιν ἰάλλειν   ν 142

B4. αὐτοκασίγνητος 1-0, 5-0 (cf. 42A1)
/ **αὐτοκασίγνητον καὶ δαέρα** 1-0
αὐτοκασίγνητον καὶ δαέρα, χαῖρε δὲ θυμῷ   Ξ 156

B5. δαήρ 1-0, 5-0
/ **αὐτοκασίγνητον καὶ δαέρα** 1-0
αὐτοκασίγνητον καὶ δαέρα, χαῖρε δὲ θυμῷ   Ξ 156

B6. θεός 4-19**
   μέγαν θεόν 1-0, 2-0 (Ἀπόλλων, Ζεύς)
   Ποσειδάωνα μέγαν θεόν 1-0
ἀλλὰ τὰ μέν που μέλλεν ἀγάσσεσθαι θεὸς αὐτός   δ 181
χαρμῇ γηθόσυνοι, τήν σφιν θεὸς ἔμβαλε θυμῷ   Ν 82+
ὣς ἀγόρευ'· ὁ γέρων· τὰ δέ κεν θεὸς ἢ τελέσειεν   θ 570
ὣς εἰπὼν ὁ μὲν αὖτις ἔβη θεὸς ἂμ πόνον ἀνδρῶν   Ν 239
τὸν δέ τοι ἀργαλέον θήσει θεός· οὐ γὰρ ὀΐω   λ 101+
καί ῥα Ποσειδάωνα μέγαν θεὸν ἀντίον ηὔδα   Θ 200+
ἔπλεον, ἐστόρεσεν δὲ θεὸς μεγακήτεα πόντον   γ 158 (?)
οὖρος, ἐπεὶ δὴ πρῶτα θεὸς προέηκεν ἀῆναι   γ 183 (?)
αὐτὰρ ἐπεί ῥ' ἐτέλεσσε θεὸς φιλοτήσια ἔργα   λ 246
   Αἰνείας ὑπερᾶλτο θεοῦ ἀπὸ χειρὸς ὀρούσας   Υ 327
ἤ μοι ἐναργὴς ἦλθε θεοῦ ἐς δαῖτα θάλειαν   γ 420
εὖθ' οἱ σπλάγχνα πάσαντο, θεῷ δ' ἐπὶ μηρία καῖον   γ 9
κυρτωθέν, κρύψεν δὲ θεὸν θνητήν τε γυναῖκα   λ 244

B7. κλυτός 6-3 ("Ηφαιστος 1-0)
   κλυτὸς ἐννοσίγαιος/ 6-3
ἤρατ', ἐπεί ῥ' ἔκλινε μάχην κλυτὸς ἐννοσίγαιος   Ξ 510
εἰ δέ κεν εὐπλοίην δώῃ κλυτὸς ἐννοσίγαιος   Ι 362
οὐδ' ἀλαοσκοπιὴν εἶχε κλυτὸς ἐννοσίγαιος   Ξ 135 (cf. A4)
τῷ δὲ καὶ ἵππους μὲν λῦσε κλυτὸς ἐννοσίγαιος   Θ 440

ῥαιομένου, ὅτε μ' ἔρραιε κλυτὸς ἐννοσίγαιος ζ 326
οἶδα γὰρ ὥς μοι ὀδώδυσται κλυτὸς ἐννοσίγαιος ε 423
τὴν δὲ μέγ' ὀχθήσας προσέφη κλυτὸς ἐννοσίγαιος Ο 184 (cf. A4)
ἀγχοῦ δ' ἱσταμένη προσέφη κλυτὸν ἐννοσίγαιον Ο 173+
πομπήν τ' ὀτρύνω δόμεναι κλυτὸν ἐννοσίγαιον ι 518+

B8. κραταιός 1-0, 10-2 (Μοῖρα 9-0)
  Κρόνου υἷε κραταιώ/ 1-0
  τὼ δ' ἀμφὶς φρονέοντε δύω Κρόνου υἷε κραταιώ Ν 345

B9. κρείων 6-2
  κρείων ἐνοσίχθων/ 6-2
  πατὴρ εὐρὺ κρείων ἐνοσίχθων/ 1-0
  νηχέμεναι μεμαώς· ἴδε δὲ κρείων ἐνοσίχθων ε 375
  τόσσην ἐκ στήθεσφιν ὅπα κρείων ἐνοσίχθων Ξ 150
  οὐδ' ἀλαοσκοπιὴν εἶχε κρείων ἐνοσίχθων Ν 10 (cf. A3)
  τὸν δ' ἐξ Αἰθιόπων ἀνιὼν κρείων ἐνοσίχθων ε 282
  ἀντιάαν· τὸν δὲ προσέφη κρείων ἐνοσίχθων Ν 215
  αὐτὰρ Ἀπόλλωνα προσέφη κρείων ἐνοσίχθων Φ 435
  τὴν δὲ μέγ' ὀχθήσας προσέφη κρείων ἐνοσίχθων Θ 208 (cf. A3)
  εἰ μή σφωε πατὴρ εὐρὺ κρείων ἐνοσίχθων Λ 751

B10. κυανοχαίτης 5-3, 1-0 (ἵππος)
  γαιήοχε κυανοχαῖτα/ 2-1
  Ποσείδαον γαιήοχε κυανοχαῖτα/ 0-1
  ἐνοσίχθονι κυανοχαίτῃ/ 0-1
  / κυανοχαῖτα Ποσειδάων 2-0
  ὣς ἔφατ' εὐχόμενος, τοῦ δ' ἔκλυε κυανοχαίτης ι 536
  ὣς ἄρα φωνήσας ἡγήσατο κυανοχαίτης Υ 144
  ταύρους παμμέλανας ἐνοσίχθονι κυανοχαίτῃ γ 6
  ἀγγελίην τινά τοι, γαιήοχε κυανοχαῖτα Ο 174+
  οὕτω γὰρ δή τοι, γαιήοχε κυανοχαῖτα Ο 201
  κλῦθι, Ποσείδαον γαιήοχε κυανοχαῖτα ι 528+
  κυανοχαῖτα Ποσειδάων βιότοιο μεγήρας Ν 563
  κυανοχαῖτα Ποσειδάων καὶ φαίδιμος Ἕκτωρ Ξ 390

B11. μέγας 1-0 (Ἀπόλλων 3-0, Ζεύς 15-13, Κρόνος 4-0)
  μέγαν θεόν 1-0, 2-0 (Ἀπόλλων, Ζεύς)
  Ποσειδάωνα μέγαν θεόν 1-0
  καί ῥα Ποσειδάωνα μέγαν θεὸν ἀντίον ηὔδα Θ 200+

B12. πατήρ 1-3 (Ζεύς 90-32, Νηρεύς 4-0, Πρωτεύς 0-1)
  πατρὶ Ποσειδάωνι ἄνακτι/ 0-1
  πατὴρ εὐρὺ κρείων ἐνοσίχθων/ 1-0
  πατήρ...ἐμός 0-2
  τοῦ γὰρ ἐγὼ πάϊς εἰμί, πατὴρ δ' ἐμός εὔχεται εἶναι ι 519+
  εἰ ἐτεόν γε σός εἰμι, πατὴρ δ' ἐμὸς εὔχεαι εἶναι ι 529+
  ἀλλὰ σύ γ' εὔχεο πατρὶ Ποσειδάωνι ἄνακτι ι 412
  εἰ μή σφωε πατὴρ εὐρὺ κρείων ἐνοσίχθων Λ 751

B13. πρεσβύτατος 0-1, 5-0
/ πρεσβύτατον καὶ ἄριστον 0-1
πρεσβύτατον καὶ ἄριστον ἀτιμίῃσιν ἰάλλειν ν 142
B14. υἱός 1-0**
Κρόνου υἷε κραταιώ/ 1-0
τὼ δ' ἀμφὶς φρονέοντε δύω Κρόνου υἷε κραταιώ N 345
58. Πρωτεύς 0-5
A1. ὑποδμώς 0-1
Ποσειδάωνος ὑποδμώς/ 0-1
πάσης βένθεα οἶδε, Ποσειδάωνος ὑποδμώς δ 386+
B1. ἀθάνατος 0-1**
/ ἀθάνατος Πρωτεύς Αἰγύπτιος 0-1
ἀθάνατος Πρωτεὺς Αἰγύπτιος, ὅς τε θαλάσσης δ 385+
B2. Αἰγύπτιος 0-1, 0-6
/ ἀθάνατος Πρωτεὺς Αἰγύπτιος 0-1
ἀθάνατος Πρωτεὺς Αἰγύπτιος, ὅς τε θαλάσσης δ 385+
B3. ἅλιος 0-6, 9-7 (Νηρεύς 5-1, Φόρκυς 0-2)
γέρων ἅλιος 0-5, 1-0 (Νηρεύς)
γέρων ἅλιος νημερτής/ 0-5
ἁλίοιο γέροντος/ 0-1, 4-3 (=Νηρεύς 4-1, Φόρκυς 0-2)
/ Πρωτέος ἰφθίμου...ἁλίοιο γέροντος/ 0-1
πωλεῖταί τις δεῦρο γέρων ἅλιος νημερτής δ 384+
τῆμος ἄρ' ἐξ ἁλὸς εἶσι γέρων ἅλιος νημερτής δ 401
δὴ τότε με προσέειπε γέρων ἅλιος νημερτής δ 542
ἀλλὰ τὰ μέν μοι ἔειπε γέρων ἅλιος νημερτής δ 349, ρ 140
Πρωτέος ἰφθίμου θυγάτηρ ἁλίοιο γέροντος δ 365
B4. γέρων 0-14 (Νηρεύς 7-1, Φόρκυς 0-2)
θείοιο γέροντος/ 0-1
ἁλίοιο γέροντος/ 0-1, 4-3 (=Νηρεύς 4-1, Φόρκυς 0-2)
/ Πρωτέος ἰφθίμου...ἁλίοιο γέροντος/ 0-1
γέρων ἅλιος 0-5, 1-0 (Νηρεύς)
γέρων ἅλιος νημερτής/ 0-5
γέρων ὀλοφώϊα εἰδώς/ 0-1
πάντα δέ τοι ἐρέω ὀλοφώϊα τοῖο γέροντος δ 410
αὐτὴ νῦν φράζευ σὺ λόχον θείοιο γέροντος δ 395
Πρωτέος ἰφθίμου θυγάτηρ ἁλίοιο γέροντος δ 365
καὶ τότε δὴ σχέσθαι τε βίης λῦσαί τε γέροντα δ 422
ταῦτα μὲν οὕτω δὴ τελέω, γέρον, ὡς σὺ κελεύεις δ 485
ἀλλ' ὅτε δή ῥ' ἀνίαζ'' ὁ γέρων ὀλοφώϊα εἰδώς δ 460
πωλεῖταί τις δεῦρο γέρων ἅλιος νημερτής δ 384+
τῆμος ἄρ' ἐξ ἁλὸς εἶσι γέρων ἅλιος νημερτής δ 401
δὴ τότε με προσέειπε γέρων ἅλιος νημερτής δ 542
ἀλλὰ τὰ μέν μοι ἔειπε γέρων ἅλιος νημερτής δ 349, ρ 140

ἔνδιος δ' ὁ γέρων ἦλθ' ἐξ ἁλός, εὗρε δὲ φώκας   δ 450
βάλλομεν· οὐδ' ὁ γέρων δολίης ἐπελήθετο τέχνης   δ 455
οἶσθα, γέρον, τί με ταῦτα παρατροπέων ἀγορεύεις   δ 465

B5. εἰδώς 0-1 (Ζεύς 1-0)
ὀλοφώϊα εἰδώς/ 0-1, 0-1 (Εὔμαιος)
γέρων ὀλοφώϊα εἰδώς/ 0-1
ἀλλ' ὅτε δή ῥ' ἀνίαζ' ὁ γέρων ὀλοφώϊα εἰδώς   δ 460

B6. θεῖος 0-1**
θείοιο γέροντος/ 0-1
αὐτή νῦν φράζευ σὺ λόχον θείοιο γέροντος   δ 395

B7. ἴφθιμος 0-1 ('Αΐδης 0-2)
/ Πρωτέος ἰφθίμου...ἁλίοιο γέροντος/ 0-1
Πρωτέος ἰφθίμου θυγάτηρ ἁλίοιο γέροντος   δ 365

B8. νημερτής 0-5, 4-20
πωλεῖταί τις δεῦρο γέρων ἅλιος νημερτής   δ 384+
τῆμος ἄρ' ἐξ ἁλὸς εἶσι γέρων ἅλιος νημερτής   δ 401
δὴ τότε με προσέειπε γέρων ἅλιος νημερτής   δ 542
ἀλλὰ τὰ μέν μοι ἔειπε γέρων ἅλιος νημερτής   δ 349, ρ 140

B9. πατήρ 0-1 (Ζεύς 90-32, Νηρεύς 4-0, Ποσειδάων 1-3)
ἐμὸν...πατέρ' 0-1
τὸν δέ τ' ἐμόν φασιν πατέρ' ἔμμεναι ἠδὲ τέκεσθαι   δ 387

C1.   πωλεῖταί τις δεῦρο γέρων ἅλιος νημερτής,/   δ 384ff. (cf. 11C1)
ἀθάνατος Πρωτεὺς Αἰγύπτιος, ὅς τε θαλάσσης/
πάσης βένθεα οἶδε, Ποσειδάωνος ὑποδμώς

59. Σιμόεις 7-0

B1. κασίγνητος 1-0 ("Αρης 2-0, "Ύπνος 1-0)
/ φίλε κασίγνητε 1-0, 2-0 ("Αρης 1-0)
φίλε κασίγνητε, σθένος ἀνέρος ἀμφότεροί περ   Φ 308

B2. φίλος 1-0**
/ φίλε κασίγνητε 1-0, 2-0 ("Αρης 1-0)
φίλε κασίγνητε, σθένος ἀνέρος ἀμφότεροί περ   Φ 308

60. Σκύλλη 0-12

A1. μαχητόν 0-1
ἄγριον οὐδὲ μαχητόν/ 0-1
δεινόν τ' ἀργαλέον τε καὶ ἄγριον οὐδὲ μαχητόν   μ 119+

A2. πετραίη 0-1
/ Σκύλλην πετραίην 0-1
Σκύλλην πετραίην, ἥ μοι φέρε πῆμ' ἑτάροισιν   μ 231

B1. ἄγριον 0-1, 19-12
ἄγριον οὐδὲ μαχητόν/ 0-1
δεινόν τ' ἀργαλέον τε καὶ ἄγριον οὐδὲ μαχητόν   μ 119+

B2. ἀθάνατον 0-1**
    ἀθάνατον κακόν 0-1
    ἡ δέ τοι οὐ θνητή, ἀλλ' ἀθάνατον κακόν ἐστι   μ 118+

B3. ἀνίη 0-1, 0-4
    / Σκύλλην...ἄπρηκτον ἀνίην/ 0-1
    Σκύλλην δ' οὐκέτ' ἐμυθεόμην, ἄπρηκτον ἀνίην   μ 223

B4. ἄπρηκτος 0-1, 3-1
    / Σκύλλην...ἄπρηκτον ἀνίην/ 0-1
    Σκύλλην δ' οὐκέτ' ἐμυθεόμην, ἄπρηκτον ἀνίην   μ 223

B5. ἀργαλέον 0-1 ("Ερις 1-0)
    / δεινόν τ' ἀργαλέον 0-1
    δεινόν τ' ἀργαλέον τε καὶ ἄγριον οὐδὲ μαχητόν   μ 119+

B6. δεινόν 0-1**
    / δεινόν τ' ἀργαλέον 0-1
    δεινόν τ' ἀργαλέον τε καὶ ἄγριον οὐδὲ μαχητόν   μ 119+ (cf. B9)

B7. θνητή 0-1
    οὐ θνητή 0-1
    ἡ δέ τοι οὐ θνητή, ἀλλ' ἀθάνατον κακόν ἐστι   μ 118+

B8. κακόν 0-2 ("Αρης 1-0)
    ἀθάνατον κακόν 0-1
    πέλωρ κακόν 0-1
    ἡ δέ τοι οὐ θνητή, ἀλλ' ἀθάνατον κακόν ἐστι   μ 118+
    γίγνεται, αὐτὴ δ' αὖτε πέλωρ κακόν· οὐδέ κέ τίς μιν   μ 87

B9. λελακυῖα 0-1, 4-0
    Σκύλλη...δεινὸν λελακυῖα/ 0-1
    ἔνθα δ' ἐνὶ Σκύλλη ναίει δεινὸν λελακυῖα   μ 85 (cf. B6)

B10. πέλωρ 0-1, 1-1 ("Ηφαιστος 1-0, Κύκλωψ 0-1)
    πέλωρ κακόν 0-1
    γίγνεται, αὐτὴ δ' αὖτε πέλωρ κακόν· οὐδέ κέ τίς μιν   μ 87

C1.   ἔνθα δ' ἐνὶ Σκύλλη ναίει δεινὸν λελακυῖα·/   μ 85ff.
    τῆς ἦ τοι φωνὴ μὲν ὅση σκύλακος νεογίλης/
    γίγνεται, αὐτὴ δ' αὖτε πέλωρ κακόν...

C2.   ἡ δέ τοι οὐ θνητή, ἀλλ' ἀθάνατον κακόν ἐστι,/   μ 118f.
    δεινόν τ' ἀργαλέον τε καὶ ἄγριον οὐδὲ μαχητόν

61. Τηθύς 2-0

B1. μήτηρ 2-0 ('Αφροδίτη 3-0, Διώνη 1-0, "Ηρη 8-0, Θέτις 31-3, Νέαιρα 0-1)
    μητέρα Τηθύν/ 2-0
    'Ωκεανόν τε, θεῶν γένεσιν, καὶ μητέρα Τηθύν   Ξ 201, 302

62. Ὕπνος 10-0 (pers.)

A1. νήδυμος 8-4 (4-0 pers.)
    νήδυμος Ὕπνος/ 2-0, νήδυμον Ὕπνον/ 1-0

βῆ δὲ θέειν ἐπὶ νῆας 'Αχαιῶν νήδυμος "Υπνος   Ξ 354
τὴν δ' ἀπαμειβόμενος προσεφώνεε νήδυμος "Υπνος   Ξ 242
πέμπειν μιν Θάνατόν τε φέρειν καὶ νήδυμον "Υπνον   Π 454
ἤτοι ἐγὼ μὲν ἔλεξα Διὸς νόον αἰγιόχοιο/   Ξ 252f.
νήδυμος ἀμφιχυθείς...

A2. πανδαμάτωρ 1-1 (?pers., cf. 54A1)
   "Υπνος/...πανδαμάτωρ 1-1
   κλαῖε φίλου ἑτάρου μεμνημένος, οὐδέ μιν "Υπνος/   Ω 4f.
   ἥρει πανδαμάτωρ...
   κεῖτ' ἀποδοχμώσας παχὺν αὐχένα, κὰδ δέ μιν "Υπνος/   ι 372f.
   ἥρει πανδαμάτωρ...

B1. ἄναξ 1-0**
   /"Υπνε ἄναξ πάντων τε θεῶν πάντων τ' ἀνθρώπων/ 1-0
   "Υπνε, ἄναξ πάντων τε θεῶν πάντων τ' ἀνθρώπων   Ξ 233

B2. διδυμάων 2-0, 2-0
   /"Υπνῳ καὶ Θανάτῳ διδυμάοσιν 2-0
   "Υπνῳ καὶ Θανάτῳ διδυμάοσιν, οἵ ῥά μιν ὦκα   Π 672, 682

B3. κασίγνητος 1-0 ("Αρης 2-0, Σιμόεις 1-0)
   "Υπνῳ...κασιγνήτῳ Θανάτοιο/ 1-0
   ἔνθ' "Υπνῳ ξύμβλητο, κασιγνήτῳ Θανάτοιο   Ξ 231

63. Φόβος 5-0 (pers.)
A1. ἀταρβής 1-0
   κρατερὸς καὶ ἀταρβής/ 1-0
   τῷ δὲ Φόβος φίλος υἱὸς ἅμα κρατερὸς καὶ ἀταρβής   Ν 299 (cf. C1)

B1. κρατερός 1-0 ('Αίδης 1-1, "Αρης 1-0)
   κρατερὸς καὶ ἀταρβής/ 1-0
   τῷ δὲ Φόβος φίλος υἱὸς ἅμα κρατερὸς καὶ ἀταρβής   Ν 299

B2. υἱός 1-0**
   φίλος υἱός 1-0 ("Ηφαιστος 4-0)
   Φόβος φίλος υἱός 1-0
   τῷ δὲ Φόβος φίλος υἱὸς ἅμα κρατερὸς καὶ ἀταρβής   Ν 299

B3. φίλος 1-0**
   φίλος υἱός 1-0 ("Ηφαιστος 4-0)
   Φόβος φίλος υἱός 1-0
   τῷ δὲ Φόβος φίλος υἱὸς ἅμα κρατερὸς καὶ ἀταρβής   Ν 299

C1.
   τῷ δὲ Φόβος φίλος υἱὸς ἅμα κρατερὸς καὶ ἀταρβὴς/   Ν 299f.
   ἕσπετο, ὅς τ' ἐφόβησε ταλάφρονά περ πολεμιστήν

64. Φόρκυς 0-3
B1. ἅλιος 0-2, 9-11 (Νηρεύς 5-1, Πρωτεύς 0-6)
   ἁλίοιο γέροντος/ 0-2, 4-2 (=Νηρεύς 4-1, Πρωτεύς 0-1)
   / Φόρκυνος...ἁλίοιο γέροντος/ 0-2

Φόρκυνος δέ τίς έστι λιμήν, άλίοιο γέροντος ν 96
Φόρκυνος μὲν ὅδ᾽ ἐστὶ λιμήν, ἁλίοιο γέροντος ν 345

B2. γέρων 0-2 (Νηρεύς 7-1, Πρωτεύς 0-14)
ἁλίοιο γέροντος/ 0-2, 4-2 (=Νηρεύς 4-1, Πρωτεύς 0-1)
/ **Φόρκυνος**...ἁλίοιο γέροντος/ 0-2
Φόρκυνος δέ τίς ἐστι λιμήν, ἁλίοιο γέροντος ν 96
Φόρκυνος μὲν ὅδ᾽ ἐστὶ λιμήν, ἁλίοιο γέροντος ν 345

B3. μέδων 0-1 (cf. 27Α15)
/ **Φόρκυνος**...ἁλὸς ἀτρυγέτοιο μέδοντος/ 0-1
Φόρκυνος θυγάτηρ, ἁλὸς ἀτρυγέτοιο μέδοντος α 72

65. Χάρις 1-0, Χάριτες 4-3 (pers.)

A1. λιπαροκρήδεμνος 1-0
Χάρις λιπαροκρήδεμνος/καλή 1-0
τὴν δὲ ἴδε προμολοῦσα Χάρις λιπαροκρήδεμνος/ Σ 382f.
καλή...

B1. δῖα 1-0**
δῖα θεάων/ 1-0, 6-26**
ὣς ἄρα φωνήσασα πρόσω ἄγε δῖα θεάων Σ 388

B2. καλή 1-0 (᾽Αμφιτρίτη 0-1, ᾽Αφροδίτη 0-1, ᾽Ηώς 1-0)
Χάρις λιπαροκρήδεμνος/καλή 1-0
...προμολοῦσα Χάρις λιπαροκρήδεμνος/ Σ 382f.
καλή, τὴν ὤπυιε περικλυτὸς ἀμφιγυήεις

B3. ὁπλότεραι 2-0, 4-6
Χαρίτων...**ὁπλοτεράων/** 2-0
ἀλλ᾽ ἴθ᾽, ἐγώ δέ κέ τοι Χαρίτων μίαν ὁπλοτεράων Ξ 267
ἢ μὲν ἐμοὶ δώσειν Χαρίτων μίαν ὁπλοτεράων Ξ 275

66. Χάρυβδις 0-9

B1. δεινή 0-3**
δεινήν τε Χάρυβδιν/ 0-3
αὐτὰρ ἐπεὶ πέτρας φύγομεν δεινήν τε Χάρυβδιν μ 260
ἦλθον ἐπὶ Σκύλλης σκόπελον δεινήν τε Χάρυβδιν μ 430
ὥς θ᾽ ἵκετο Πλαγκτὰς πέτρας δεινήν τε Χάρυβδιν ψ 327

B2. δῖα 0-2**
δῖα Χάρυβδις/ 0-1, **δῖα Χάρυβδις** 0-1
ἔνθεν γὰρ Σκύλλη, ἑτέρωθι δὲ δῖα Χάρυβδις μ 235
τῷ δ᾽ ὑπὸ δῖα Χάρυβδις ἀναρροιβδεῖ μέλαν ὕδωρ μ 104

B3. ὀλοή 0-2
ὀλοήν...**Χάρυβδιν/** 0-2
εἴ πως τὴν ὀλοὴν μὲν ὑπεκπροφύγοιμι Χάρυβδιν μ 113
ὄφρ᾽ ἔτι τὴν ὀλοὴν ἀναμετρήσαιμι Χάρυβδιν μ 428

67. Ὠκεανός 9-1 (pers.), 12-15
A1. ἀκαλαρρείτης 1-1

ἀκαλαρρείταο βαθυρρόου 'Ωκεανοῖο/ 1-1
    ἐξ ἀκαλαρρείταο βαθυρρόου 'Ωκεανοῖο   Η 422, τ 434

A2. ἀψόρροος 1-1
    ἀψορρόου 'Ωκεανοῖο/ 1-1
        ἐν προχοῇς δὲ βάλοι ἀψορρόου 'Ωκεανοῖο   υ 65
        Εὐρυνόμη, θυγάτηρ ἀψορρόου 'Ωκεανοῖο   Σ 399

A3. βαθυρρείτης 1-0
    βαθυρρείταο...'Ωκεανοῖο/ 1-0
        οὐδὲ βαθυρρείταο μέγα σθένος 'Ωκεανοῖο   Φ 195 (cf. C2)

A4. γένεσις 3-0 (cf. C1)
    / 'Ωκεανόν...θεῶν γένεσιν 2-0
        'Ωκεανόν τε, θεῶν γένεσιν, καὶ μητέρα Τηθύν   Ξ 201, 302

B1. βαθυδίνης 0-1, 5-0
    'Ωκεανῷ βαθυδίνῃ/ 0-1
        νῆα μὲν αὐτοῦ κέλσαι ἐπ' 'Ωκεανῷ βαθυδίνῃ   κ 511

B2. βαθύρροος 2-2, 1-0 (ποταμός)
    βαθυρρόου 'Ωκεανοῖο/ 2-2
    ἀκαλαρρείταο βαθυρρόου 'Ωκεανοῖο/ 1-1
        οἴχωμαι πρὸς δῶμα βαθυρρόου 'Ωκεανοῖο   Ξ 311
        ἡ δ' ἐς πείραθ' ἵκανε βαθυρρόου 'Ωκεανοῖο   λ 13
        ἐξ ἀκαλαρρείταο βαθυρρόου 'Ωκεανοῖο   Η 422, τ 434

C1.   'Ωκεανοῦ, ὅς περ γένεσις πάντεσσι τέτυκται   Ξ 246 (cf. A4)

C2.   οὐδὲ βαθυρρείταο μέγα σθένος 'Ωκεανοῖο/   Φ 195ff.
    ἐξ οὗ περ πάντες ποταμοὶ καὶ πᾶσα θάλασσα/
    καὶ πᾶσαι κρῆναι καὶ φρείατα μακρὰ νάουσιν

INDEX OF EPITHETS & IUNCTURAE

An asterisk following an epithet lemma or a divine name means that there is a collective plural in which a feminine form or deity is implied; an asterisk following a *iunctura* means that other case forms of that *iunctura* occur, with or without word separation. The presence of triple periods in a *iunctura* means that there is *no* instance of immediate collocation, whereas the absence of the triple period means that immediate collocation does occur *and* that separation may also be found. Except for cases of enjambement, there is no use of the slash mark to indicate line beginning or end, and there is no punctuation within *iuncturae*, the aim being to allow the reader to see quickly which collocations are found for a given word. A vertical line means that text from a single hexameter has been split over two lines to avoid running into the references.

Forms of different gender, number, and degree have their own entries, with the exception of θεός itself and a few cases in which singular and plural forms refer to the same divinity or group of divinities, e.g. νύμφη. This means that a plural form will regularly precede its singular in the alphabetical order; the only place in which this puts an unrelated word between the two is at ἄναξ. In most cases the Index simply refers the reader back to the Repertory, but when six or more divinities share a common epithet, the numbers of occurrences are given here. The types of indentation used here are less complicated than those in the Repertory and will, I hope, cause no difficulty. Leaders (period strings) have been used to indicate a change of referent from that of the previous line; open spaces therefore mean "the same divinity as in the preceding line."

ἀγαθός . . . . Ζεύς 27B1
ἀγακλεής . . . . "Ηφαιστος 31B1
  "Ηφαιστε...τέκνον ἀγακλεές
ἀγακλειτή . . . . Γαλάτεια 15B1
  ἀγακλειτὴ Γαλάτεια
ἀγάστονος . . . . 'Αμφιτρίτη 5A1
  ἀγάστονος 'Αμφιτρίτη
ἀγαυή . . . . Περσεφόνεια 56B1
  ἀγαυὴ Περσεφόνεια

ἄγγελος . . . . 'Ερμείας 25Β1 (0-1), 'Ήέλιος 29Β1 (0-1),
　　　　　　　　　　 Θέτις 36Β1 (2-0), ῏Ιρις 39Β1 (7-0),
　　　　　　　　　　 Λαμπετίη 45Β1 (0-1), ῎Ονειρος 55Β1 (2-0)
ἄγγελος...'Ήέλιος . . . . . . 'Ήέλιος
ἄγγελος.../μήτηρ . . . . . . Θέτις
Διὸς ἄγγελος . . . . ῏Ιρις, ῎Ονειρος
῏Ιρις...ἄγγελος . . . . ῏Ιρις
'Ολύμπιος ἄγγελος
ποδήνεμος ὠκέα ῏Ιρις/ἄγγελος
ὠκέα...ἄγγελος . . . . Λαμπετίη
ἀγελείη . . . . 'Αθήνη 1Α1
'Αθηναίης ἀγελείης*
Διὸς θυγάτηρ ἀγελείη
ἀγήρως . . . . Καλυψώ 41Β1
ἀθάνατος καὶ ἀγήρως
ἀγκυλομήτης . . . . Κρόνος 44Α1
Κρόνος ἀγκυλομήτης
Κρόνου πάϊς ἀγκυλομήτεω
ἀγνή . . . . ῎Αρτεμις 8Β1, Περσεφόνεια 56Β2
῎Αρτεμις ἀγνή . . . . ῎Αρτεμις
χρυσόθρονος ῎Αρτεμις ἀγνή
ἀγνὴ Περσεφόνεια . . . . . . Περσεφόνεια
ἀγνῶτες . . . . Θεοί 35Α1
οὐ...ἀγνῶτες
ἄγριον . . . . Σκύλλη 60Β1
ἄγριον οὐδὲ μαχητόν
ἀγρόνομοι . . . . Νυμφαί 53Α1
νύμφαι κοῦραι Διὸς αἰγιόχοιο/
　　ἀγρόνομοι
ἀγροτέρη . . . . ῎Αρτεμις 8Β2
πότνια θηρῶν/῎Αρτεμις ἀγροτέρη
ἀδάμαστος . . . . 'Αΐδης 2Α1
ἀμείλιχος ἠδ' ἀδάμαστος
ἀδεής . . . . 'Αθήνη 1Β1, ῎Αρτεμις 8Β3
κύον ἀδεές . . . . 'Αθήνη, ῎Αρτεμις
ἀδελφεός . . . . 'Αΐδης 2Β1, Ζεύς 27Β2,
　　　　　　　　　　　　　Ποσειδάων 57Β1
ἀελλόπος . . . . ῏Ιρις 39Α1
῏Ιρις ἀελλόπος

Index

ἀθάναται . . . .   Νηρηΐδες 52B1
   ἀθανάτης ἁλίῃσιν
ἀθανάτη . . . .   Ἀθήνη 1B2, Ἥρη 30B1,
                               Θέτις 36B2, Κίρκη 42B1
   ἀθανάτην θεόν . . . .   Ἀθήνη
   ἀθανάτη...μήτηρ . . . .   Θέτις
   ἀθανάτη...Κίρκη . . . .   Κίρκη
ἀθάνατοι . . . .   Θεοί 35B1
   ἀθάνατοι θεοί*
   θεοὶ ἀθάνατοι*
   ἀθάνατοι θεοὶ ἄλλοι
   θεοὶ ἄλλοι ἀθάνατοι
   ἀθανάτοισι θεοῖς αἰειγενέτῃσιν
   θεοὶ μάκαρες.../ἀθάνατοι
   Ὀλύμπια δώματ' ἔχοντες/ἀθάνατοι
   ἀθάνατος Πρωτεὺς Αἰγύπτιος   .   Πρωτεύς
   ἀθάνατος καὶ ἀγήρως . . . . .   Καλυψώ
ἀθάνατον . . . .   Σκύλλη 60B2
   ἀθάνατον κακόν
ἀθάνατος . . . .   Ἀθήνη 1B2 (0-1), Ἑρμείας 25B2 (1-0),
                        Ζεύς 27B3 (4-0), Ἥφαιστος 31B2 (1-0),
                        Καλυψώ 41B2 (0-1), Πρωτεύς 58B1 (0-1)
   ἀθάνατος θεός* . . . .   Ἀθήνη, Ἑρμείας, Ἥφαιστος
   ἀθάνατος...Ζεύς . . . .   Ζεύς
Αἰαίη . . . .   Κίρκη 42B2
   Κίρκης Αἰαίης
   Αἰαίη δολόεσσα
αἰγίοχος . . . .   Ζεύς 27A1
   Ζεὺς αἰγίοχος*
   αἰγιόχοιο Διός
   αἰγίοχος Κρονίδης Ζεύς
Αἰγύπτιος . . . .   Πρωτεύς 58B2
   ἀθάνατος Πρωτεὺς Αἰγύπτιος
ἀίδηλος . . . .   Ἀθήνη 1B3, Ἄρης 7B1
   παῖδ' ἀίδηλον . . . .   Ἀθήνη
   ἀίδηλον Ἄρηα . . . .   Ἄρης
αἰδοίη . . . .   Ἥρη 30B2, Θέτις 36B3
   Διὸς αἰδοίη παράκοιτις . . . .   Ἥρη
   φίλη τε καὶ αἰδοίη

αἰδοίη τε φίλη τε	Θέτις
δεινή τε καὶ αἰδοίη θεός	
αἰδοῖος	Ἑρμείας 25B3
αἰδοῖός τε φίλος τε	
αἰειγένεται	Θεοί 35A2
θεῶν αἰειγενετάων*	
ἀθανάτοισι θεοῖς αἰειγενέτῃσιν	
ἐπουρανίοισι θεοῖς αἰειγενέτῃσιν	
ἄητος	Ἥφαιστος 31A1
πέλωρ ἄητον	
αἰνοτάτη	Ἀθήνη 1B4
αἰνοτάτη κύον ἀδεές	
αἰνότατος	Ζεύς 27B4
αἰνότατε Κρονίδη	
ἀκάκητα	Ἑρμείας 25A1
Ἑρμείας ἀκάκητα	
ἀκαλαρρείτης	Ὠκεανός 67A1
ἀκαλαρρείταο βαθυρρόου Ὠκεανοῖο	
ἀκάμας	Ἥλιος 29B2
Ἥλιον ἀκάμαντα	
ἀκερσεκόμης	Ἀπόλλων 6A1
Φοῖβος ἀκερσεκόμης	
ἀκοίτης	Ζεύς 27B5
ἄκοιτις	Ἥρη 30B3, Θέτις 36B4
θεὰν...ἄκοιτιν	Θέτις
Ἀλαλκομενηΐς	Ἀθήνη 1A2
Ἀλαλκομενηῒς Ἀθήνη	
ἅλιαι	Νηρηΐδες 52B2
ἅλιαι θεαί	
ἀθανάτῃς ἁλίῃσιν	
ἁλίῃσι κασιγνήτῃσι	
ἅλιος	Νηρεύς 51B1, Πρωτεύς 58B2, Φόρκυς 64B1
ἁλίοιο γέροντος	Νηρεύς, Πρωτεύς, Φόρκυς
Φόρκυνος...ἁλίοιο γέροντος . .	Φόρκυς
γέρων ἅλιος*	Νηρεύς, Πρωτεύς
γέρων ἅλιος νημερτής	Πρωτεύς
ἀλιτρός	Ζεύς 27B6
σχέτλιος αἰὲν ἀλιτρός	

Index

ἀλλοπρόσαλλος . . . . "Αρης 7Α1
   μαινόμενον τυκτὸν κακὸν |
   ἀλλοπρόσαλλον
ἀλοσύδνη . . . . 'Αμφιτρίτη 5Β1, Θέτις 36Β5
   καλῆς ἀλοσύδνης . . . . 'Αμφιτρίτη
   Θέτιδος καλλιπλοκάμου ἀλοσύδνης   Θέτις
ἄλοχος . . . . "Ηρη 30Β4
   κασιγνήτην ἄλοχόν τε
   φίλης ἀλόχοιο
   ἄλοχος...λευκώλενος "Ηρη
ἄμβροτος . . . . 'Αθήνη 1Β5, 'Απόλλων 6Β1,
                                        "Αρης 7Β2, 'Ερμείας 25Β4
   θεὸς ἄμβροτος* . . . . 'Αθήνη, 'Απόλλων, "Αρης,
                                        'Ερμείας
   θεὸς ἄμβροτος 'Ερμείας . . . . 'Ερμείας
ἀμείλιχος . . . . 'Αΐδης 2Β2
   ἀμείλιχος ἠδ' ἀδάμαστος
ἀμήχανος . . . . "Ηρη 30Β5
   ἀμήχανε..."Ηρη
ἀμύμων . . . . 'Ασκληπιός 9Β1, Νύμφη 53Β1
   ἀμύμονος ἰητῆρος . . . . 'Ασκληπιός
   νύμφη...νηῒς ἀμύμων . . . . . Νύμφη
ἀμφιγυήεις . . . . "Ηφαιστος 31Α2
   "Ηφαιστος...πάϊς ἀμφιγυήεις
   κλυτὸς ἀμφιγυήεις
   περικλυτὸς ἀμφιγυήεις/"Ηφαιστος
ἀναίμονες . . . . Θεοί 35Α3
ἄνακτες . . . . Θεοί 35Β2
   θεῶν...ἀνάκτων
ἄναλκις . . . . 'Αφροδίτη 12Β1
   ἄναλκις...θεός
ἄναξ . . . . 'Αΐδης 2Β3 (1-0), 'Απόλλων 6Β2 (15-3),
                    'Ερμείας 25Β5 (1-0), Ζεύς 27Β7 (8-1),
                    'Ηέλιος 29Β3 (0-1), "Ηφαιστος 31Β3 (2-1),
                    Ποσειδάων 57Β2 (7-7), "Υπνος 62Β1 (1-0)
   ἄναξ ἐνέρων 'Αϊδωνεύς . . . . 'Αΐδης
   'Απόλλωνι ἄνακτι . . . . 'Απόλλων
   ἄναξ Διὸς υἱός
   ἄναξ Διὸς υἱὸς 'Απόλλων

134   Index

ἄναξ ἑκαέργος Ἀπόλλων
ἄναξ ἑκατηβόλ᾽ Ἄπολλον
Ἀπόλλωνος ἑκατηβελέταο ἄνακτος
ἄνακτος.../Φοίβου Ἀπόλλωνος
Ἑρμείας...ἄναξ . . . . Ἑρμείας
Ζεῦ ἄνα Δωδωναῖε Πελασγικέ . Ζεύς
Διὶ Κρονίωνι ἄνακτι
Ὑπεριονίδαο ἄνακτος . . . . . Ἥλιος
Ἡφαίστοιο ἄνακτος . . . . . . Ἥφαιστος
Ποσειδάωνι ἄνακτι* . . . . . . Ποσειδάων
  πατρὶ Ποσειδάωνι ἄνακτι
Ἑλικώνιον...ἄνακτα
"Ὕπνε ἄναξ πάντων τε θεῶν | Ὕπνος
  πάντων τ᾽ ἀνθρώπων
ἄνασσα . . . . Ἀθήνη 1Β6, Δημήτηρ 17Β1
  Δήμητρος καλλιπλοκάμοιο ἀνάσσης Δημήτηρ
ἀνάσσων . . . . Ἀίδης 2Β4
  Ἀίδης ἐνέροισιν ἀνάσσων
ἀνδρειφόντης . . . . Ἄρης 7Α2
  Ἐνυαλίῳ ἀνδρειφόντῃ
ἀνδροφόνος . . . . Ἄρης 7Β3
  Ἄρεος ἀνδροφόνοιο
ἀνίη . . . . Σκύλλη 60Β3
  Σκύλλην...ἄπρηκτον ἀνίην
ἀπερωεύς . . . . Ζεύς 27Α2
ἄπιστος . . . . Ἀπόλλων 6Β3
  κακῶν ἔταρ᾽ αἰὲν ἄπιστε
ἄπρηκτος . . . . Σκύλλη 60Β4
ἀπτοεπής . . . . Ἥρη 30Α1
  Ἥρη ἀπτοεπές
ἀργαλέη . . . . Ἔρις 24Β1
  Ἔριδα.../ἀργαλέην
ἀργαλέον . . . . Σκύλλη 60Β5
  δεινόν τ᾽ ἀργαλέον
Ἀργείη . . . . Ἥρη 30Β6
  Ἥρη Ἀργείη
Ἀργεϊφόντης . . . . Ἑρμείας 25Α2
  κρατὺς Ἀργεϊφόντης
  διάκτορος Ἀργεϊφόντης*

Index

'Ερμείαν...εΰσκοπον 'Αργεϊφόντην*
χρυσόρραπις 'Αργεϊφόντης
άργικέραυνος . . . . Ζεύς 27A3
  πάτερ άργικέραυνε
  πάτερ άργικέραυνε κελαινεφές
  Ζεΰ πάτερ άργικέραυνε
άργυρόπεζα . . . . Θέτις 36A1
  Θέτις άργυρόπεζα*
  θεά Θέτις άργυρόπεζα
  άργυρόπεζα Θέτις
  άργυρόπεζα Θέτις θυγάτηρ |
    άλίοιο γέροντος
  θεά.../άργυρόπεζα Θέτις
άργυρότοξος . . . . 'Απόλλων 6A2
  άργυρότοξος 'Απόλλων
  άργυρότοξε Διός τέκος
άρίγνωτοι . . . . Θεοί 35B3
άρίστη . . . . 'Αθήνη* 1B7, "Ηρη 30B7
  θεάων...άρίστη . . . . "Ηρη
άριστοι . . . . 'Αθήνη* 1B9, "Ηρη* 30B7,
                                  Ποσειδάων 55B2
  άριστοι/άθανάτων . . . . 'Αθήνη, "Ηρη, Ποσειδάων
άριστος . . . . 'Απόλλων 6B4, Ζεύς 27B8,
                                  Ποσειδάων 57B3
  θεών ώριστος . . . . 'Απόλλων, Ζεύς
  θεών ύπατος καί άριστος . . . . Ζεύς
  Ζεύς...θεών ύπατος καί άριστος
  Ζηνός...άρίστου
  πρεσβύτατον καί άριστον . . . Ποσειδάων
άρτίπος . . . . "Αρης 7B4, "Ατη 10B1
  καλός τε καί άρτίπος . . . . . "Αρης
  "Ατη σθεναρή τε καί άρτίπος . . "Ατη
άστεροπητής . . . . Ζεύς 27A4
  'Ολύμπιος άστεροπητής
  Ζεύς...'Ολύμπιος άστεροπητής
  Ζηνί...άστεροπητή
άταρβής . . . . Φόβος 63A1
  κρατερός καί άταρβής
άτιμοτάτη . . . . Θέτις 36B6
  άτιμοτάτη θεός

ἆτος . . . . "Αρης 7Β5
"Αρης ἆτος πολέμοιο
'Ατρυτώνη . . . . 'Αθήνη 1Α3
  Διὸς τέκος 'Ατρυτώνη
  αἰγιόχοιο Διὸς τέκος 'Ατρυτώνη
αὐδήεσσα . . . . Καλυψώ 41Β3, Κίρκη 42Β3
  ἐϋπλόκαμος δεινὴ θεὸς αὐδήεσσα   Καλυψώ, Κίρκη
  Κίρκη ἐϋπλόκαμος δεινὴ θεὸς| Κίρκη
  αὐδήεσσα
αὐτοκασιγνήτη . . . . Κίρκη 42Α1
  αὐτοκασιγνήτη ὁλοόφρονος Αἰήταο
αὐτοκασίγνητος . . . . Ποσειδάων 57Β4
  αὐτοκασίγνητον καὶ δαέρα
ἀφήτωρ . . . . 'Απόλλων 6Α3
ἄφρων . . . . 'Αθήνη 1Β8, "Αρης 7Β6
  ἄφρονα κούρην/οὐλομένην . . .   'Αθήνη
ἀψόρροος . . . . 'Ωκεανός 67Α2
  ἀψορρόου 'Ωκεανοῖο
βαθυδίνης . . . . 'Ωκεανός 67Β1
  'Ωκεανῷ βαθυδίνῃ
βαθυρρείτης . . . . 'Ωκεανός 67Α3
  βαθυρρείταο...'Ωκεανοῖο
βαθύρροος . . . . 'Ωκεανός 67Β2
  βαθυρρόου 'Ωκεανοῖο
  ἀκαλαρρείταο βαθυρρόου 'Ωκεανοῖο
βαρεῖαι . . . . Κλῶθες 43Β1
  Κλῶθές...βαρεῖαι
βλεμεαίνων . . . . "Ηφαιστος 31Β4
  "Ηφαιστος...σθενέϊ βλεμεαίνων
βλοσυρῶπις . . . . Γοργώ 16Α1
  Γοργὼ βλοσυρῶπις
βοῶπις . . . . 'Αλίη 3Β1, "Ηρη 30Β8
  'Αλίη...βοῶπις . . . .   'Αλίη
  βοῶπις πότνια "Ηρη . . . . . .   "Ηρη
βραδύς . . . . "Ηφαιστος 31Β5
  "Ηφαιστος...βραδύς
βριήπυος . . . . "Αρης 7Α3
  βριήπυος ὄβριμος "Αρης
βροτολοιγός . . . . "Αρης 7Α4
  βροτολοιγὸς "Αρης*

Index 137

"Αρης βροτολοιγός*
"Αρες βροτολοιγὲ μιαιφόνε |
τειχεσιπλῆτα
γαιήοχος . . . . Ποσειδάων 57A1
Ποσειδάων γαιήοχος*
γαιήοχος ἐννοσίγαιος*
Ποσειδάων γαιήοχος ἐννοσίγαιος
γαιήοχε κυανοχαῖτα
Ποσείδαον γαιήοχε κυανοχαῖτα
γένεσις . . . . 'Ωκεανός 67A4
'Ωκεανὸν...θεῶν γένεσιν
γένος . . . . "Αρης 7B7, "Αρτεμις 8B4
δῖον γένος ἰοχέαιρα . . . . . . "Αρτεμις
γέρων . . . . Νηρεύς 51B2, Πρωτεύς 58B4,
 Φόρκυς 64B2
ἁλίοιο γέροντος . . . . Νηρεύς, Πρωτεύς, Φόρκυς
Πρωτέος ἰφθίμου...ἁλίοιο γέροντος Πρωτεύς
Φόρκυνος...ἁλίοιο γέροντος . . Φόρκυς
γέρονθ' ἅλιον . . . . Νηρεύς
πατρὶ γέροντι
θείοιο γέροντος . . . . Πρωτεύς
γέρων ἅλιος νημερτής
γέρων ὀλοφώϊα εἰδώς
γλαυκῶπις . . . . 'Αθήνη 1A4
γλαυκῶπις 'Αθήνη*
θεὰ γλαυκῶπις 'Αθήνη
'Αθηναίης γλαυκώπιδος*
γλαυκώπιδι κούρῃ
Διὸς γλαυκώπιδι κούρῃ
κούρῃ γλαυκώπιδι
γλαυκώπιδος ὀβριμοπάτρης
μεμαυῖα...γλαυκῶπι
δαήρ . . . . Ποσειδάων 57B5
αὐτοκασίγνητον καὶ δαέρα
δαίμων . . . . 'Αφροδίτη 12B2, Ζεύς 27B9
δασπλῆτις . . . . 'Ερινύς 23A1
θεὰ δασπλῆτις 'Ερινύς
δειλή . . . . Θέτις 36B7

δεινή . . . . 'Αθήνη 1B9 (3-1), Γοργώ 16B1 (1-0),
                          Θέτις 36B8 (1-0), Καλυψώ 41B4 (0-3),
                          Κίρκη 42B4 (0-3), Χάρυβδις 66B1 (0-3)
  δεινὴ θεός* . . . . 'Αθήνη, Θέτις, Καλυψώ,
                                    Κίρκη
  ἐϋπλόκαμος δεινὴ θεός . . . . 'Αθήνη, Καλυψώ, Κίρκη
  ἐϋπλόκαμος δεινὴ θεὸς αὐδήεσσα   Καλυψώ, Κίρκη
  Κίρκη ἐϋπλόκαμος δεινὴ θεὸς | Κίρκη
  αὐδήεσσα
  δεινή τε καὶ αἰδοίη θεός . . . .   Θέτις
  δεινή τε σμερδνή τε . . . . .   Γοργώ
  δεινήν...Χάρυβδιν . . . .   Χάρυβδις
δεινόν . . . .   Σκύλλη 60B6
  δεινόν τ' ἀργαλέον
δεινός . . . . 'Απόλλων 6B5, ''Άρης 7B8,
                                Γοργώ 16B1, 'Ήλιος 29B4
  δεινὸς θεός* . . . . 'Απόλλων, 'Ήλιος
  Φοῖβος.../δεινός . . . . 'Απόλλων
  ''Άρης/δεινὸς 'Ενυάλιος . . . . ''Άρης
  δεινοῖο πελώρου . . . .   Γοργώ
δερκομένη . . . . Γοργώ 16B2
  δεινὸν δερκομένη
δήϊος . . . . ''Άρης 7B9
  δηΐῳ...''Άρηϊ
δηλήμονες . . . . Θεοί 35B4
  σχέτλιοι...δηλήμονες
δῖα . . . . 'Αθήνη 1B10 (3-3), 'Αφροδίτη 12B3 (4-2),
                        Διώνη 18B1 (1-0), Εἰδοθέη 20B1 (0-2),
                        ''Ήρη 30B9 (1-0), 'Ηώς 32B1 (4-8),
                        Θέτις 36B9 (2-0), Καλυψώ 41B5 (0-16),
                        Κίρκη 42B5 (0-8), Νέαιρα 50B1 (0-1),
                        Χάρις 65B1 (1-0), Χάρυβδις 66B2 (0-2)
  δῖα θεάων . . . . 'Αθήνη (2-3), Διώνη (1-0), Εἰδοθέη (0-2),
                           ''Ήρη (1-0), Θέτις (2-0), Καλυψώ (0-13),
                           Κίρκη (0-8), Χάρις (1-0)
  δῖα θεά . . . . 'Αθήνη
  ποτνι' 'Αθηναίη ρυσίπτολι δῖα θεάων
  Διώνη δῖα θεάων . . . .   Διώνη
  Καλυψώ δῖα θεάων . . . .   Καλυψώ
  Κίρκη...δῖα θεάων . . . .   Κίρκη

Index

δῖ' Ἀφροδίτη . . . . Ἀφροδίτη
δῖ' Ἀφροδίτη/...θεά
Ἀφροδίτη δῖα
Ἠῶ δῖαν . . . . Ἠώς
ἐΰθρονον Ἠῶ δῖαν
δῖα Καλυψώ . . . . Καλυψώ
δῖα Νέαιρα . . . . Νέαιρα
δῖα Χάρυβδις . . . . Χάρυβδις
διάκτορος . . . . Ἑρμείας 25A3
  Ἑρμείαο διακτόρου*
  διάκτορος Ἀργεϊφόντης*
  Ἑρμείαν...διάκτορον Ἀργεϊφόντην
  Ἑρμεία Διὸς υἱὲ διάκτορε δῶτορ|
    ἐάων
διδυμάων . . . . Θάνατος 33B1, Ὕπνος 62B2
  Ὕπνῳ καὶ Θανάτῳ διδυμάοσιν . . Θάνατος, Ὕπνος
δμήτειρα . . . . Νύξ 54A1
  Νὺξ δμήτειρα θεῶν...καὶ ἀνδρῶν
δολόεσσα . . . . Καλυψώ 41B6, Κίρκη 42B6
  δολόεσσα Καλυψώ . . . . . . Καλυψώ
  Αἰαίη δολόεσσα . . . . Κίρκη
δολομῆτα . . . . Ζεύς 27A5
δυσαριστοτόκεια . . . . Θέτις 36A2
Δωδωναῖος . . . . Ζεύς 27A6
  Ζεῦ ἄνα Δωδωναῖε Πελασγικέ
δωτῆρες . . . . Θεοί 35A4
  θεοὶ δωτῆρες ἐάων
δώτωρ . . . . Ἑρμείας 25A4
  Ἑρμεία Διὸς υἱὲ διάκτορε δῶτορ|
    ἐάων
ἐγχέσπαλος . . . . Ἄρης 7B10
  Ἄρης ἐγχέσπαλος
εἰδώς . . . . Ζεύς 27B10, Πρωτεύς 58B5
  Ζεὺς ἄφθιτα μήδεα εἰδώς . . . Ζεύς
  γέρων ὀλοφώϊα εἰδώς . . . . . Πρωτεύς
ἑκάεργος . . . . Ἀπόλλων 6A4
  ἑκάεργος Ἀπόλλων
  ἄναξ ἑκάεργος Ἀπόλλων
  ἑκάεργος...Φοῖβος Ἀπόλλων
  ἑκάεργε θεῶν ὀλοώτατε πάντων

ἑκατηβελέτης . . . . 'Απόλλων 6A5
   'Απόλλωνος ἑκατηβελέταο ἄνακτος
ἑκατηβόλος . . . . 'Απόλλων 6A6
   ἑκατηβόλου 'Απόλλωνος
   ἄναξ ἑκατηβόλ' "Απολλον
ἑκατόγχειρος . . . . Βριάρεως 13A1
ἕκατος . . . . 'Απόλλων 6A7
   'Απόλλωνος ἑκάτοιο
ἐκγεγαυῖα . . . . 'Αθήνη 1B11
   'Αθηναίη...Διὸς ἐκγεγαυῖα
ἑκηβόλος . . . . 'Απόλλων 6A8
   ἑκηβόλου 'Απόλλωνος*
   Διὸς υἷι ἑκηβόλῳ
   Διὸς υἱὸν ἑκηβόλον 'Απόλλωνα
Ἑλικώνιος . . . . Ποσειδάων 57A2
   Ἑλικώνιον...ἄνακτα
ἐμμεμαυῖα . . . . 'Αθήνη 1B12
   ἐμμεμαυῖα θεά
ἔνερθε . . . . Θεοί 35B5
   οἱ ἔνερθε θεοὶ Κρόνον ἀμφὶς |
   ἐόντες
ἐνέρτεροι . . . . Θεοί 35B6
   ἐνέρτεροί...θεοὶ Κρόνον ἀμφὶς |
   ἐόντες
ἐννοσίγαιος . . . . Ποσειδάων 57A3
   κλυτὸς ἐννοσίγαιος*
   γαιήοχος ἐννοσίγαιος*
   Ποσειδάων γαιήοχος ἐννοσίγαιος
   ἐννοσίγαι' εὐρυσθενές
ἐνοσίχθων . . . . Ποσειδάων 57A4
   Ποσειδάων ἐνοσίχθων
   κρείων ἐνοσίχθων
   πατὴρ εὐρὺ κρείων ἐνοσίχθων
   ἐνοσίχθονι κυανοχαίτῃ
'Ενυάλιος . . . . "Αρης 7B11
   "Αρης/δεινὸς 'Ενυάλιος
   'Ενυαλίῳ ἀνδρειφόντῃ
   'Ενυαλίῳ κορυθάϊκι πτολεμιστῇ
ἐόντες . . . . Θεοί 35B7
   θεοὶ αἰὲν ἐόντες*

μάκαρες θεοὶ αἰὲν ἐόντες
θεοὶ Κρόνον ἀμφὶς ἐόντες
ἐπαινή . . . . Περσεφόνεια 56A1
   ἐπαινὴ Περσεφόνεια*
ἐπιποιμένες . . . . Λαμπετίη 45A1
   θεαὶ...ἐπιποιμένες
ἐπίσκοποι . . . . Θεοί 35B8
   ἐπίσκοποι ἁρμονιάων
ἐπιτιμήτωρ . . . . Ζεύς 27A7
   Ζεὺς...ἐπιτιμήτωρ.../ξείνιος
ἐπουράνιος . . . . Θεοί 35A5
   ἐπουράνιος θεός
   θεοῖσιν ἐπουρανίοισιν
   ἐπουρανίοισι θεοῖς αἰειγενέτῃσιν
ἐριβρεμέτης . . . . Ζεύς 27A8
   Ζηνὸς ἐριβρεμέτεω.../ξεινίου
ἐρίγδουπος . . . . Ζεύς 27B11
   Διὸς ἐριγδούποιο
   Ζηνὸς ἐριγδούποιο
   Ζηνὸς ἐριγδούπου
   ἐρίγδουπος πόσις "Ηρης
ἐρικυδής . . . . Γαῖα 14B1, Λητώ 46B1
   Γαίης ἐρικυδέος . . . . Γαῖα
   Λητοῦς ἐρικυδέος . . . . . . Λητώ
ἐριούνης . . . . Ἑρμείας 25A5
   ἐριούνης/Ἑρμείας
ἐριούνιος . . . . Ἑρμείας 25A6
   Ἑρμείας ἐριούνιος*
   σῶκος ἐριούνιος Ἑρμῆς
ἐρισθενής . . . . Ζεύς 27A9
   Διὸς...ἐρισθενέος
   ἐρισθενέος Κρονίωνος
   πατρὸς ἐρισθενέος
   πατρὸς ἐρισθενέος Κρονίωνος
ἑρκεῖος . . . . Ζεύς 27A10
   Διὸς μεγάλου.../ἑρκείου
ἑτάρη . . . . Ἔρις 24B2
   κασιγνήτη ἑτάρη τε

έταρος . . . . 'Απόλλων 6B6
  κακῶν ἔταρ' αἰὲν ἄπιστε
ἐΰθρονος . . . . 'Ηώς 32A1
  'Ηὼς...ἐΰθρονος
  ἐΰθρονον 'Ηῶ
  ἐΰθρονον 'Ηῶ δῖαν
ἐϋπλόκαμοι . . . . Λαμπετίη (& Φαέθουσα) 45B2
  νύμφαι ἐϋπλόκαμοι
ἐϋπλόκαμος . . . . . . 'Αθήνη 1B13 (0-1), 'Αμάθεια 4B1 (1-0),
  "Αρτεμις 8B5 (0-1), Δημήτηρ 17B2 (0-1),
  'Ηώς 32B2 (0-3), Καλυψώ 41B7 (0-6),
  Κίρκη 42B7 (0-3)
ἐϋπλόκαμος...'Αμάθεια . . . . 'Αμάθεια
ἐϋπλόκαμος..."Αρτεμις . . . . "Αρτεμις
ἐϋπλόκαμος Δημήτηρ . . . . . Δημήτηρ
ἐϋπλόκαμος...'Ηώς . . . . . . 'Ηώς
Καλυψὼ/...ἐϋπλόκαμος . . . . . Καλυψώ
Κίκρη ἐϋπλόκαμος . . . . . . Κίρκη
ἐϋπλόκαμος δεινὴ θεός . . . . 'Αθήνη, Καλυψώ, Κίρκη
ἐϋπλόκαμος δεινὴ θεὸς αὐδήεσσα Καλυψώ, Κίρκη
Κίρκη ἐϋπλόκαμος δεινὴ θεὸς | Κίρκη
  αὐδήεσσα
νύμφη/...ἐϋπλόκαμος* . . . . . Καλυψώ
εὐρύοπα . . . . Ζεύς 27A11
  εὐρύοπα Ζεύς*
  'Ολύμπιος εὐρύοπα Ζεύς
  Κρονίδης...εὐρύοπα Ζεύς
  εὐρύοπα Κρονίδην
εὐρυσθενής . . . . Ποσειδάων 57A5
  ἐννοσίγαι' εὐρυσθενές
ἐΰσκοπος . . . . "Αρτεμις 8B6, 'Ερμείας 25B6
ἐΰσκοπος ἰοχέαιρα . . . . . . "Αρτεμις
ἐΰσκοπον 'Αργεϊφόντην* . . . 'Ερμείας
'Ερμείαν...ἐΰσκοπον 'Αργεϊφόντην
ἐϋστέφανος . . . . "Αρτεμις 8B7, 'Αφροδίτη 12B4
ἐϋστέφανος κελαδεινή . . . . . "Αρτεμις
ἐϋστεφάνου 'Αφροδίτης . . . 'Αφροδίτη
ἐϋστέφανος Κυθέρεια*
ἐχέθυμος . . . . 'Αφροδίτη 12A1
  οὐκ ἐχέθυμος

Index

ἔχθιστος . . . . Ἀίδης 2B5, Ἄρης 7B12
θεῶν ἔχθιστος ἁπάντων . . . . Ἀίδης
ἔχθιστος...θεῶν . . . . Ἄρης
ἔχοντες . . . . Θεοί 35B9
Ὀλύμπια δώματ' ἔχοντες*
ἔχουσα . . . . Ἐρινύς 23B1, Ἔρις 24B3
ἀμείλιχον ἦτορ ἔχουσα . . . . Ἐρινύς
πολέμοιο τέρας μετὰ χερσὶν | Ἔρις
ἔχουσα
ἔχουσαι . . . . Εἰλείθυιαι 21B1, Μοῦσαι 49B1
πικρὰς ὠδῖνας ἔχουσαι . . . . Εἰλείθυιαι
Μοῦσαι Ὀλύμπια δώματ' ἔχουσαι Μοῦσαι
ἐών . . . . Ζεύς 27B12
ὑψόθ' ἐόντι Διί
Ζεύς . . . . Ἀίδης 2B6
Ζεύς...καταχθόνιος
ζηλήμονες . . . . Θεοί 35A6
σχέτλιοι...ζηλήμονες
ζώοντες . . . . Θεοί 35B10
θεοὶ ῥεῖα ζώοντες
ἠεροφοῖτις . . . . Ἐρινύς 23A2
ἠεροφοῖτις Ἐρινύς
ἤϊος . . . . Ἀπόλλων 6A9
ἤϊε Φοῖβε
ἠλέκτωρ . . . . Ἥλιος 29A1
ἠλέκτωρ Ὑπερίων
ἠλεός . . . . Ἄρης 7B13
μαινόμενε φρένας ἠλέ
ἠπεδανός . . . . Ἥφαιστος 31B6
ἠριγένεια . . . . Ἠώς 32A2
Ἠώς/...ἠριγένεια
Ἠοῦς ἠριγενείης
χρυσόθρονον ἠριγένειαν
ἠριγένεια.../...χρυσόθρονος
ἠριγένεια...ῥοδοδάκτυλος Ἠώς
ἠΰκομος . . . . Ἀθήνη 1B14, Ἥρη 30B10,
 Θέτις 36B10, Καλυψώ 41B8,
 Λητώ 46B2
Ἀθηναίης...ἠϋκόμοιο . . . . . . Ἀθήνη

"Ηρης ηϋκόμοιο . . . . "Ηρη
Θέτιδος...ηϋκόμοιο . . . . . Θέτις
μητέρος ηϋκόμοιο
Καλυψοῦς ηϋκόμοιο . . . . . . Καλυψώ
ηΰκομος...Λητώ . . . . Λητώ
θεά . . . . 'Αθήνη 1Β15 (30-43), "Αρτεμις 8Β8 (1-1),
 'Αφροδίτη 12Β5 (4-0), 'Ερινύς 23Β2 (0-1),
 "Ερις 24Β4 (1-0), "Ηρη 30Β11 (24-0),
 'Ηώς 32Β3 (1-0), Θέμις 34Β1 (1-0),
 Θέτις 36Β11 (15-1), 'Ινώ 38Β1 (0-1),
 *Ιρις 39Β2 (2-0), Καλυψώ 41Β9 (0-7),
 Κίρκη 42Β8 (0-5), Μοῦσα 49Β2 (1-1)
δῖα θεά . . . . 'Αθήνη
πότνα θεά . . . . 'Αθήνη, "Αρτεμις, Καλυψώ
"Αρτεμι πότνα θεὰ θύγατερ Διός "Αρτεμις
θεὰ γλαυκῶπις 'Αθήνη . . . . . 'Αθήνη
θεὰ δασπλῆτις 'Ερινύς . . . . . 'Ερινύς
δῖ' 'Αφροδίτη/...θεά . . . . . . 'Αφροδίτη
φιλομμειδὴς 'Αφροδίτη/...θεά
"Ηρη πρέσβα θεὰ θυγάτηρ | "Ηρη
  μεγάλοιο Κρόνοιο*
θεὰ λευκώλενος "Ηρη
'Ηώς...θεά . . . . 'Ηώς
θεὰ Θέμι . . . . Θέμις
θεὰ Θέτι . . . . Θέτις
θεὰ Θέτις ἀργυρόπεζα
θεά.../ἀργυρόπεζα Θέτις
θεά...μήτηρ
*Ιρι θεά . . . . *Ιρις
θεᾶς...καλλιπλοκάμοιο . . . . . Κίρκη
θεὰ θύγατερ Διός . . . . Μοῦσα
θεὰ θύγατερ Διὸς αἰγιόχοιο . . 'Αθήνη
θεαί . . . . Λαμπετίη 45Β3, Νηρηΐδες 52Β3,
 Νύμφαι 53Β2
θεαὶ...ἐπιποιμένες . . . . Λαμπετίη & Φαέθουσα
ἅλιαι θεαί . . . . Νηρηΐδες
θεάων.../νυμφάων . . . . Νύμφαι
θεῖος . . . . "Ονειρος 55Β2, Πρωτεύς 58Β6
θεῖος "Ονειρος . . . . "Ονειρος
θείοιο γέροντος . . . . Πρωτεύς

Index   145

θεοί	'Αθήνη 1Β17, 'Απόλλων 6Β7
θεοῖσιν...μητιόωσι	
θεός	'Αθήνη 1Β15 (4-14), 'Αΐδης 2Β7 (1-2),
	'Απόλλων 6Β7 (18-2), "Αρης 7Β14 (1-0),
	'Αφροδίτη 12Β5 (3-0), 'Ερμείας 25Β7 (2-2),
	Ζεύς 27Β13 (4-10), 'Ήλιος 29Β5 (0-2),
	"Ηρη 30Β11 (1-0), "Ήφαιστος 31Β7 (7-0),
	Θέτις 36Β11 (3-0), 'Ινώ 38Β1 (0-1),
	ᵀΙρις 39Β2 (1-0), Καλυψώ 41Β9 (0-5),
	Κίρκη 42Β8 (0-4), Περσεφόνεια 56Β3 (1-2)
	Ποσειδάων 57Β6 (4-10)
ἀθάνατος θεός*	'Αθήνη, 'Ερμείας, "Ήφαιστος
ἀθανάτην θεόν	'Αθήνη
θεὸς.../Παλλὰς 'Αθηναίη κούρη Διός	
δεινή τε καὶ αἰδοίη θεός	Θέτις
ἀτιμοτάτη θεός	
ἄναλκις...θεός	'Αφροδίτη
δεινὴ θεός*	'Αθήνη, Θέτις, Καλυψώ,
	Κίρκη
δεινὸς θεός*	'Απόλλων, 'Ήλιος
ἐϋπλόκαμος δεινὴ θεός	'Αθήνη, Καλυψώ, Κίρκη
ἐϋπλόκαμος δεινὴ θεὸς αὐδήεσσα	Καλυψώ, Κίρκη
Κίρκη ἐϋπλόκαμος δεινὴ θεὸς |	Κίρκη
αὐδήεσσα	
θεὸς ἄμβροτος*	'Αθήνη, 'Απόλλων, "Αρης,
	'Ερμείας
θεὸς ἄμβροτος.../'Ερμείας . . .	'Ερμείας
θεὸς μέγας*	'Απόλλων, Ζεύς
μέγας θεός*	'Απόλλων, Ζεύς, Ποσειδάων
Ποσειδάωνα μέγαν θεόν	Ποσειδάων
θεὸς.../Ζεύς*	Ζεύς
χερείονος...θεοῦ	Θέτις
θηλύτεραι	Θεαί 35Β11
θηλύτεραι...θεαί	
θνητή	Σκύλλη 60Β7
οὐ θνητή	
θοή	Νύξ 54Β1
Νυκτὶ θοῇ	

θοός . . . . "Αρης 7Β15
"Αρηϊ θοῷ
θοῷ...'Αρηϊ
θοῦρος . . . . "Αρης 7Β16
θοῦρος "Αρης*
θυγατέρες . . . . Εἰλείθυιαι 21Β2, Μοῦσαι 47Β3
μογοστόκοι Εἰλείθυιαι/"Ηρης | Εἰλείθυιαι
θυγατέρες
Διὸς αἰγιόχοιο/θυγατέρες . . . Μοῦσαι
θυγάτηρ . . . . 'Αθήνη 1Β16 (5-5), "Αρτεμις 8Β9 (1-1),
          "Ατη 10Β2 (1-0), 'Αφροδίτη 12Β6 (10-2),
          Εὐρυνόμη 26Β1 (1-0), "Ηρη 30Β12 (4-0),
          Θέτις 36Β12 (3-0), Θόωσα 37Β1 (0-1),
          'Ινώ 38Β2 (0-1), Καλυψώ 41Β10 (0-3),
          Μοῦσα 49Β3 (1-1), Περσεφόνεια 56Β4 (0-1)
καλὴ θυγάτηρ . . . . 'Αφροδίτη
"Ατλαντος θυγάτηρ . . . . . . Καλυψώ
Καδμοῦ θυγάτηρ . . . . 'Ινώ
Διὸς θυγάτηρ . . . . 'Αθήνη (4-3), "Ατη (1-0),
        'Αφροδίτη (9-1), Περσεφόνεια (0-1)
Διὸς θυγάτηρ ἀγελείη . . . . . 'Αθήνη
Διὸς θυγάτηρ μεγάλοιο
Διὸς θυγάτηρ κυδίστη Τριτογένεια
Διὸς θυγάτηρ 'Αφροδίτη . . . . 'Αφροδίτη
Διὸς θυγάτηρ 'Αφροδίτη/μήτηρ
πρέσβα Διὸς θυγάτηρ "Ατη . . . "Ατη
Περσεφόνεια Διὸς θυγάτηρ . . . Περσεφόνεια
θυγάτηρ Διός* . . . . 'Αθήνη, "Αρτεμις, Μοῦσα
θεὰ θύγατερ Διός . . . . Μοῦσα
θυγάτηρ Διὸς αἰγιόχοιο . . . . 'Αθήνη
θεὰ θύγατερ Διὸς αἰγιόχοιο
"Αρτεμι πότνα θεὰ θύγατερ Διός "Αρτεμις
"Ηρη πρέσβα θεὰ θύγατηρ | "Ηρη
 μεγάλοιο Κρόνοιο*
ἀργυρόπεζα Θέτις θυγάτηρ | Θέτις
 ἁλίοιο γέροντος
Εὐρυνόμη θυγάτηρ ἀψορρόου | Εὐρυνόμη
 'Ωκεανοῖο
νύμφη/Φόρκυνος θυγάτηρ . . . Θόωσα

Index

Ἰδαῖος . . . . Ζεύς 27B14
Διὸς.../'Ιδαίου
κελαινεφέϊ Κρονίωνι/'Ιδαίῳ
ἰητήρ . . . . 'Ασκληπιός 9B2
ἀμύμονος ἰητῆρος
ἰκετήσιος . . . . Ζεύς 27A12
Ζεὺς...ἰκετήσιος
ἰοχέαιρα . . . . Ἄρτεμις 8A1
Ἄρτεμις ἰοχέαιρα
χρυσηλάκατος κελαδεινὴ/
Ἄρτεμις ἰοχέαιρα
εὔσκοπος ἰοχέαιρα
δῖον γένος ἰοχέαιρα
ἴφθιμος . . . . Ἀίδης 2B8, Πρωτεύς 58B7
ἰφθίμῳ 'Αίδι
Πρωτέος ἰφθίμου...ἁλίοιο γέροντος
κακόν . . . . Ἄρης 7B17, Σκύλλη 60B8
μαινόμενον τυκτὸν κακὸν | Ἄρης
ἀλλοπρόσαλλον
ἀθάνατον κακόν . . . . Σκύλλη
πέλωρ κακόν
καλή . . . . 'Αμφιτρίτη 5B2, 'Αφροδίτη 12B7,
 Ἠώς 32B4, Χάρις 65B2
καλὴ θυγάτηρ . . . . 'Αφροδίτη
καλῆς ἁλοσύδνης . . . . 'Αμφιτρίτη
καλὴ ῥοδοδάκτυλος Ἠώς . . . . Ἠώς
Χάρις λιπαροκρήδεμνος/καλή . . Χάρις
καλλιπάρηος . . . . Θέμις 34B2, Λητώ 46B3
Θέμιστι...καλλιπαρήῳ . . . . . Θέμις
Λητοῖ...καλλιπαρήῳ . . . . . . Λητώ
καλλιπλόκαμος . . . . Δημήτηρ 17B3, Θέτις 36B13,
 Κίρκη 42B9
Δήμητρος καλλιπλοκάμοιο ἀνάσσης Δημήτηρ
Θέτι καλλιπλοκάμῳ . . . . . . Θέτις
μητρὸς...Θέτιδος καλλιπλοκάμου |
ἁλοσύδνης
θεᾶς καλλιπλοκάμοιο . . . . . Κίρκη
καλλίσφυρος . . . . Ἥβη 28B1, Ἰνώ 38B3
καλλίσφυρον Ἥβην . . . . . . Ἥβη
καλλίσφυρος Ἰνώ/Λευκοθέη . . Ἰνώ

καλός	Ἄρης 7B18
καλός τε καὶ ἀρτίπος	
κάρτιστος	Ζεύς 27B15
κάρτιστος ἁπάντων	
θεῶν κάρτιστος ἁπάντων	
κασίγνηται	Νηρηΐδες 52B4
κασίγνηται Νηρηΐδες	
ἁλίῃσι κασιγνήτῃσι	
κασιγνήτη	Ἄρτεμις 8B10, Ἔρις 24B5, Ἥρη 30B13
Ἄρτεμις ἰοχέαιρα κασιγνήτη | ἑκάτοιο	Ἄρτεμις
κασιγνήτην ἄλοχόν τε	Ἥρη
Ἄρεος ἀνδροφόνοιο κασιγνήτη | ἑτάρη τε	Ἔρις
κασίγνητος	Ἄρης 7B19, Σιμόεις 59B1, Ὕπνος 62B3
φίλε κασίγνητε	Ἄρης, Σιμόεις
κασιγνήτοιο φίλοιο	Ἄρης
Ὕπνῳ...κασιγνήτῳ Θανάτοιο	
καταχθόνιος	Ἀΐδης 2A2
Ζεὺς...καταχθόνιος	
κελαδεινή	Ἄρτεμις 8B11
ἐϋστέφανος κελαδεινή	
χρυσηλάκατος κελαδεινὴ/	
Ἄρτεμις ἰοχέαιρα	
Ἀρτέμιδος χρυσηλακάτου | κελαδεινῆς	
κελαινεφής	Ζεύς 27B16
πατρὶ κελαινεφέϊ	
πάτερ ἀργικέραυνε κελαινεφές	
κελαινεφέϊ Κρονίωνι*	
Ζηνὶ κελαινεφέϊ Κρονίδῃ	
Ζεῦ κύδιστε μέγιστε κελαινεφές	
κεφαλή	Γοργώ 16B3
Γοργείη κεφαλή*	
κλυτόεργος	Ἥφαιστος 31A3
Ἥφαιστον κλυτόεργον	
κλυτόπωλος	Ἀΐδης 2A3
Ἀΐδι κλυτοπώλῳ	

κλυτός	Ἀμφιτρίτη 5B3, Ἥφαιστος 31B8, Ποσειδάων 57B7
κλυτὸς Ἀμφιτρίτη	Ἀμφιτρίτη
κλυτὸς ἀμφιγυήεις	Ἥφαιστος
κλυτὸς ἐννοσίγαιος*	Ποσειδάων
κλυτοτέχνης	Ἥφαιστος 31A4
Ἥφαιστος κλυτοτέχνης*	
κλυτότοξος	Ἀπόλλων 6A10
κλυτότοξος Ἀπόλλων	
Ἀπόλλωνα κλυτότοξον*	
Ἀπόλλωνι Λυκηγενέϊ κλυτοτόξῳ	
κορυθαίολος	Ἄρης 7B20
Ἄρης κορυθαίολος	
κορυθάϊξ	Ἄρης 7A5
Ἐνυαλίῳ κορυθάϊκι πτολεμιστῇ	
κοῦραι	Λιταί 47B1, Μοῦσαι 49B4, Νύμφαι 53B3
κοῦραι Διός*	Λιταί, Μοῦσαι, Νύμφαι
νύμφαι κρηναῖαι κοῦραι Διός . .	Νύμφαι
νύμφαι νηϊάδες κοῦραι Διός . .	Νύμφαι
κοῦραι Διὸς αἰγιόχοιο	Μοῦσαι, Νύμφαι
νύμφαι κοῦραι Διὸς αἰγιόχοιο	
νύμφαι ὀρεστιάδες κοῦραι Διὸς | αἰγιόχοιο	
Διὸς κοῦραι	Λιταί
Λιταὶ...Διὸς κοῦραι μεγάλοιο	
κούρη	Ἀθήνη 1B17, Ἄρτεμις 8B12, Ἀφροδίτη 12B8
Διὸς κούρη	Ἀθήνη, Ἄρτεμις, Ἀφροδίτη
Διὸς κούρης Ἀφροδίτης	Ἀφροδίτη
Διὸς κούρη μεγάλοιο	Ἀθήνη, Ἄρτεμις
Ἀρτέμιδί...Διὸς κούρη μεγάλοιο	Ἄρτεμις
κούρη Διός	Ἀθήνη
κούρη Διὸς αἰγιόχοιο	
κούρη...αἰγιόχοιο Διὸς γλαυκῶπις | Ἀθήνη	
Ἀθηναίη κούρη Διός	
Παλλὰς Ἀθηναίη κούρη Διός*	
Ἀθηναίη κούρη Διὸς αἰγιόχοιο	

Παλλὰς 'Αθηναίη κούρη Διὸς |
   αἰγιόχοιο*
'Αθήνη/...κούρη Διὸς αἰγιόχοιο
γλαυκώπιδι κούρη
Διὸς γλαυκώπιδι κούρῃ
κούρη γλαυκώπιδι
ἄφρονα κούρην/οὐλομένην
κυνώπιδος...κούρης . . . . . . 'Αφροδίτη
κραταιή . . . . Μοῖρα 48Β1
Μοῖρα κραταιή
κραταιός . . . . Ζεύς 27Β17, Ποσειδάων 57Β8
Κρόνου υἷε κραταιώ . . . . . . Ζεύς, Ποσειδάων
κρατερή . . . . "Ερις 24Β6
"Ερις κρατερὴ λαοσσόος
κρατερός . . . . 'Αΐδης 2Β9, "Αρης 7Β21
                                Φόβος 63Β1
"Αρηϊ κρατερῷ . . . . "Αρης
'Αΐδαο πυλάρταο κρατεροῖο . . . 'Αΐδης
κρατερὸς καὶ ἀταρβής . . . . . Φόβος
κρατύς . . . . 'Ερμείας 25Α7
κρατὺς 'Αργεϊφόντης
κρείων . . . . Ποσειδάων 57Β9
κρείων ἐνοσίχθων
πατὴρ εὐρὺ κρείων ἐνοσίχθων
κρηναῖαι . . . . Νύμφαι 53Α2
νύμφαι κρηναῖαι κοῦραι Διός
κροκόπεπλος . . . . 'Ηώς 32Α3
'Ηώς...κροκόπεπλος
κροκόπεπλος...'Ηώς
Κρονίδης . . . . Ζεύς 27Α13
Ζεὺς Κρονίδης*
Ζεὺς...Κρονίδης ὑψίζυγος
Κρονίδης ὑψίζυγος
πατὴρ Κρονίδης
πάτερ ἡμέτερε Κρονίδη ὕπατε |
   κρειόντων
εὐρύοπα Κρονίδην
Ζῆν' ὕπατον Κρονίδην
Ζηνὶ κελαινεφέϊ Κρονίδῃ
αἰνότατε Κρονίδη

Index

Κρονίδης Ζεύς
   αἰγίοχος Κρονίδης Ζεύς
   Κρονίδης...εὐρύοπα Ζεύς
Κρονίων . . . . Ζεύς 27A14
   Ζεὺς...Κρονίων*
   Διὶ Κρονίωνι*
   Διὶ Κρονίωνι ἄνακτι
   κελαινεφέϊ Κρονίωνι*
   ὑπερμενέϊ Κρονίωνι*
   ἐρισθενέος Κρονίωνος
   πατρὸς ἐρισθενέος Κρονίωνος
κρυόεσσα . . . . 'Ιωκή 40B1
   κρυόεσσα 'Ιωκή
κυανοχαίτης . . . . Ποσειδάων 57B10
   γαιήοχε κυανοχαῖτα
   Ποσείδαον γαιήοχε κυανοχαῖτα
   ἐνοσίχθονι κυανοχαίτῃ
   κυανοχαῖτα Ποσειδάων
κυανῶπις . . . . 'Αμφιτρίτη 5A2
   κυανώπιδος 'Αμφιτρίτης
κυδίστη . . . . 'Αθήνη 1B18
   Διὸς θυγάτηρ κυδίστη Τριτογένεια
κύδιστος . . . . Ζεύς 27B18
   κύδιστε μέγιστε
   Ζεῦ κύδιστε μέγιστε
   Ζεῦ κύδιστε μέγιστε κελαινεφές
κυδρή . . . . "Ηρη 30B14, Λητώ 46B4
   "Ηρη...Διὸς κυδρὴ παράκοιτις
   Λητώ...Διὸς κυδρὴν παράκοιτιν
Κυθέρεια . . . . 'Αφροδίτη 12A2
   ἐϋστέφανος Κυθέρεια*
Κυλλήνιος . . . . 'Ερμείας 25B8
   'Ερμῆς...Κυλλήνιος
κυλλοποδίων . . . . "Ηφαιστος 31A5
   κυλλοπόδιον ἐμὸν τέκος
κυνάμυια . . . . 'Αθήνη 1B19, 'Αφροδίτη 12B9
κύντερον . . . . "Ηρη 30B15
κυνῶπις . . . . 'Αφροδίτη 12B10, "Ηρη 30B16
   κυνώπιδος...κούρης . . . . . . 'Αφροδίτη
   μητρὸς...κυνώπιδος . . . . . . "Ηρη

Κύπρις . . . . 'Αφροδίτη 12A3
κύων . . . . 'Αθήνη 1B20, "Αρτεμις 8B13
   κύον ἀδεές . . . . 'Αθήνη, "Αρτεμις
   αἰνοτάτη κύον ἀδεές . . . . 'Αθήνη
λαοσσόος . . . . 'Αθήνη 1B21, 'Απόλλων 6B8,
                               "Αρης 7B22, "Ερις 24B7
   'Αθηναίη λαοσσόος . . . . 'Αθήνη
   λαοσσόον...'Αθήνην
   λαοσσόος...'Απόλλων . . . . . 'Απόλλων
   "Αρης λαοσσόος . . . . "Αρης
   "Ερις κρατερὴ λαοσσόος . . . . "Ερις
λελακυῖα . . . . Σκύλλη 60B9
   Σκύλλη...δεινὸν λελακυῖα
Λευκοθέη . . . . 'Ινώ 38A1
   καλλίσφυρος 'Ινώ/Λευκοθέη
λευκώλενος . . . . "Ηρη 30B17
   λευκώλενος "Ηρη*
   θεὰ λευκώλενος "Ηρη
   ἄλοχος...λευκώλενος "Ηρη
   μητρὶ φίλῃ...λευκωλένῳ "Ηρῃ
ληῖτις . . . . 'Αθήνη 1A5
   'Αθηναίη ληΐτιδι
λίγεια . . . . Μοῦσα 49B5
   Μοῦσα λίγεια
λιπαροκρήδεμνος . . . . Χάρις 65A1
   Χάρις λιπαροκρήδεμνος/καλή
Λυκηγενής . . . . 'Απόλλων 6A11
   'Απόλλωνι Λυκηγενέϊ κλυτοτόξῳ
μαινόμενος . . . . "Αρης 7B23, Διώνυσος 19B1
   μαινόμενε φρένας ἠλέ . . . . . "Αρης
   μαινόμενον τυκτὸν κακὸν |
      ἀλλοπρόσαλλον
   μαινομένοιο Διωνύσοιο . . . . Διώνυσος
μάκαρες . . . . Θεοί 35B12
   θεοὶ μάκαρες*
   μάκαρες θεοί*
   μάκαρες θεοὶ αἰὲν ἐόντες
μάρτυροι . . . . Θεοί 35B13
μάρτυρος . . . . Ζεύς 27B19
   Ζεὺς/μάρτυρος

Index 153

μαχητόν	Σκύλλη 60A1
ἄγριον οὐδὲ μαχητόν	
μεγάθυμος	Ἀθήνη 1B22
μεγάθυμον Ἀθήνην	
μέγας	Ἀπόλλων 6B9, Ζεύς 27B20,
	Κρόνος 44B1, Ποσειδάων 57B11
θεὸς μέγας*	Ἀπόλλων
μέγας θεός*	Ἀπόλλων, Ζεύς, Ποσειδάων
Ποσειδάωνα μέγαν θεόν	Ποσειδάων
Διὸς μεγάλοιο	Ζεύς
μέγας...Ζεύς	
μεγάλοιο Διός	
μεγάλοιο Κρόνοιο	Κρόνος
μέγιστος	Ζεύς 27B20
κύδιστε μέγιστε	
Ζεῦ κύδιστε μέγιστε	
Ζεῦ κύδιστε μέγιστε κελαινεφές	
μεδέων	Ζεύς 27A15
Ἴδηθεν μεδέων	
Δωδώνης μεδέων δυσχειμέρου	
μέδων	Φόρκυς 64B3
Φόρκυνος...ἁλὸς ἀτρυγέτοιο |	
μέδοντος	
μεμαυῖα	Ἀθήνη 1B23, Ἔρις 24B8,
	Ἥρη 30B18, Ἶρις 39B3
μεμαυῖαν Ἀθήνην	Ἀθήνη
μεμαυῖα Διὸς θύγατερ μεγάλοιο	
μεμαυῖα...γλαυκῶπι	
Ἔρις ἄμοτον μεμαυῖα	Ἔρις
μεμαυῖα...πότνια Ἥρη	Ἥρη
μεμαυῖα...ὠκέα Ἶρις	Ἶρις
μετάγγελος	Ἶρις 39A2
Ἶρις/...μετάγγελος	
θεοῖσι μετάγγελος ἀθανάτοισι	
μήστωρ	Ζεύς 27B21
Ζῆν' ὕπατον μήστωρ'	
Ζῆν' ὕπατον μήστωρα...|	
ἐπιτάρροθον	

μήτηρ . . . . Ἀφροδίτη 12B11 (3-0), Διώνη 18B2 (1-0),
 Ἥρη 30B19 (8-0), Θέτις 36B14 (31-3),
 Νέαιρα 50B2 (0-1), Τηθύς 61B1 (2-0)
μήτηρ...Ἀφροδίτη . . . . . . Ἀφροδίτη
 Διὸς θυγάτηρ Ἀφροδίτη/μήτηρ
 Διώνης.../μητρός
μητρὸς.../Ἥρης . . . . Ἥρη
μήτηρ φίλη* . . . . Ἥρη, Θέτις
μητρὶ φίλη...λευκωλένῳ Ἥρῃ . . Ἥρη
μήτηρ ἐμή . . . . Ἥρη, Θέτις
πότνια μήτηρ . . . . Θέτις, Νέαιρα
Θέτις μήτηρ . . . . Θέτις
θεά...μήτηρ
ἀθανάτη...μήτηρ
φίλη μήτηρ
μητέρος ἠϋκόμοιο
μητέρα Τηθύν . . . . Τηθύς
μητίετα . . . . Ζεύς 27A16
 μητίετα Ζεύς
 Ὀλύμπιε μητίετα Ζεῦ
μιαιφόνος . . . . Ἄρης 7A6
 Ἄρης...μιαιφόνος
 Ἄρες βροτολοιγὲ μιαιφόνε |
 τειχεσιπλῆτα
μογοστόκος . . . . Εἰλείθυιαι 21A1
 μογοστόκος Εἰλείθυια
 μογοστόκοι Εἰλείθυιαι/Ἥρης |
 θυγατέρες
ναίων . . . . Ζεύς 27B22
 αἰθέρι ναίων
 τηλόθι ναίων
νεφεληγερέτα . . . . Ζεύς 27A17
 νεφεληγερέτα Ζεύς
 Διὸς νεφεληγερέταο
νήδυμος . . . . Ὕπνος 62A1
 νήδυμος Ὕπνος*
νηϊάδες . . . . Νύμφαι 53A3
 νύμφαι νηϊάδες κοῦραι Διός
νηΐς . . . . Νύμφη 53A4
 νύμφη/νηΐς

Index

νύμφη...νηΐς
νύμφη...νηΐς ἀμύμων
νημερτής . . . . Πρωτεύς 58B8
   γέρων ἅλιος νημερτής
νηπύτιος . . . . Ἀπόλλων 6B10, Ἄρης 7B24
νύμφαι . . . . Λαμπετίη & Φαέθουσα 45B4
   νύμφαι ἐϋπλόκαμοι
νύμφη . . . . Θόωσα 37B2, Καλυψώ 41B11
                                         Κίρκη 42B10, Λαμπετίη 45B4
   νύμφης...Καλυψοῦς . . . . . . Καλυψώ
   πότνια νύμφη
   νύμφη πότνια
   νύμφη ἐϋπλόκαμος
   νύμφη/Φόρκυνος θυγάτηρ . . . Θόωσα
ξανθή . . . . Δημήτηρ 17B4
   ξανθὴ Δημήτηρ
ξείνιος . . . . Ζεύς 27B23
   Διός.../ξεινίου
   Ζεὺς ἐπιτιμήτωρ.../ξείνιος
   Ζηνὸς ἐριβρεμέτεω.../ξεινίου
ξένιος . . . . Ζεύς 27B23
   Δία ξένιον
ὀβριμοπάτρη . . . . Ἀθήνη 1A6
   γλαυκώπιδος ὀβριμοπάτρης
ὄβριμος . . . . Ἄρης 7B25
   ὄβριμος Ἄρης
   βριήπυος ὄβριμος Ἄρης
ὀλοή . . . . Χάρυβδις 66B3
   ὀλοὴν...Χάρυβδιν
ὀλοόφρων . . . . Ἄτλας 11B1
   Ἄτλαντος...ὀλοόφρονος
ὀλοώτατος . . . . Ἀπόλλων 6B11
   ἑκάεργε θεῶν ὀλοώτατε πάντων
ὀλοώτερος . . . . Ζεύς 27B24
Ὀλυμπιάδες . . . . Μοῦσαι 49A1
   Ὀλυμπιάδες Μοῦσαι
Ὀλύμπιοι . . . . Θεοί 35B14
Ὀλύμπιος . . . . Ζεύς 27B25, Ἶρις 39B4
   Ζεὺς Ὀλύμπιος* . . . . Ζεύς
   Ὀλύμπιος.../Ζεὺς ὑψιβρεμέτης

156   Index

Ὀλύμπιος εὐρύοπα Ζεύς
Ὀλύμπιε μητίετα Ζεῦ
Ὀλύμπιος ἀστεροπητής
Ζεὺς...Ὀλύμπιος αἰθέρι ναίων
Ὀλύμπιος ἄγγελος . . . . . .   Ἶρις
ὁμότιμος . . . .   Ποσειδάων 57A6
ὀξύς . . . .   Ἄρης 7B26
   ὀξὺς Ἄρης*
ὁπλότεραι . . . .   Χάρις 65B3
   Χαρίτων...ὁπλοτεράων
ὀρεστιάδες . . . .   Νύμφαι 53A5
   νύμφαι ὀρεστιάδες κοῦραι Διὸς |
   αἰγιόχοιο
οὐλομένη . . . .   Ἀθήνη 1B24, Ἄτη 10B3
   ἄφρονα κούρην/οὐλομένην
οὖλος . . . .   Ἄρης 7B27, Ὄνειρος 55B3
   οὖλος Ἄρης*
   οὖλον Ὄνειρον*
Οὐρανίωνες . . . .   Θεοί 35A7
   θεοὶ Οὐρανίωνες
πάϊς . . . .   Ἀθήνη 1B25, Ζεύς 27B26,
                                          Ἥφαιστος 31B9, Μοῦσα 49B6
   παῖδ᾽ ἀΐδηλον . . . .   Ἀθήνη
   Κρόνου πάϊς . . . .   Ζεύς
   Κρόνου πάϊς ἀγκυλομήτεω
   Ἥφαιστος...πάϊς ἀμφιγυήεις . .   Ἥφαιστος
   Μοῦσ᾽...Διὸς πάϊς . . . . . .   Μοῦσα
Παλλάς . . . .   Ἀθήνη 1A8
   Παλλὰς Ἀθήνη*
   Παλλὰς Ἀθηναίη*
   Παλλὰς Ἀθηναίη κούρη Διός*
   Παλλὰς Ἀθηναίη κούρη Διὸς |
   αἰγιόχοιο*
παμφανόων . . . .   Ἥλιος 29B6
   Ἥλιον...παμφανόωντα
πανδαμάτωρ . . . .   Ὕπνος 62A2
   Ὕπνος/...πανδαμάτωρ
πανομφαῖος . . . .   Ζεύς 27A18
   πανομφαίῳ Ζηνί

Index

παραβλῶπες	Λιταί 47A1
παραβλῶπές...ὀφθαλμώ	
παράκοιτις	Ἥρη 30B20, Θέτις 36B15, Λητώ 46B5
Διὸς αἰδοίη παράκοιτις	Ἥρη
Ἥρη...Διὸς κυδρὴ παράκοιτις	
Διὸς κυδρὴν παράκοιτιν	Λητώ
πατήρ	Ζεύς 27B27, Νηρεύς 51B3, Ποσειδάων 57B12, Πρωτεύς 58B9
Ζεὺς...πατήρ	Ζεύς
Ζεὺς...πατὴρ...ὑψίζυγος	
Ζεῦ πάτερ ἀργικέραυνε	
πάτερ ἀργικέραυνε κελαινεφές	
Διὶ πατρὶ	
πατρὸς Διὸς	
πατρὸς Διὸς αἰγιόχοιο	
πατὴρ Κρονίδης	
πάτερ ἡμέτερε Κρονίδη ὕπατε | κρειόντων	
πατρὸς ἐρισθενέος	
πατρὸς ἐρισθενέος Κρονίωνος	
πατρὶ φίλῳ Διί	
πατὴρ ἀνδρῶν τε θεῶν τε	
πατρὶ γέροντι	Νηρεύς
πατήρ...ἐμός	Ποσειδάων
πατὴρ εὐρὺ κρείων ἐνοσίχθων	
πατρὶ Ποσειδάωνι ἄνακτι	
ἐμὸν...πατέρ'	Πρωτεύς
πατροκασίγνητος	Ποσειδάων 57A7
Ποσειδάωνι.../πατροκασιγνήτῳ	
Πελασγικός	Ζεύς 27B28
Ζεῦ ἄνα Δωδωναῖε Πελασγικέ	
πέλωρ	Ἥφαιστος 31B10, Σκύλλη 60B10
πέλωρ ἀΐητον	Ἥφαιστος
πέλωρ κακόν	Σκύλλη
πελώριος	Ἀΐδης 2B10, Ἄρης 7B28
Ἀΐδης...πελώριος	
πελώριος...Ἄρης	

πέλωρον	Γοργώ 16Β4
δεινοῖο πελώρου	
περικλυτός	"Ηφαιστος 31Β11
περικλυτοῦ Ἡφαίστοιο	
περικλυτὸς ἀμφιγυήεις	
περικλυτὸς ἀμφιγυήεις/"Ηφαιστος	
πετραίη	Σκύλλη 60Α2
Σκύλλην πετραίην	
ποδήνεμος	⁷Ιρις 39Α3
⁷Ιρις...ποδήνεμος	
ποδήνεμος ὠκέα ⁷Ιρις/ἄγγελος	
πολεμιστής	"Αρης 7Β29
"Αρηα ταλαύρινον πολεμιστήν	
πολύβουλος	'Αθήνη 1Α8
πολύβουλος 'Αθήνη	
πολύδακρυς	"Αρης 7Β30
πολύδακρυν "Αρηα	
πολύμητις	"Ηφαιστος 31Β12
πολυμήτιος Ἡφαίστοιο	
πολύστονος	"Ερις 24Β9
"Ερις...πολύστονος	
πολυφάρμακος	Κίρκη 42Β11
Κίρκης...πολυφαρμάκου	
πολύφρων	"Ηφαιστος 31Β13
Ἡφαίστοιο...πολύφρονος	
πολύφρονος Ἡφαίστοιο	
πόσις	Ζεύς 27Β29
ἐρίγδουπος πόσις "Ηρης	
Ζεὺς...ἐρίγδουπος πόσις "Ηρης	
πόσις "Ηρης ἠϋκόμοιο	
πότνα	'Αθήνη 1Β26, "Αρτεμις 8Β14,
	Καλυψώ 41Β12
πότνα θεά	'Αθήνη, "Αρτεμις, Καλυψώ
"Αρτεμι πότνα θεὰ θύγατερ Διός	
πότνια	'Αθήνη 1Β26 (1-0), "Αρτεμις 8Β14 (1-0),
	'Ενυώ 22Β1 (1-0), "Ηβη 28Β2 (1-0),
	"Ηρη 30Β21 (24-1), Θέτις 36Β16,
	Καλυψώ 41Β12 (0-2), Κίρκη 42Β12 (0-4),
	Νέαιρα 50Β3

Index

πότνι' Ἀθηναίη ρυσίπτολι δῖα| θεάων	Ἀθήνη
πότνια θηρῶν/"Ἄρτεμις ἀγροτέρη	Ἄρτεμις
πότνι' Ἐνυώ	Ἐνυώ
πότνια Ἥβη	Ἥβη
πότνια Ἥρη	Ἥρη
βοῶπις πότνια Ἥρη	
δολοφρονέουσα...πότνια Ἥρη	
πότνια μήτηρ	Θέτις, Νέαιρα
νύμφη πότνια	Καλυψώ
πότνια νύμφη	
πότνια Κίρκη	Κίρκη
πρέσβα	Ἄτη 10B4, Ἥρη 30B22
πρέσβα Διὸς θυγάτηρ Ἄτη . . .	Ἄτη
Ἥρη πρέσβα θεά θυγάτηρ| μεγάλοιο Κρόνοιο*	Ἥρη
πρεσβυτάτη	Ἥρη 30B23
πρεσβύτατος	Ποσειδάων 57B13
πρεσβύτατον καὶ ἄριστον	
πρώτη	Ἀθήνη 1B27
πρώτην.../πάντων ἀθανάτων	
πτολεμιστής	Ἄρης 7B29
Ἐνυαλίῳ κορυθάϊκι πτολεμιστῇ	
πτολίπορθος	Ἄρης 7B31, Ἐνυώ 22B2
Ἄρηα πτολίπορθον	
πτολίπορθος Ἐνυώ	
πυλάρτης	Ἀΐδης 2A4
Ἀΐδαο πυλάρταο	
Ἀΐδαο πυλάρταο κρατεροῖο	
ρινοτόρος	Ἄρης 7A7
Ἄρης/ρινοτόρος	
ροδοδάκτυλος	Ἠώς 32A4
ροδοδάκτυλος Ἠώς	
καλὴ ροδοδάκτυλος Ἠώς	
ἠριγένεια...ροδοδάκτυλος Ἠώς	
ρυσαί	Λιταί 47A2
χωλαί τε ρυσαί τε	
ρυσίπτολις	Ἀθήνη 1A9
ποτνι' Ἀθηναίη ρυσίπτολι δῖα| θεάων	

σθεναρή . . . . "Ατη 10A1
  "Ατη σθεναρή τε καὶ ἀρτίπος
σμερδνή . . . . Γοργώ 16B5
  δεινή τε σμερδνή τε
Σμινθεύς . . . . 'Απόλλων 6A12
στεροπηγερέτα . . . . Ζεύς 27A19
  στεροπηγερέτα Ζεύς
στυγερή . . . . 'Ερινύς 23B3
  στυγεράς 'Ερινῦς*
στυγερός . . . . 'Αΐδης 2B11, "Αρης 7B32
  στυγεροῦ 'Αΐδαο
  στυγερῷ..."Αρηϊ
σχέτλιοι . . . . Θεοί 35B15
  σχέτλιοι δηλήμονες
  σχέτλιοι ζηλήμονες
σχέτλιος . . . . Ζεύς 27B30
  Ζεὺς...σχέτλιος
  Ζεὺς...Κρονίδης.../σχέτλιος
σῶκος . . . . 'Ερμείας 25A8
  σῶκος ἐριούνιος 'Ερμῆς
ταλαύρινος . . . . "Αρης 7B33
  "Αρηα ταλαύρινον πολεμιστήν
ταμίης . . . . Ζεύς 27B31
  ταμίης πολέμοιο
τανύπεπλος . . . . Θέτις 36B17, Λαμπετίη 45B5
  Θέτι τανύπεπλε . . . .   Θέτις
  Λαμπετίη τανύπεπλος . . . . . Λαμπετίη
ταχεῖα . . . . 'Ίρις 39B5
  'Ίρι ταχεῖα
τειχεσιπλήτης . . . . "Αρης 7A8
  "Αρες βροτολοιγὲ μιαιφόνε |
    τειχεσιπλῆτα
τέκνον . . . . 'Αθήνη 1B28,'Αφροδίτη 12B12,
                                    "Ηφαιστος 31B14
  τέκνον ἐμόν . . . .   'Αθήνη, 'Αφροδίτη
  "Ηφαιστε...τέκνον ἀγακλεές . . .   "Ηφαιστος
τέκος . . . .   'Αθήνη 1B29 (11-2), 'Απόλλων 6B12 (1-0),
                        "Αρτεμις 8B15 (1-0), 'Αφροδίτη 12B13 (2-0),
                        "Ηφαιστος 31B15 (1-0)

Index

φίλον τέκος . . . .   Ἀθήνη, Ἄρτεμις, Ἀφροδίτη
Τριτογένεια φίλον τέκος . . .   Ἀθήνη
Διὸς τέκος . . . .   Ἀθήνη, Ἀπόλλων
Διὸς τέκος Ἀτρυτώνη . . . .   Ἀθήνη
αἰγιόχοιο Διὸς τέκος
αἰγιόχοιο Διὸς τέκος Ἀτρυτώνη
ἀργυρότοξε Διὸς τέκος . . . .   Ἀπόλλων
κυλλοπόδιον ἐμὸν τέκος . . . .   Ἥφαιστος
τέρας . . . .   Γοργώ 16B6
     Διὸς τέρας αἰγιόχοιο
τερπικέραυνος . . . .   Ζεύς 27A20
     Ζεὺς τερπικέραυνος*
τερψίμβροτος . . . .   Ἥλιος 29A2
     τερψιμβρότου Ἡελίοιο
Τιτῆνες . . . .   Θεοί 35A8
τοκεύς . . . .   Ζεύς 27B32, Ἥρη 30B24
τοξοφόρος . . . .   Ἄρτεμις 8A2
Τριτογένεια . . . .   Ἀθήνη 1A10
     κυδίστη Τριτογένεια
     Διὸς θυγάτηρ κυδίστη Τριτογένεια
     Τριτογένεια φίλον τέκος
υἱός . . . .   Ἀπόλλων 6B13 (12-2), Ἑρμείας 25B9 (1-3),
                   Ζεύς 27B33 (1-0), Ἥφαιστος 31B16 (5-0),
                   Ποσειδάων 57B14 (1-0), Φόβος 63B2 (1-0)
     Διὸς υἱός* . . . .   Ἀπόλλων, Ἑρμείας
     Διὸς υἱὸς Ἀπόλλων . . . . . .   Ἀπόλλων
     ἄναξ Διὸς υἱός
     ἄναξ Διὸς υἱὸς Ἀπόλλων
     Διὸς υἷι ἑκηβόλῳ
     Διὸς υἱὸν ἑκηβόλον Ἀπόλλωνα
     Λητοῦς...υἱός
     φίλος υἱός* . . . .   Ἥφαιστος, Φόβος
     φίλος υἱὸς.../Ἥφαιστος . . . .   Ἥφαιστος
     Ἥφαιστον...φίλον υἱόν
     Φόβος φίλος υἱός . . . .   Φόβος
     Ἑρμείαν υἱὸν φίλον . . . . .   Ἑρμείας
     Ἑρμῇ Μαιάδος υἱεῖ
     Ἑρμεία Διὸς υἱὲ διάκτορε δῶτορ |
         ἐάων
     Κρόνου υἷε κραταιῷ . . . . . .   Ζεύς, Ποσειδάων

ὕπατος . . . . Ζεύς 27B34
 θεῶν ὕπατος καὶ ἄριστος
 ὕπατε κρειόντων
 Ζῆν' ὕπατον Κρονίδην
 Ζῆν' ὕπατον μήστωρα
Ὑπεριονίδης . . . . Ἥλιος 29A3
 Ὑπεριονίδαο ἄνακτος
Ὑπερίων . . . . Ἥλιος 29A4
 Ἡελίῳ Ὑπερίωνι
 Ὑπερίονος Ἡελίοιο
 ἠλέκτωρ Ὑπερίων
ὑπερμενής . . . . Ζεύς 27B35
 Διὶ...ὑπερμενέϊ
 ὑπερμενέϊ Κρονίωνι*
ὑποδμώς . . . . Πρωτεύς 58A1
 Ποσειδάωνος ὑποδμώς
ὑποταρτάριοι . . . . Θεοί 35A9
ὑψιβρεμέτης . . . . Ζεύς 27A21
 Ὀλύμπιος.../Ζεὺς ὑψιβρεμέτης
ὑψίζυγος . . . . Ζεύς 27A22
 Κρονίδης ὑψίζυγος
 Ζεὺς...Κρονίδης ὑψίζυγος
 Ζεὺς...πατήρ...ὑψίζυγος
φαέθων . . . . Ἥλιος 29A5
 Ἥλιος φαέθων
φαεινή . . . . Ἠώς 32B5
 Ἠοῦς...φαεινῆς
φαεσίμβροτος . . . . Ἥλιος 29B7, Ἠώς 32B6
 Ἥλιος φαεσίμβροτος . . . . . Ἥλιος
 φαεσιμβρότου Ἡελίοιο
 φαεσίμβροτος Ἠώς . . . . . . Ἠώς
φέριστος . . . . Ἀπόλλων 6B14
 φέριστε θεῶν
φέρτατος . . . . Ζεύς 27B36
φέρτερος . . . . Ζεύς 27B37
φίλη . . . . Ἥρη 30B24, Θέτις 36B18
 μήτηρ φίλη* . . . . Ἥρη, Θέτις
 φίλη μήτηρ . . . . Θέτις
 φίλης ἀλόχοιο . . . . Ἥρη

Index

φίλη τε καὶ αἰδοίη
  αἰδοίη τε φίλη τε . . . . Θέτις
φιλομμειδής . . . . Ἀφροδίτη 12A4
  φιλομμειδὴς Ἀφροδίτη
  φιλομμειδὴς Ἀφροδίτη/...θεά
φίλον . . . . Ἀθήνη 1B30, Ἄρτεμις 8B16,
                          Ἀφροδίτη 12B14
  φίλον τέκος . . . . Ἀθήνη, Ἄρτεμις, Ἀφροδίτη
φίλος . . . . Ἀπόλλων 6B15 (3-0), Ἄρης 7B34 (2-0),
                Ἑρμείας 25B10 (1-2), Ζεύς 27B38,
                Ἥφαιστος 31B17 (4-0), Σιμόεις 59B2 (1-0),
                Φόβος 63B3 (1-0)
  φίλος υἱός* . . . . Ἥφαιστος, Φόβος
  φίλος υἱὸς.../Ἥφαιστος . . . . Ἥφαιστος
  Ἥφαιστον...φίλον υἱόν
  Φόβος φίλος υἱός . . . . Φόβος
  Ἑρμείαν υἱὸν φίλον . . . . . Ἑρμείας
  φίλε κασίγνητε . . . . Ἄρης, Σιμόεις
  κασιγνήτοιο φίλοιο . . . . . . Ἄρης
  φίλε Φοῖβε . . . . Ἀπόλλων
  Ἀπόλλωνα Διὶ φίλον
  αἰδοῖός τε φίλος τε . . . . . . Ἑρμείας
φιλοψευδής . . . . Ζεύς 27A23
Φοῖβος . . . . Ἀπόλλων 6A13
  Φοῖβος Ἀπόλλων*
  ἑκάεργος...Φοῖβος Ἀπόλλων
  Φοίβου Ἀπόλλωνος
  Φοίβου Ἀπόλλωνος χρυσαόρου*
  ἄνακτος.../Φοίβου Ἀπόλλωνος
  Ἀπόλλων Φοῖβος
  ἤϊε Φοῖβε
  φίλε Φοῖβε
  Φοῖβος ἀκερσεκόμης
χάλκεος . . . . Ἄρης 7B35
  χάλκεος Ἄρης
χαλκεύς . . . . Ἥφαιστος 31B18
  χαλκεὺς/Ἥφαιστος
χάρμα . . . . Διώνυσος 19B2
  Διώνυσον...χάρμα βροτοῖσιν

χέουσα . . . . Θέτις 36B19
    Θέτις κατὰ δάκρυ χέουσα
χερείων . . . . Θέτις 36B20
    χερείονος...θεοῦ
χρυσάορος . . . . Ἀπόλλων 6A14
    Φοίβου Ἀπόλλωνος χρυσαόρου*
χρυσέη . . . . Ἀφροδίτη 12B15
    χρυσέη Ἀφροδίτη*
χρυσείη . . . . Ἀφροδίτη 12B15
    χρυσείη Ἀφροδίτη
χρυσηλάκατος . . . . Ἄρτεμις 8A3
    Ἀρτέμιδι χρυσηλακάτῳ
    χρυσηλάκατος κελαδεινή
    χρυσηλάκατος κελαδεινὴ/
    Ἄρτεμις ἰοχέαιρα
    Ἀρτέμιδος χρυσηλακάτου |
    κελαδεινῆς
χρυσήνιος . . . . Ἄρης 7B36, Ἄρτεμις 8B17
    χρυσήνιος Ἄρης
    χρυσήνιος Ἄρτεμις
χρυσόθρονος . . . . Ἄρτεμις 8B18, Ἥρη 30B25,
                                    Ἠώς 32B7
    χρυσόθρονος Ἄρτεμις ἁγνή . .   Ἄρτεμις
    χρυσόθρονος Ἥρη* . . . . . .   Ἥρη
    Ἥρη...χρυσόθρονος
    χρυσόθρονος Ἠώς* . . . . . .   Ἠώς
    Ἠῶ.../...χρυσόθρονον
    χρυσόθρονον ἠριγένειαν
    ἠριγένεια.../...χρυσόθρονος
χρυσοπέδιλος . . . . Ἥρη 30A2
    Ἥρης χρυσοπεδίλου
χρυσόπτερος . . . . Ἶρις 39A4
    Ἶριν...χρυσόπτερον
χρυσόρραπις . . . . Ἑρμείας 25A9
    Ἑρμείας χρυσόρραπις*
    χρυσόρραπις Ἀργεϊφόντης
χωλαί . . . . Λιταί 47B2
    χωλαί τε ῥυσαί τε
χωλός . . . . Ἥφαιστος 31B19
    χωλὸν ἐόντα

ὠκέα . . . . Ἶρις 39B6, Λαμπετίη 45B6
  ὠκέα Ἶρις . . . .   Ἶρις
  πόδας ὠκέα Ἶρις
  ποδήνεμος ὠκέα Ἶρις
  ποδήνεμος ὠκέα Ἶρις/ἄγγελος
  μεμαυῖα...ὠκέα Ἶρις
  ὠκέα...ἄγγελος . . . .   Λαμπετίη
ὠκύτατος . . . . Ἄρης 7B37
  ὠκύτατον...θεῶν

For Product Safety Concerns and Information please contact our EU representative GPSR@taylorandfrancis.com
Taylor & Francis Verlag GmbH, Kaufingerstraße 24, 80331 München, Germany

www.ingramcontent.com/pod-product-compliance
Lightning Source LLC
Chambersburg PA
CBHW052120300426
44116CB00010B/1740